How-nual　Shuwasystem Industry Trend Guide Book

図解入門
業界研究

最新

広告業界の動向とカラクリがよくわかる本

業界人、就職、転職に役立つ情報満載

［第5版］

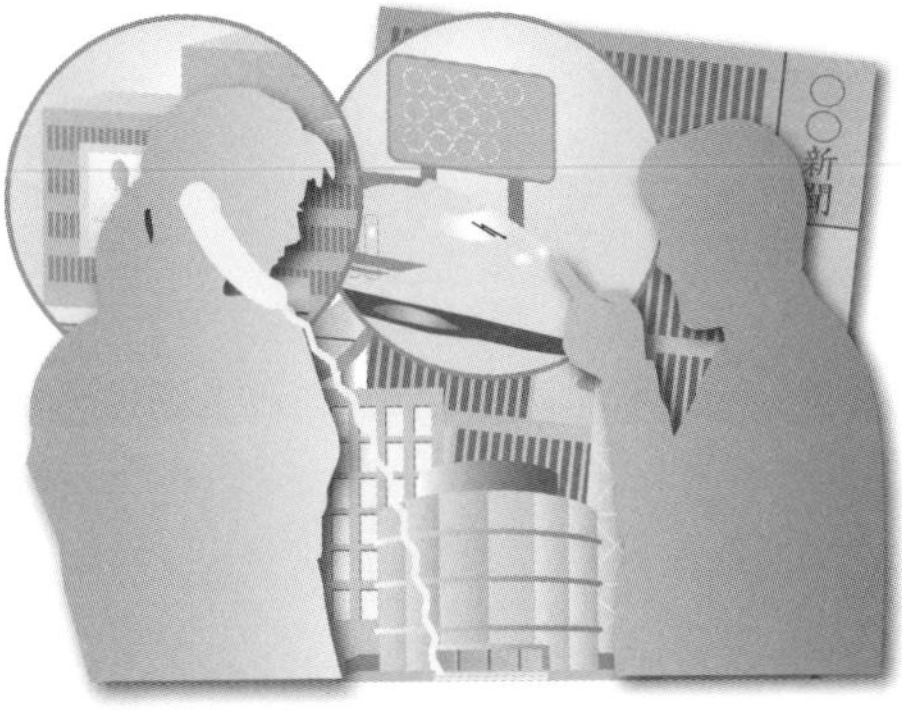

蔵本 賢
林 孝憲
中野 明 著

秀和システム

はじめに

広告は社会の潤滑油といわれ、私たちの生活になくてはならないものです。広告がなければ、どんな商品がどこで売られているかわかりません。そのような生活に有益な広告は、広告費を出している広告主があるからこそ存在しています。そして、テレビ、ラジオ、新聞、雑誌、多くのネットメディアがその広告収入に頼って成立しています。

ところが、広告というものが、近年「効かなくなった」といわれ、多くの広告主が広告費を出すのに慎重になってきました。広告費がなくなると、テレビや雑誌やポータルサイトなどがなくなってしまいます。これは大変、そうなると、大勢の人が困りますね。

では、広告が「効きにくくなった」といわれる理由はなんでしょうか。一つには、人々の趣味嗜好が多様化したからと言われています。子どもからお年寄りまで誰もが知っているものはもうありません。その結果、多種多様なメディアが多種多様なコンテンツを提供し、接触する人も分散しているというのです。また、人々が忙しくなり、メディアとの接触が細切れになったとよくいわれます。テレビ番組は、録画してCMをポンポン飛ばして観ます。新聞や雑誌はもともと多くの記事の集まりなので細切れに読んでもいいのですが、料金、即時性、携帯性などから別のメディアに置き換わっています。インターネットです。

世の中の動きは想像以上に早く、本書も第四版から数年でまたまた大幅な刷新となりました。そして、メディアの変化だけでなく、広告主や広告会社、いやすべての企業にDX（デジタルトランスフォーメーション）の波が押し寄せ、ビジネスの構造、進め方も変わりつつあります。突然のコロナ禍もオンライン化を推し進める一因になりました。

本書では、そのような広告というものの「いま」に多くのページを割いているほか、広告会社の業態、そこに勤務するアドマンの日常、多数の媒体社や協力会社の姿などを紹介しています。用語解説やワンポイントコラムもご活用ください。

広告の現場の最前線で働く私たちのリアルな感覚をお伝えできればと思います。本書が、広告業界で働く人、広告業界へ就職、転職を考えている人だけでなく、すべての人のお役に立てれば幸いです。

二〇二一年二月

蔵本　賢
林　孝憲
中野　明

How-nual
図解入門
業界研究

最新広告業界の動向とカラクリがよくわかる本［第5版］●目次

第3章 広告媒体の種類とその動向（媒体の数だけ広告がある）

第4章 様々な広告の種類（あらゆるメディアが広告媒体になる）

第5章 広告関連会社を理解する（広告会社だけが広告業界ではない）

第6章 広告はこうしてできる（作り方から効果測定、法的知識、求められる人材まで）

第 1 章

まずは広告業界の全体を把握しよう

広告業界俯瞰図

「トリの目」と「ムシの目」という言葉があります。第1章ではまず「トリの目」で、そもそも広告とは何なのか、この根本テーマから広告業界を俯瞰したいと思います。その上で、市場規模や広告会社のランキング、広告業界のビジネスモデルなどなど、広告にまつわる基礎知識を紹介したいと思います。

1 そもそも広告とは何か

そもそも広告とは何か？　いきなりこのように問われると答えに窮するものです。実際、広告に対する定義には様々なものがあり、人によってとらえ方が異なります。ここでは、一般的な広告の定義について考えてみたいと思います。

広告の定義

広告の定義には諸説がありますが、ここではまず、**米国マーケティング協会**（ＡＭＡ）の定義を紹介します。広告について語る場合、この定義がよく利用されるからです。まず、この定義を念頭に置いておくのが何かと便利でしょう。

> 広告とは、広告主が自らの名を明示して、アイデアや商品、サービスその他を、人を介する以外の方法で、有料で告知すること。

この定義のポイントは以下の四点です。

❶自分の名をきちんと名乗ること
❷お金を払ってアイデアや商品、サービスを知らしめること
❸その対象が不特定多数であること
❹人を介する以外の方法で告知すること

❶～❸については誰しも納得がいくと思います。が、最後のポイントについては、首をかしげる人もいるかもしれません。というのも実際、人を介さない告知など不可能だからです。

では、「人を介する以外の方法で告知（non-personal presentation）」とは、具体的にどういうことを指すのでしょうか？

用語解説
＊**4P**　アメリカのマーケティング学者ジェローム・マッカーシーが1961年に提唱したマーケティング理論。経営戦略および事業戦略を受け、個別製品のマーケティング戦略を考案する際に、「マーケティングの4P」は重要なフレームワークになる。

この点について理解するには、**マーケティング**と４Ｐ＊についてふれなければなりません。

マーケティングとは「**ニーズに応えて利益を上げること**＊」と定義したのは、近代マーケティングの父フィリップ・コトラーです。一方、ニーズに応えて利益を上げるためには、ニーズに応える**製品**＊（Product）を具体化し、手に入りやすい**価格**（Price）を設定し、適切な**流通経路**（Place）に送り出して、**プロモーション**（Promotion）を通じて顧客が買いたくなるようにし向けることが欠かせません。

このように、マーケティングを推進するには、製品、価格、流通経路、プロモーションの四要素について考えることが必須です。英語ではいずれも頭文字が「Ｐ」のことから、これらを**４Ｐ**と呼びます。そして、４Ｐのそれぞれについて計画を立てるとともに、相乗効果が最大限高まるベストな組み合わせを考えることを**マーケティング・ミックス**と呼びます。つまり４Ｐの最適な組み合わせを目指すことがマーケティングの鍵になります。

一方で、４Ｐのプロモーション（Promotion）については、さらに四つの要素に分解できます。すなわち、「**広告**」「販

広告の定義（図 1.1.1）

＊**ニーズに応えて利益を上げること**　フィリップ・コトラー、ケビン・ケラー著、月谷真紀訳『コトラー＆ケラーのマーケティング・マネジメント』P6

＊**製品**　製品は単に手に持てる財だけではなくサービスやイベントなども含まれる。

用語解説

売促進」「**人的販売**」「**パブリシティ**」がそれです。

このことから、先に見た広告の定義に見られる「人を介する以外での方法」とは、プロモーションの一要素である「人的販売」を指している、このように理解すればよいでしょう。つまり、店頭などの呼び込みなど、顧客と対面して販売する際の各種手法は広告から除外するということです。

ただし、人的販売と、後述する販売促進の境は非常に曖昧です。例えば、実演販売などは、「人的販売」というよりも、むしろ「販売促進」の一環に含まれるようにも思えます。このあたりの区切りについては、今後も議論が必要でしょう。

販売促進の位置付け

広告と人的販売が別物だということはわかりました。一方、広告と「販売促進」「パブリシティ」にはどのような関係があるのでしょうか。

前者の販売促進は**セールス・プロモーション**、略してSP＊と呼んでいます。最近では**プロモーション・メディア**と呼ぶケースも増えてきました。一般的にSPとは、テレビ、ラジオ、新聞、雑誌といったマス媒体やインターネット以外を利用した、販売に寄与する活動のすべてを指します。したがって、広告の種類を媒体別に分類する場合、テレビ、ラジオ、新聞、雑誌、インターネット、衛星放送関連と、それ以外のメディアを利用したSP広告に大別するのが一般的です。SP広告の具体的な媒体としては、チラシ、屋外広告、交通広告、DM＊、POP＊、展示会、イベント等々、その範囲は非常に広大です。SP広告の詳細については4 - 3節で解説するとして、ここでは「SP広告」という呼び方に注目したいと思います。

この呼称が示すように、一般的な広告分類の考え方では、「SP＝販売促進」を広告の一部に属するものととらえられています。よって、「広告」と「販売促進」は並列して存在するのではなく、販売促進は広告に属する一活動と考えるのが妥当です。

パブリシティの位置付け

一方、**パブリシティ**とは、正式には**パブリック・リレーションズ**、略称**PR**＊と呼び、日本語では**広報**または**広報活動**と呼んでいます。これは、企業や組織が、商品や

用語解説
＊SP　Sales Promotionの略。
＊DM　Direct Mailの略。
＊PR　Public Relationsの略。
＊POP　Point of Purchaseの略。

サービス、社会活動、文化活動などを、報道として取り上げてもらうよう、マス媒体に対して働きかける活動のことを指します。

パブリシティ活動によって提供された情報が、報道として取り上げるか否かは、マス媒体側の判断に委ねられています。そして、仮にマス媒体に取り上げられたとしても、掲載や放送に関わる費用（いわゆる媒体費）は発生しません。

したがって、パブリシティは「有料での告知」を前提とする広告には含まれない活動といえます。

一方で、広告会社ではPR局を有するところが多数あります。これが意味するのは、パブリシティも広告会社が行う業務、すなわち、広告業務の一環としてとらえられているという現実です。

要するに、パブリシティも広義には広告に含まれる活動の一つとしてとらえられるわけです。

もっとも、「パブリシティ広告」といった表現はあまりしないので、SPほど広告に組み込まれた概念でもないことに注意が必要です。

広告に対する本書のスタンス

以上から考えると、現実レベルでの広告とは、

> 販売促進や一部パブリシティをも含む概念で、広告主が顧客と良好な関係を結ぶために行う、およそいっさいのコミュニケーション活動。

このように定義できそうです。本書では、以下、これを広告の基本的な考え方に据えたいと思います。

良質の広告は、受け手にとっても、より良い商品やサービスを手に入れるための、貴重な情報源になります。そういう意味で広告は、商品と買い手を結ぶ「架け橋」といえます。

また、広告主は商品が売れることで適切な経済活動を営めますし、また商品を購入した買い手も、それをより良い生活の糧にできます。したがって広告は、売り手と買い手の双方を幸福にする、「**社会の潤滑油**」ともいえるわけです。

ワンポイントコラム

【古代エジプトの化粧品広告】大石準一『広告論概説』によると、紀元前2500年の古代エジプトで、化粧品の効能をアピールしたパピルスが残っているという。いわく「この化粧品を使えば、どんな老人も若くなる。100万回も実証ずみ」。この時代にも誇大広告は存在したのだろうか…。

マーケティングの4P（図1.1.2）

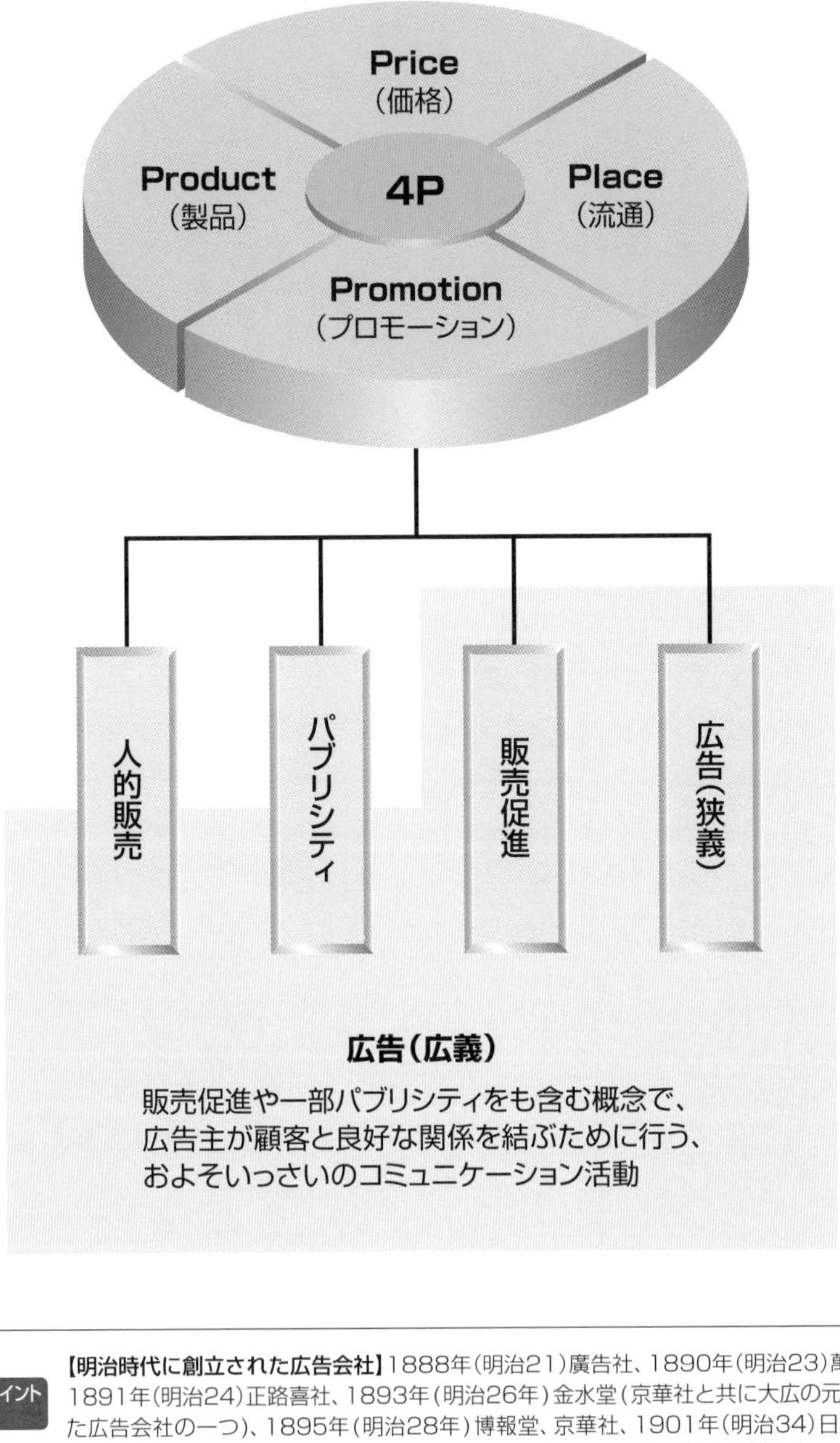

ワンポイントコラム

【明治時代に創立された広告会社】1888年（明治21）廣告社、1890年（明治23）萬年社、1891年（明治24）正路喜社、1893年（明治26年）金水堂（京華社と共に大広の元となった広告会社の一つ）、1895年（明治28年）博報堂、京華社、1901年（明治34）日本広告株式会社（電通の前身）、1910年（明治43）旭広告社など。現代に続く企業も多い。

2 広告市場規模の推移

日本では明治時代に、現代の広告会社のルーツともいえる広告代理業が誕生しています。当初は提鞄（さげかばん）と揶揄された広告代理業も、それから一五〇年近くも経過し、現在では六兆九三八一億円という巨大な市場規模に達しています。

日本の広告業界の市場規模

現代の広告会社のルーツともいえる広告代理業が誕生するのは明治一〇年代です。当時は、カバンひとつを下げて商店から次の商店へと歩き回ったことから「提鞄（さげかばん）」と呼ばれていました。

明治二〇年代になると個人商店が組織へと発展した、いわゆる広告会社が続々と誕生します。**電通**や**博報堂**も、その創立は明治時代にまでさかのぼれます。古さでは博報堂が上で、明治二八（一八九五）年に**瀬《せ》木《ぎ》博尚《ひろなお》**によって創立されました。また電通は、その前身である日本広告株式会社が**光永《みつなが》星《ほし》郎《お》**によって明治三四年（一九〇一）に創られています。

現代の広告会社に連なる企業が立ち上がって一五〇年近くたったいま、日本の広告市場はどの程度の規模を有するのか概観してみましょう。

広告会社最大手の電通では毎年二月の終わりに、日本における前年の広告市場規模を算出して公表しています。この「二〇一九年　日本の広告費」によると、一九年（一月～一二月）の日本の総広告費は**六兆九三八一億円**＊（前年比一〇六・二％）になりました（図1・2・1）。日本の広告市場は一一年を底に、八年連続のプラス成長になって

ワンポイントコラム

【電通の創設者・光永星郎】1866～1945。熊本県出身。1901年、35歳で電通の前身、日本広告株式会社を設立。1906年には日本電報通信社を設立し、電報通信社（後の共同通信社）を吸収。さらに同社は日本広告株式会社と合併となる。電通の基礎作りに尽力した光永は終戦の直前に死去。

います。しかしながら、〇七年に達成した過去最高の七兆一九一億円にはいまだに届いていないのが現状です。

ネット広告がテレビを逆転

その中で注目したいのが内訳です。最も大きな割合を占めるのは従来と変わらずSP広告費／プロモーションメディア費で二兆二三三九億円でした。従来だとこの次にテレビ広告が来ました。

ところが一九年は順位が逆転し、**二兆一〇四八億円のインターネット広告**が、一兆八六一二億円のテレビ広告（地上波テレビと衛生メディア関連広告の合計）を初めて上回りました。また、広告費全体に占める割合も、インターネット広告が初めて三〇％を超えて**三〇・三％**になりました（図1・2・2）。これに対してテレビ広告は二六・八％でした。

かつて広告メディアの花形は、新聞・雑誌・ラジオ・テレビ、いわゆる**マスコミ四媒体**でした。中でも広告費全体に占めるテレビの割合は一頭地を抜いていました。しかしながら、インターネット広告の進展により状況が一変したのが現在です。

しかもインターネット広告では、広告効果が把握しやすい新たな手法が次々と開発されています（詳細は第2章参照）。**DX＊（デジタル・トランスフォーメーション）**が叫ばれる現状もあり、インターネット広告の成長はまだまだ続くと考えられます。

業種別広告費の推移

次にマスコミ四媒体を対象に業種別で見た広告費の推移＊を確認しましょう（図1・2・3）。一九年において最も広告費が大きかった業種は、**情報・通信**で二六五六億円でした。広告費全体に占める割合は一〇・七％でした。これに**食品**の二五五〇億円（一〇・三％）、**化粧品・トイレタリー**の二四〇二億円（九・七％）が続きます。上位三業種で四媒体広告費全体の三割以上を占めるのがわかります。

一方、長期推移で見ると化粧品・トイレタリー、食品の両業種がトップ争いを続けていましたが、そこへ情報・通信が割り込んだ格好です。逆にかつてトップ争いをしていた自動車・関連品は急速にシェアを下げています。

用語解説

＊**六兆九三八一億円**　2019年から推計方法が変わり「物販系ECプラットフォーム広告費」と「イベント」について追加推定された。前年同様の推定方法だと6兆6514億円（前年比101.9％）となる。

＊**DX**　Digital Transformationの略。「trans」は「cross」と同義であり「X」に通じる。そのため「DX」と略されるようになった。

日本の広告業界の市場規模（図 1.2.1）

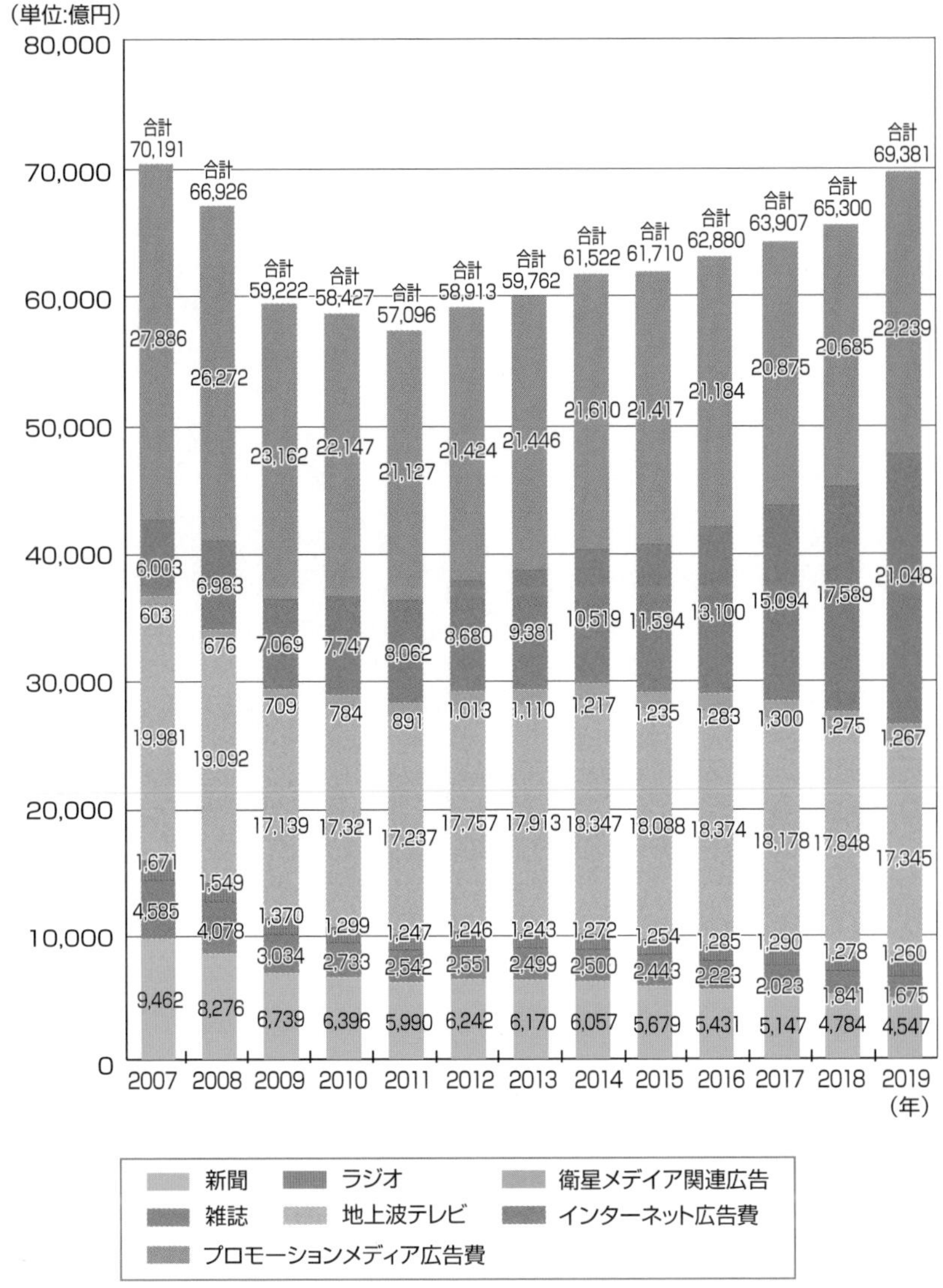

	2007	2008	2009	2010	2011	2012	2013	2014	2015	2016	2017	2018	2019
プロモーションメディア広告費	27,886	26,272	23,162	22,147	21,127	21,424	21,446	21,610	21,417	21,184	20,875	20,685	22,239
インターネット広告費	6,003	6,983	7,069	7,747	8,062	8,680	9,381	10,519	11,594	13,100	15,094	17,589	21,048
衛星メディア関連広告	603	676	709	784	891	1,013	1,110	1,217	1,235	1,283	1,300	1,275	1,267
地上波テレビ	19,981	19,092	17,139	17,321	17,237	17,757	17,913	18,347	18,088	18,374	18,178	17,848	17,345
ラジオ	1,671	1,549	1,370	1,299	1,247	1,246	1,243	1,272	1,254	1,285	1,290	1,278	1,260
雑誌	4,585	4,078	3,034	2,733	2,542	2,551	2,499	2,500	2,443	2,223	2,023	1,841	1,675
新聞	9,462	8,276	6,739	6,396	5,990	6,242	6,170	6,057	5,679	5,431	5,147	4,784	4,547

出典：電通「2019年 日本の広告費」をもとに作成

用語解説

＊**広告費の推移**　衛星メディア関連を除いたマスコミ4媒体を対象にしている。

インターネット広告費と対前年伸長率、広告費全体に占めるシェアの推移（図1.2.2）

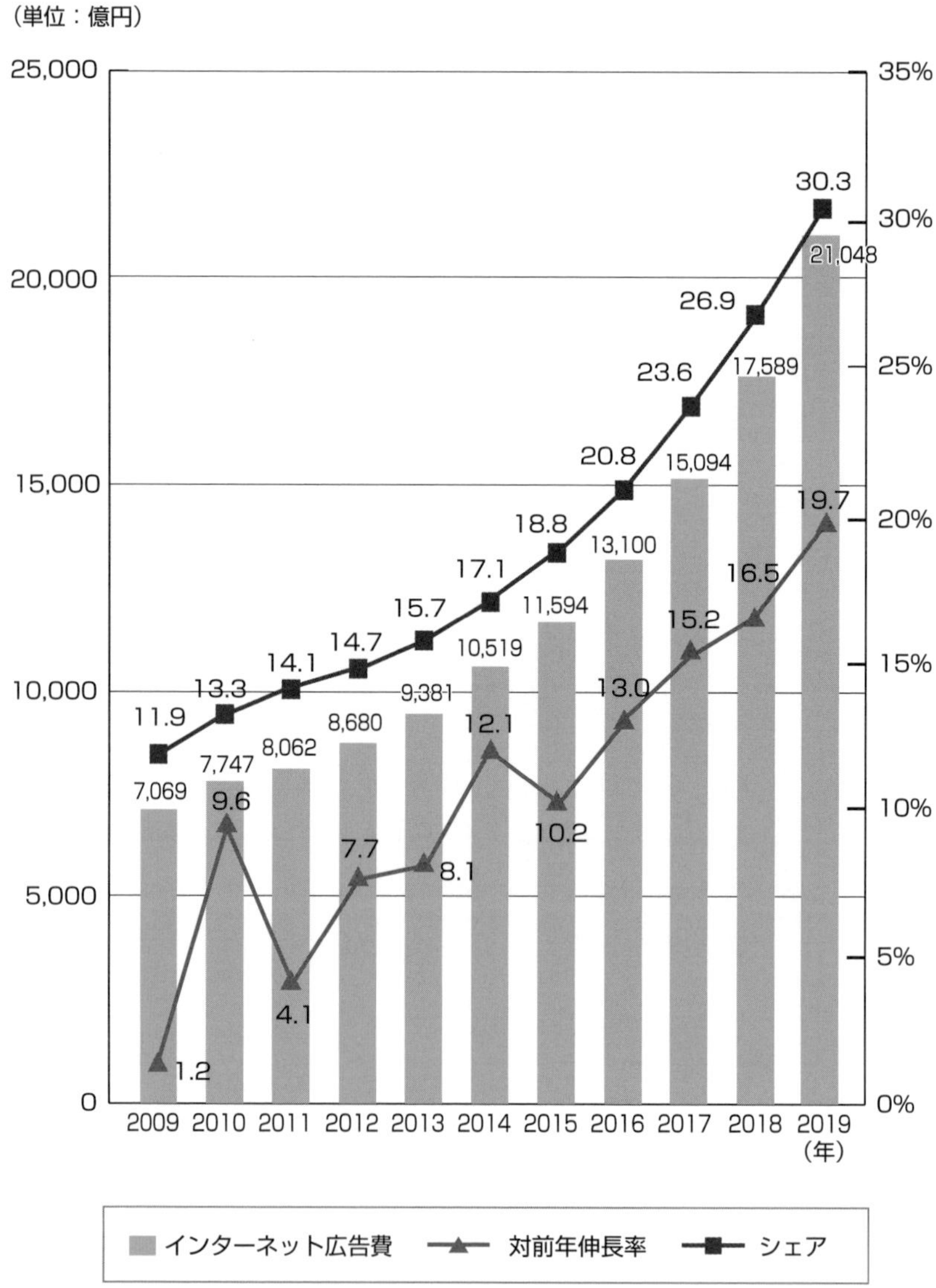

出典：電通「日本の広告費」をもとに作成

ワンポイントコラム

【電通中興の祖・吉田秀雄（よしだひでお）】1903～1963。福岡県の小倉生まれ。東京大学卒業後、1928年日本電報通信社（現電通）に入社。1947年第4代社長となり、日本の近代広告の基礎を作った。吉田の説いた「鬼十則」はあまりにも有名。

業種別広告費推移（図 1.2.3）

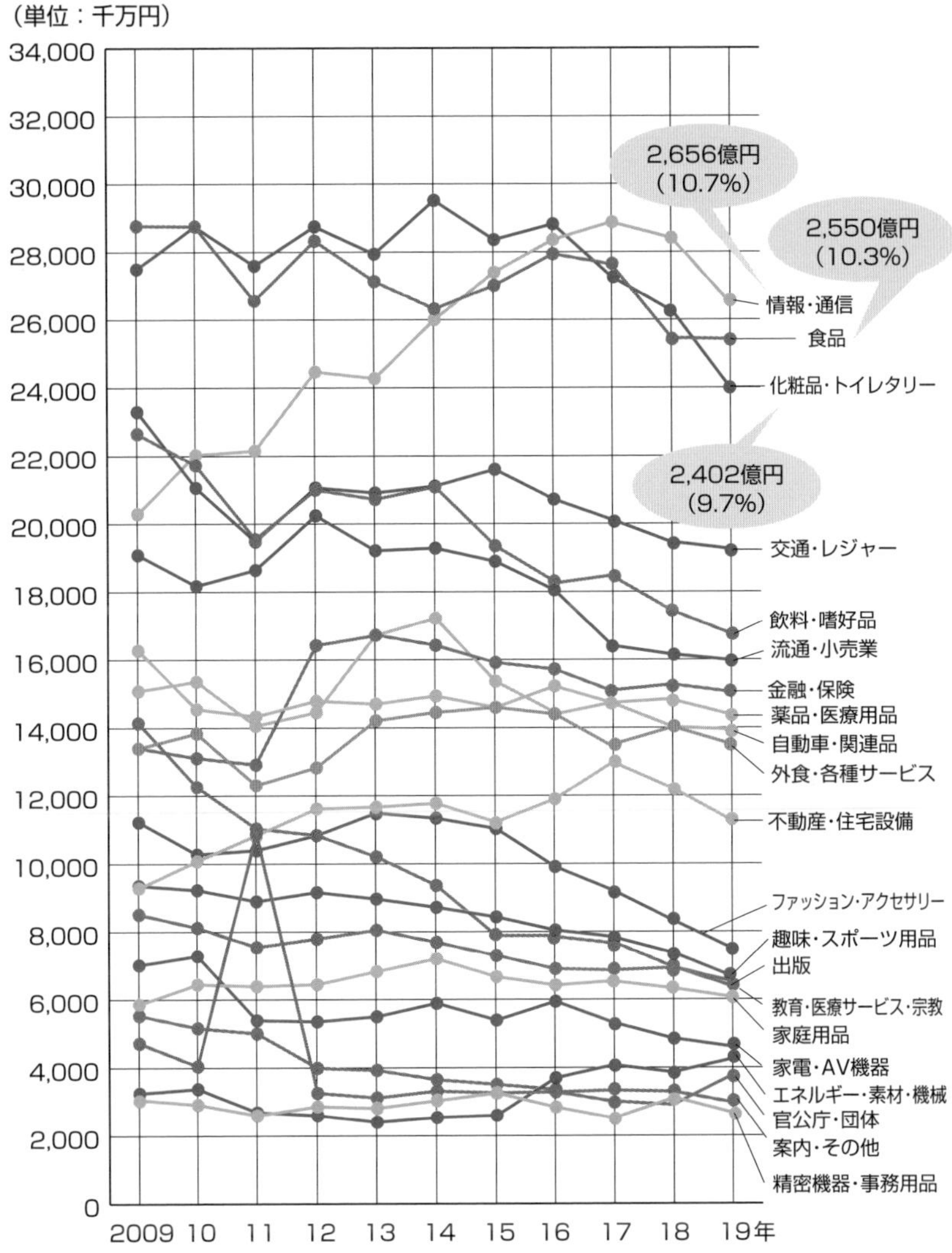

（注）2007年に「日本の広告費」の推定範囲を2005年に遡及して改訂した。
出典：電通「日本の広告費」

3 業界のキープレイヤー・広告会社

広告業界の中心的存在といえるのが広告会社です。大手でいえば、電通、博報堂、ADKなどの名前が挙がりますが、コミュニケーションがインターネットに急速にシフトされる過程でプレイヤーも劇的に変わりつつあります。

広告会社の種類

広告会社の種類には、まず、電通、博報堂、ADKなどの**総合広告会社**があります。総合広告会社は、総合的なソリューションに長けており、特にテレビなどの媒体の買い付けに力を持っているのが特長です。総合広告会社のほかに、交通広告、看板、あるいはチラシといった取り扱い媒体が特化されている**専門広告会社**があり、強みを発揮しています。また、広告主を親会社に持ち、主に親会社の広告活動を手助けする、**ハウスエージェンシー**と呼ばれる広告会社もあります。

しかし、ネット広告費がテレビ広告費を逆転した現在（2-1節参照）、勢いのあるのはネット広告会社です。サイバーエージェント、デジタルホールディングス、セプテーニ・ホールディングスなどがあります。

形態が変わりつつある広告会社

これまで、広告会社の規模を売上で測ってきましたが、だんだんそれが難しくなってきました。

理由は、海外の統計や会計基準に見られるように、そもそも広告媒体によって利益率が違うものを足し算しても仕方がないことです。代わりに売上総利益を使うことが多くなりました。また、企業の非上場化によって売上高を開示しない企業も増えてきました。さらに、ホールディングス化という流れもあり、会社というよりグループ単位での話が増えています。

広告業界の巨人、電通

電通は国内最大手の広告会社です。社風は官庁のようにしっかりとした上意下達な組織と評されています。これまで海外では自前主義を取っていたために、合従連衡を繰り返すビッグ4エージェンシーに規模の上で大差を付けられていました。そこで、二〇一三年の英イージスグループの買収を皮切りに積極的な買収を進め、その結果、売上総利益の六割が海外、四割が日本という会社に生まれ変わりました。海外一四〇か国以上に展開しています。

さらに二〇二〇年、国内の電通と海外のDAN（電通イージス・ネットワーク）を再編成し、企業名も「電通」から「**電通グループ**」に変わりました。社内カンパニーとして国内は電通ジャパンネットワーク、海外は電通インターナショナルという組織になっています。

二〇一九年の収益は、国際基準のIFRS会計で**一兆四七八億円**と巨額です。ただしこの数字は、日本でいう一般的な「売上高」ではない点にご注意ください（1-9節参照）。

マスメディアの扱いが得意なことはもちろん、ビッグイベントも得意で、オリンピックやサッカーワールドカップの日本での広告利用やメディア販売の権利を持っています。

グループ会社の再編も進んでいます。電通ヤング&ルビカムと電通ワンダーマンは、WPPの持ち株を買い取り完全子会社化したあと、それぞれ名称が変わり、さらにそれぞれ電通グループの電通メディアランウェイ、電通ダイレクトマーケティングに事実上吸収されました。また、電通テックが改組改称し、電通ライブという五〇〇名ほどの企業になり、ややこしいですが新たに電通テックという名の九〇〇名くらいの企業が設立され、ともにプロモーション領域を業務としています。

ネット系では、**CCI**（サイバー・コミュニケーションズ）というネット媒体を専門に扱う**メディアレップ**＊を持っています。

しかし近年は、二〇一六年の広告料の過剰請求事件や、新入社員の過労死事件、二〇二〇年のコロナ禍における持続化給付金事務事業の中抜き問題などで電通ブランドは毀損し、やや苦しんでいます。

用語解説

＊**メディアレップ**　多くの媒体を取りまとめ、専門的に広告会社に販売する会社のこと。

二番手は博報堂DYグループ

業界の二番手は博報堂です。社風は紳士的で、上下関係は緩やかといわれています。企業のフィロソフィーのひとつに「生活者発想」を掲げており、「博報堂生活総研」から発表されるレポートも定評があります。

もともと二番手だった博報堂は、電通を追撃するために、二〇〇三年に**博報堂DYホールディングス**を設立し、傘下に博報堂、大広、読売広告社の三つの広告会社、それに博報堂DYメディアパートナーズというメディア・エージェンシー置きました。大広はもともと大阪を拠点にした会社、読広は読売グループと親しい広告会社でした、売上高で三社を見ると、博報堂が九九八九億円、大広が一五九九億円、読広が七三八億円(いずれも二〇二〇年三月期)で、博報堂が八割を占めます。

博報堂DYホールディングスの二〇一九年の売上総利益は三三二四億円です。電通が国内の売上総利益で三八〇四億円ですので、少し水を開けられていますが食らいついています。

しかし、海外進出の後れが課題となっており、中期計画で二〇二四年の海外での売上総利益二倍を掲げています。

ネットのメディアレップのDACはもともと博報堂やADKによって立ち上がった会社でしたが、様々な経緯のもと、二〇一八年に博報堂による公開買い付けで上場を廃止し、博報堂の完全子会社となりました。最後に報告された売上高は二〇八三億円(二〇一八年三月期)です。

身軽になって飛躍を期すADK

電博(デンパク)という二強に対抗するという意図で、一九九八年に当時三位の旭通信社と同七位の第一企画の合併により生まれたのがADKでした。過去、旭通信社の時代には業界に先駆けて上場するなど、進取の気性に富んだ会社として知られています。また、ドラえもんの版権者の一員になっているなど、コンテンツに強いといわれています。

ＡＤＫは長らくＷＰＰグループに入っていましたが、二〇一七年に米投資ファンド、ベインキャピタルによるＴＯＢが成立し、上場を廃止しました。二〇一九年には持ち株会社化し、ＡＤＫホールディングスを親会社に、ＡＤＫマーケティング・ソリューションズ、ＡＤＫクリエイティブ・ワンなどいくつかの事業会社に分かれていきます。これは、ＷＰＰのくびきを解き、時代に即したより速い経営判断を行うためと見られています。また、ＡＤＫは上場廃止後、財務指標は公開していません。

デジタル領域では、前述のＤＡＣとは袂を分かち、二〇一一年に電通グループとの合弁で、**ＡＤＫデジタル・コミュニケーションズ**（ＡＤＤＣ）というメディアレップを設立しています。

勢いを増すインターネット専業広告会社

ネット広告会社の雄、サイバーエージェントは、ネット広告事業のほかに、ネットＴＶ番組のＡＢＥＭＡやアメブロなどのメディア事業、スマホのゲーム事業を行っています。うち、ネット広告事業はその売上の半分を占め、売上二六九三億円、営業利益二一一億円（二〇二〇年九月期）となっています。コロナ下での広告事業の順調な伸びもさることながら、ゲーム事業での儲けを、一般のテレビ放送の対抗軸として赤字の続くＡＢＥＭＡに惜しみなく注ぎこみ続けていることが注目されます。

ネット専業の二番手はデジタルホールディングスです。もともとオプトホールディングでしたが、二〇二〇年に商号を変更しました。その理由を、よりデジタルビジネスに対応するためとしています。売上八九九億円、営業利益二六億円です（二〇一九年一二月期）。

三番手は、セプテーニこと、セプテーニ・ホールディングスです。セプテーニは二〇一八年電通と資本提携し、電通が筆頭株主になっています。売上七六五億円、営業利益二三億円です（二〇二〇年九月期）。

このようにネット広告会社の中でも、サイバーエージェントが抜きんでているといえます。

4

広告業界関係図

デジタルの重要性が高まることによって、広告会社もデジタルシフトを余儀なくされています。クライアントの問題解決の幅は広がり、ここでも新たなプレイヤーが登場しています。

コンサル会社の広告業への進出

世界ほど顕著ではありませんが、コンサルティング会社が広告業界に進出してきています。日本でもＤＸ（デジタルトランスフォーメーション）の波が押し寄せ、あらゆる企業が業務にデジタルを導入せざるを得なくなった現在、コンサル領域にデジタルコンサルティングというジャンルが確立し、急速に拡大しています。デジタルコンサル会社が扱う範囲が、これまで広告会社が扱ってきたコミュニケーション領域まで広がってきました。

アクセンチュアは二〇一六年に国内大手のデジタルマーケティング会社のＩＭＪを買収し、二〇一七年に完全子会社化しています。アクセンチュアは世界に二二〇〇人のデザイナーを持つFjord（フィヨルド）をグループに持っていますが、二〇一九年には、デザインスタジオFjord Tokyoを開設しました。ＩＭＪやFjordはアクセンチュア・インタラクティブというグループを形成しています。

二〇一六年はいろいろな動きがあった年で、**ＰｗＣコンサルティング**は、電通デジタルとの協業を発表し、コンサルティング会社のＥＹアドバイザリーが、メディアレップのＤＡＣとの協業を発表しています。また、**ボストンコンサルティンググループ**は、二〇一八年にデジタルＢＣＧを東京で立ち上げ、日本の**デロイト トーマツコンサルティング**はデロイトデジタルという社内横断型組織を作り、**マッキンゼー・アンド・カンパニー**もデジタル・マッキンゼーという社内チームを作っています。

これらの会社はすべて、マーケティングやデザインを標榜しており、従来の総合広告会社の業務と重なるわけですが、対立軸にあるのかまだ結論は出ていません。

デジタルプラットフォーマー

すでにマス四媒体のどれよりも、インターネット広告が最も大きくなっています。みなさんは、ＰＣやスマホで何を見るときに広告に触れているでしょうか。電通が発表している「日本の広告費」によりますと、検索連動型広告が約四割を占めます。ここでは、GoogleやYahooo! Japan、楽天Infoseekなどの検索ポータルに広告費が流れています。次にディスプレイ広告が三割強あります。ディスプレイ広告では、バナー広告がすぐに思い浮かびますが、その多くはＧＤＮなどのアドネットワークで出稿されているのではないでしょうか。ここでもGoogleやYahoo! Japanなどに広告費が入ります。次の二割がビデオ広告です。ビデオ広告は、YouTubeやFacebook、Instagramなどでよく目にしますね。YouTubeはGoogleのサービスで、Facebook、InstagramはFacebook社のサービスです。また、日本でのネット通販では、Amazonや楽天がよく利用されていますが、これらのサ

インターネット広告媒体費の広告種別構成比（図 1.4.1）

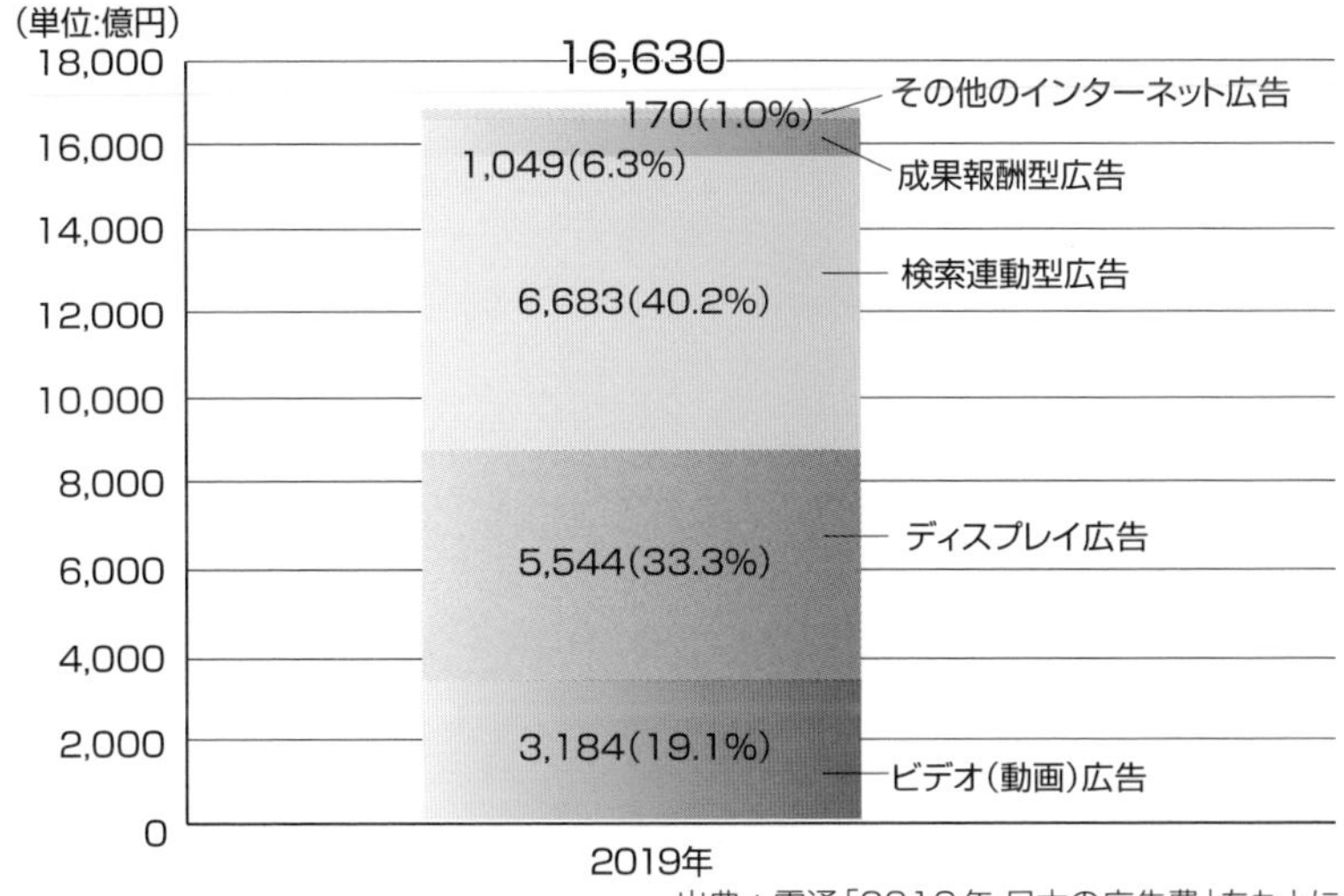

出典：電通「2019年 日本の広告費」をもとに作成

イトでも広告が運用されています。

これら検索サイト、SNS、通販サイトは利用者の膨大なデータを集め続けて所有していることから、ターゲットを絞って効率よく広告を掲出するのに適しているわけです。テレビCMを超える広告費がこれらのデジタルプラットフォーマーを中心に集まりますので、強力なプラットフォーマーは広告会社が及びもしない利益を上げています。GAFA（ガーファ）、つまり、Google、Apple、Facebook、Amazonの四社のうち、特にGoogleとFacebookは広告収入によって潤っています。

テレビCM出稿にもDXの視点

広告会社のパートナーに印刷会社があります。二〇〇二年に京都の印刷会社プリントパックがDXとロングテールの視点でインターネットによる印刷通販事業を開始し、大ヒットしました。続いてラクスルが参入しました。プリントパックが自前の印刷工場を持つのに対し、ラクスルは印刷工場を持たない仲介ポータルです。さらにラクスルはその手法をTVCMの出稿業務に展開し、すでに一一億円もの売上を上げています（二〇一九年七月期）。二〇二〇年、**ノバセル**というサービスに集約し、TVCMの制作、テレビ局への出稿、効果分析を請け負っています。当初は「制作・放映が五〇万円から」などと低価格、ロングテールを標榜していたようですが、現在では「一〇〇〇万円程度から」という案内になっています。また、弱点だったTVCMの制作クオリティを上げるために、気鋭の制作会社GOと提携しています。

この異業種によるテレビ広告業への進出は、テレビ業界の弱体化による危機感と門戸開放の現れです。圧倒的な売り手市場だったテレビ広告が、すでに規模においてネット広告に抜かれていることと無関係ではありません。二〇二〇年、日本テレビなどのテレビ局はスポットCMをオンラインで一枠から購入できる**スマート・アド・セールス**を開始しています。また、ビデオリサーチは、世帯視聴率だけでなく、個人視聴率の提供を始めました。このような流れから、テレビのデジタルマーケティング領域への新規参入は加速し、TVISION INSIGHT、エム・データ、異業種からはニュースポータルのグノシー、インテージなどの参入が相次いでおり、従来の広告会社と一部競合しています。

第1章　まずは広告業界の全体を把握しよう

5 広告会社の仕事の中身

広告には、まず、広告主（クライアント）がいます。そして、広告主のメッセージを伝えたい先がいます。広告会社は、広告主と伝えたい人を結ぶコミュニケーションについてあらゆる活動を行います。

業務の内容

1-1節において広告は「マーケティングの4P」で説明しやすいことを示しました。4Pとは、プロダクト、プライス、プレイス（流通経路）、プロモーションでした。広告会社は極端に言うと、この4Pすべてに関わることがあります。

4Pの最後のプロモーションはさらに「広告」「販売促進」「人的販売」「パブリシティ」に分解されましたが、広告会社の業務としてもっとボリュームが大きいのはこの分野でしょう。

そこについて、総合広告会社を例に業務の流れを見てみましょう。まずは、何事も企画することから始まります。広告主の課題を引き取ってきた営業が、その課題に沿って社内のスタッフを招集します。

戦略構築が必要ならマーケティング・セクション、プロモーション企画が必要ならプロモーション・セクション、テレビコマーシャルや新聞・雑誌・ポスターなど平面デザイン制作が必要ならクリエイティブ・セクション、媒体企画が必要なら、メディア・セクション、デジタルの知見が必要ならデジタル・セクションなどのスタッフが集められます。それぞれの部署の専門性を高めるためにセクションが設けられていますが、企画を考える上では誰がどの部分を考えてもよく、優れた案が取り入れられます。そういう意味では社員全員がプランナーであるといえます。

広告主に企画が採用されると実施段階に入ります。ここでも、実施に最も適したセクションに仕事が割り振られます。通常は企画に携わった者が実施まで手がけることが多いのが実情です。この時点で、広告主の方も広告宣伝の部署だけでなく、営業や開発などの他部署の人が関わってくることもあります。広告主とコミュニケーションを取りながら、いかに円滑に仕事をすすめ、質の高いアウトプットを世に出すかが広告会社の手腕になります。

このような「企画」と「実施」が総合広告会社の両輪といえますが、社内のスタッフだけで業務が完結することはまれで、外部の様々な会社に支えられています（第5章参照）。こうした協力を得て、広告主に対して、企画力、言い換えれば新しいものを生み出すクリエイティブ力を持って課題解決にあたるキープレイヤーが広告会社であるといえます。

近年、勢いを増しているネット広告会社も基本的には業務の流れは同じです。デジタル領域の広告を多く扱っていると捉えてください。ネット広告は、低予算でも出稿可能、結果を数値で捉えやすいという長所がある一方、それが広告会社の人的手間を増加させるという短所にも繋がり、やや労働集約型といえるかもしれません。

広告主と広告会社

通常、広告主が主に取引している広告会社は、一社から数社、それも多くて四、五社程度でしょう。広告主からすれば、取引する広告会社を絞るメリットは、すべての案件を一手に任せられることによる手間の軽減と、大量発注による全体費用の抑制が考えられます。一社に任せれば、広告会社もそれなりの陣容を整え、大きな広告主の場合、数十人の営業チームを抱えたりしています。そうなると、ある意味、広告主以上に広告主のことに詳しくなる場合もあるわけです。特に媒体の買い付けに対しては、「予算が大きければ大きいほど効率よく使える」ことから、買い付けを集中することによって全体コストを抑えることが可能です（1-7節参照）。数社の広告会社と取引している広告主では、課題によって広告会社を振り分けたり、あるいは横一線に並べて**コンペティション***

を行い、プレゼンで最も優れた企画案を採用したりします。なお、官公庁が広告主となる場合、一定の入札基準がありますが、すべての会社に門戸を開いており、コンペには広告会社以外にも様々な企画会社が参加して、時として数十社も参加することがあります。

AE制ってなに？

特に広告主と広告会社一社がパートナーシップを結ぶことを**AE制**と呼びます。AEとはアカウント・エグゼクティブの略で、直訳は会計責任者、つまりは顧客担当責任者とでもいった意味合いです。アメリカでは、広告会社は、ひとつの業種の広告主は一社しか持たないという一業種一社制の立場をとっています。

この場合、一年間などの期限は設けられますが、その間は、まさに広告会社はパートナーとして選ばれます。コンペは行われずに、新商品の開発段階から情報は広告会社に共有され、まさに一つのチームとして動いていきます。このような状況は、たんに広告主がオリエンし、広告会社がプレゼンし、広告主がそれを選ぶというような受発注の関係を超えたものがあります。このように企業の戦略に深く関わるのが広告であり広告会社なので、例えば、同一の広告会社が自動車会社AもBも担当する、というのは全米やヨーロッパでは考えにくいものになっています。

しかし、日本ではその限りではなく、AE制だからといって必ずしも一業種一社制になっていません。これは日本の広告会社がもともとはメディアの代理店として始まっていることに大きく関係があります（1-7節参照）。日本では大手の広告主はメディアのバイイングからブランドのマーケティングプラン、クリエイティブまで大手の広告会社で実施するケースが多いのが実情です。一業種一社制ではないのに、AE制が広がって広告会社の絞り込みが起こると、大手広告会社の寡占が進むという構造があります。

AE制で、取引する広告会社を一社に指定する場合の広告主のデメリットは、広告会社間の競争がないため、業務が停滞する場合があることです。そのため、AE制を結んでいても数年に一回、コンペなどで見直しをする企業が多いようです。

用語解説

＊**コンペティション**　コンペとも呼ぶ。複数の広告会社に企画を競い合わせること。6-1節参照。

6

広告会社のビジネスモデル

広告会社の収入は、大きく分けると二つあります。媒体収入と制作収入です。その二つは、まったく異なる仕組みで、広告会社のビジネスモデルとなっています。ここでは、二つの収入の仕組みを解説しましょう。

媒体収入の仕組み

媒体収入とは、主に**マスコミ四媒体**（1‐2節参照）の広告から得られる収入を指します。またこれらに、交通広告などのプロモーションメディア広告やインターネット広告を加えることもあります。媒体収入の特徴は、定価が決まっているため、基本的にはどの広告会社が広告主に販売しても料金は同じというのが原則になっています。

広告会社は媒体社が設定する定価で、広告主に販売します。媒体社が設定する定価には、広告会社の利益が含まれているのが通常です。このことを**マージン***と呼びます。このマージンが、販売価格の何％かは、媒体によっても違いますし、広告会社と媒体社の関係性でも違いますが、概ね一五～二〇％の間です。

この構造は、利益を媒体社からもらっている仕組みとなります。販売手数料という考え方なので、広告会社のそもそもの発祥である、**メディア・ブローカー**という役割が色濃くでているといえます。

また各マス媒体社は、取引できる広告会社をある程度限定しています。どの広告会社でも取引できるわけでなく、もちろん広告主が直接、マス媒体を購入することも原則的にできません。

広告主は、何百社とあるので、媒体社としてもその何百社に個別対応することはできないので、通常取引のある広告会社に集約する必要があるのです。

用語解説

＊マージン　実際には、広告会社が媒体社に支払う際に、このマージン分を引いて支払う形をとる。

またテレビ番組によっては、広告会社の**買い切り枠**というのが存在します。これは、広告会社が、テレビ局に対して、その枠を責任を持って販売するというものです*。アニメ番組など、番組としては面白いのですが広告主の業種が限定され、テレビ局としてはオープンでは売りにくいものを、広告会社が販売責任を持つことで、テレビ局にとってはリスク回避ができるメリットがあります。

反対に、広告会社にとっては、その番組を独占的に販売できることや、さらに番組の著作者になっている場合には、商品化の際に二次収入を得られるメリットがあります。このような買い切り枠は、文字通り「買い切り」のため、その広告会社以外から番組を買うことはできません。

媒体収入の仕組み（図 1.6.1）

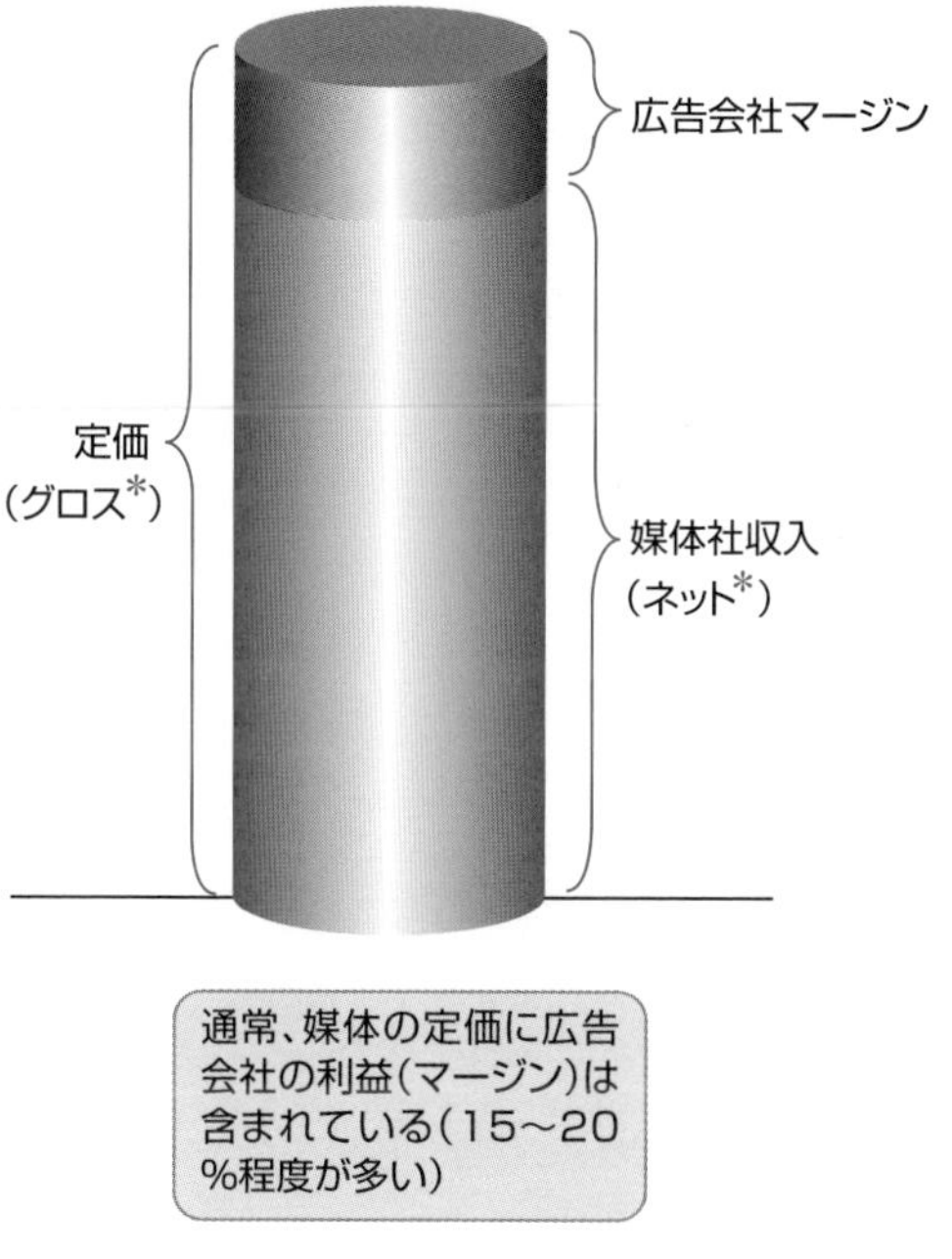

用語解説

* …**というものです**　これを得意とするのが電通だ。
* **グロス**　媒体社から広告主への提供料金をグロスと呼ぶ。
* **ネット**　グロスから広告会社のマージン（販売手数料）を引いたものをネット（媒体社の収益）と呼ぶ。

制作収入の仕組み

制作収入は、ひと言でいうと外部会社に委託する外注費（原価）に広告会社の**営業管理費**（通常一五％程度）を上乗せした部分となります。いわゆる原価があって、それに自社の利益を追加するというビジネスとしては一般的な構造です。

営業管理費は、大きくいうと広告会社の**ディレクション費用**ということになります。つまり、広告主の要望を考慮し、最も効率よく、消費者にコミュニケーションできる方法を考え、それにそって外部会社をコントロールしていく役割がディレクション費用といえます。CM制作や雑誌・新聞原稿制作、イベント実施や、クローズド懸賞キャンペーン運営など、多くの業務がこの制作収入にあたります。

制作収入の仕組み（図1.6.2）

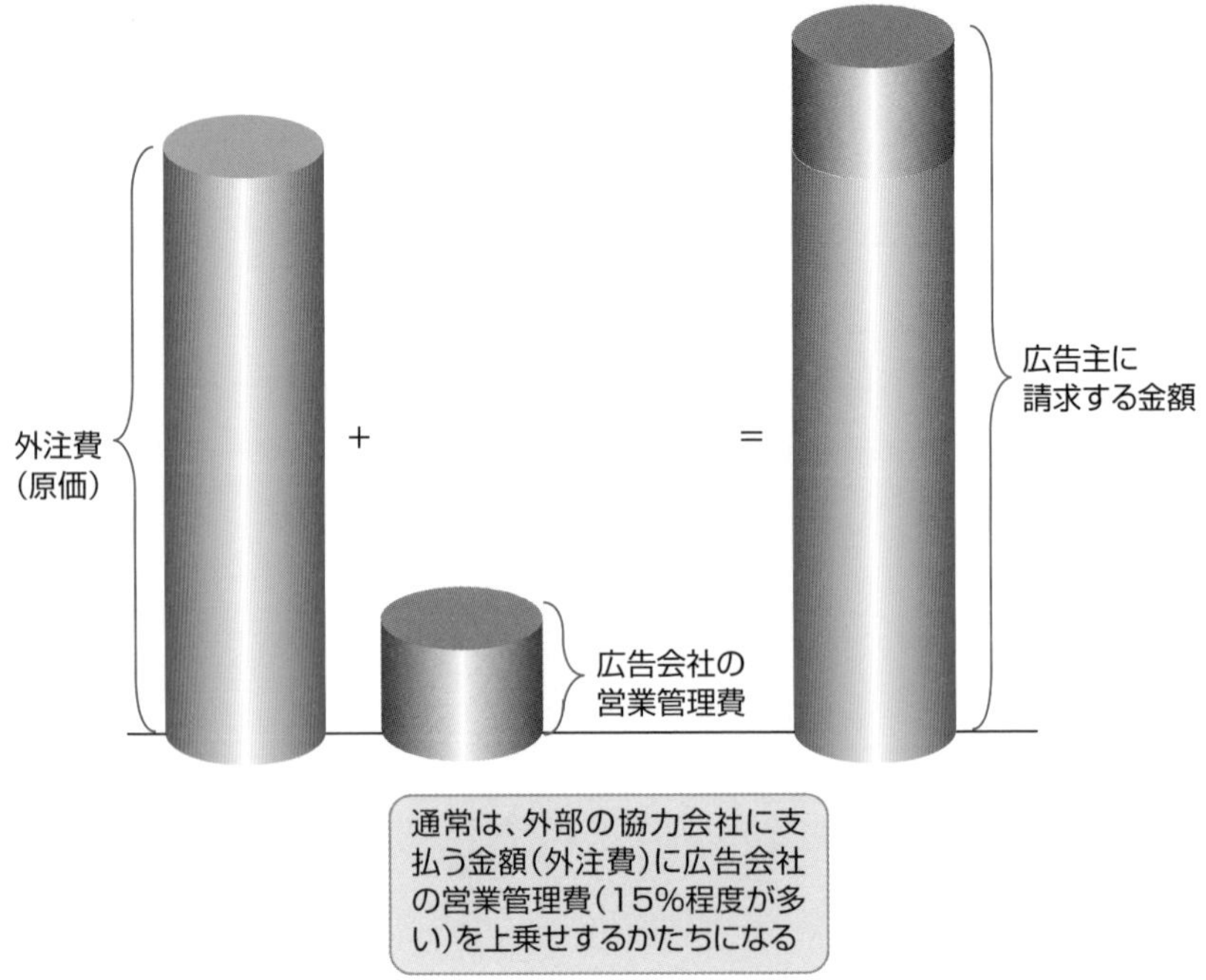
外注費
（原価）
＋
広告会社の
営業管理費
＝
広告主に
請求する金額
通常は、外部の協力会社に支払う金額（外注費）に広告会社の営業管理費（15％程度が多い）を上乗せするかたちになる

ワンポイントコラム

【電通と共同通信社】1901年7月1日に、電通の前身である日本広告株式会社を設立した光永星郎（みつながほしお）は、同年11月、個人経営の形で電報通信社という通信社を開業する。これが後の共同通信社になる。

7 ブランド・エージェンシーとメディア・エージェンシー

広告会社をエージェンシー*と呼ぶ場合があります。このエージェンシーに「ブランド」や「メディア」などとつけて呼ぶ場合もあります。ここでは、呼び方と共に役割が変わってきた広告業界の実情を解説していきます。

広告代理店は誰の代理か？

以前は、**広告代理店**という呼称が一般的でした。その「**代理**」とは、いったい誰の代理なのでしょうか？　広告業界で仕事をした人や興味を持った方なら誰しも、一度は持つ疑問ではないでしょうか？

そもそもは、間違いなく、「**メディアの代理店**」でした。いわゆるメディア・ブローカーというのが広告代理店の発祥です。つまり、テレビ局や雑誌社の持っている広告スペースを、お得意先に売りに行くというスタンスです。

確かに高度経済成長の時代は、商品の広告を行うという行為だけで目的は達成できていました。

しかし、市場が成熟してくると、他社にくらべて自社の製品のどこが優れている、という製品メリットだけでなく、どういう人に使ってもらいたいのか、どんな価値観を持った人に選ばれたいのか、というマーケティング戦略が求められてくるようになります。

そうしたとき、広告代理店は、単なるメディア・ブローカーではなく、優れたクリエイティブやプロモーション施策を作り出すことが求められ始めました。このようなことから、メディアの代理業のみ、というニュアンスをなくすため、広告代理店ではなく、**広告会社**という言葉が

用語解説

＊**エージェンシー**　「代理」という意味。

使われ出した経緯があります。そして、広告主の立場に立って考えるという意味で、「**広告主の代理店**」にもなってきたのです。

媒体収入と制作収入の関係

広告会社の収入には**媒体収入**と**制作収入**の二つがあることは前節でも述べました。この二つの収入のうち、どちらの売上が大きいかというと、広告会社全体で見ると、媒体収入がはるかに大きな割合を占めています。

従来は、メディアの扱いは、メディア・ブローカーという発想があったため、どの代理店が扱っても同じ、という認識が広告主側にもありました。そのため、CM制作コンペで採用された会社がそのままメディアを扱ったり、地域ごとに媒体扱いの広告会社を決めていたり、と割と大まかにメディアの担当広告会社を決めていました。

媒体収入が大きな収入源になったことによる弊害として、各代理店が媒体収入を得ることを第一の目的とし過ぎた、ということがあります。

また広告媒体の仕組みとして、日本の場合、欧米に比べてメディアの販売手数料が高い、という指摘もあります。欧米では、一〇%以下が多い中、日本では媒体にもよりますが、一五～二〇%が一般的です。この点について、特に欧米の事情を知っている外資系広告主からは不満の声が出ていました。

新たな動き、メディア・エージェンシー

欧米では、メディアを扱う広告会社と、制作を担当する広告会社が別の場合がよくあります。前者を**メディア・エージェンシー**、後者を**ブランド・エージェンシー**と呼び、それぞれに役割を持たせ、共存する関係となっています。

メディア・エージェンシーは、広告主の立場に立って、メディア側と折衝し、コストを安く抑えること、効率よくメディアを購入することが求められます。

通常、メディア・エージェンシーは、ある広告主の全体または、一つのブランド全体の広告出稿を一社に集中することで機能します。

メディアを扱う金額は大きくなりますが、社内経費(媒体担当者の人件費やシステム使用料)などは、購入金

用語解説

***ブランド・エージェンシー** 欧米では、メディアのみを取り扱う専門会社としてメディア・エージェンシーがあり、ブランド・エージェンシーも、制作専門会社として成立しているので、両者は多くの場合、別の会社になる。ただし、メディア・エージェンシーとブランド・エージェンシーを1つの広告会社グループで担当することも多い。

額が増えてもあまり変わらないため、比較的低い利益率でもビジネスとして成り立つ可能性があります。

この部分を利用して、大手の広告主が自社の広告を広告会社一社に集中して購入させる、**セントラル・メディア・バイイング***という手法も見受けられるようになりました。

新たな動き、ブランド・エージェンシー

ユーザーが最も興味を惹かれる広告表現(クリエイティブ表現)は何か。広告会社はこの点を追及していくことは重要です。消費者調査が必要な場合もあれば、いいクリエイティブ・プランが出るまで、何案も練り直すことや、多くの外部スタッフと連携することも必要です。従来、広告会社は、この制作部分で一五%程度の利益率で広告主に請求してきました。

しかし実際のところは、広告会社のビジネスとしては、この制作費単体では割にあわないというのが実情です。というのも、大勢の社内スタッフがかなりの時間を使って、広告表現などを生み出していくため、結果として人件費も高くなり、とてもその利益率ではまかなえないことが多いからです。そのぶんは、媒体収入で得た利益を補填している場合もあります。

ブランド・エージェンシーという発想は、この従来のメディアと制作の一元化した流れを分割し、メディアはその専門性の高い会社(メディア・エージェンシー)、広告制作も、その専門性の高い会社(ブランド・エージェンシー*)に任せる、というものです。

その際、ブランド・エージェンシーは、媒体収入と切り離して考えるぶん、いままでの一五%の利益率ではなく、二〇~三〇%といった利益率でのビジネスや、作業時間により料金が発生するような**タイム・フィー方式**などになることが考えられます(1-8節参照)。

欧米では、メディアのみを取り扱う専門会社としてメディア・エージェンシーがあり、ブランド・エージェンシーも、制作専門会社として成立しているので、両者は多くの場合、別の会社になります(広告会社グループとして担当することも多い)。

日本では、博報堂DYグループの博報堂DYメディアパートナーズがメディア・エージェンシーといえます。

用語解説

＊**セントラル・メディア・バイイング**　媒体社に対してはコスト競争力を高め、広告主にとっては、広告会社にメディアの価格交渉をさせたり、場合によっては販売手数料を下げさせるなど、メディア発注の全体コントロールがしやすくなり効率化が図れるなどのメリットが生まれる。

8 「コミッション」「フィー」という報酬制度

1 - 6節で述べたように、広告会社の収入は、媒体収入と制作収入から成り立っています。しかし近年、両者を別の呼び方で呼ぶ場合も出てきました。その大きな理由には、外資系広告会社や外資系の広告主の存在があります。

「コミッション」と「フィー」という報酬制度

前述の媒体収入の仕組みの課題として、広告主にとっては、広告会社に対していくら報酬を払っているのかが把握できないという点があります。あくまで販売手数料（マージン）という考え方なので、何%が広告会社に支払われているかは、広告主にはわかりません。もっと厳密にいえば、テレビ局のスポットCMは広告会社によっても、マージン率が違うという現実があります。また、先ほどの制作収入も営業管理費分が広告会社の収入という理屈はあっても、それだけでは実際の社内人件費などを考えると見合わないケースもあります。

外資系広告主は、自分たちに対して広告会社が提供してくれた作業に透明性を持って適正な報酬を支払いたい、という考えがあります。ところが従来の媒体収入と制作収入の考え方では、この適切な支払いを実行できないのが現実です。そこで**コミッション**と**フィー**という考え方が生まれてきました。

コミッション制度とは

コミッション制度とは、簡単にいうと先ほどの**媒体収入**のことです。しかし、大きく違うのは、媒体収入での広告会社の利益額は、広告会社と媒体社の間で取り決められ、広告主が立ち入れないのに対し、コミッション制度の場合は、広告会社が媒体収入に対して得られる収入を、広告会社と広告主との間で決める、ということです。

これにより、広告会社は従来ブラックボックスであった、マージン率を広告主に公開し、原価を開示することになります（**NET開示**といいます）。広告会社と広告主は、その媒体取扱量や広告会社の貢献度などに応じて、コミッションを決めていきます。

この考え方は、単純に原価を開示し、媒体を安く買う、ということとは、ちょっと違います。媒体収入というのは、広告会社と媒体社の間でマージン（手数料）が決まっていますが、それにかかる広告会社の費用は、媒体担当者の人件費が主になります。ただこの人件費は、作業量（媒体出稿量）が二倍に増えても、単純に二倍になりません。出稿量が増えれば増えるほど、そこで発生する広告会社の収入は大きくなります。

一方で、媒体出稿量が少ないと、今度は逆にマージン（手数料）だけだと割に合わないケースもあります。そこで、媒体出稿量に対して、**コミッション率**を設定し、広告会社に対して適正な報酬を支払うというのが、その根本の考え方です。

コミッション制度の仕組み（図1.8.1）

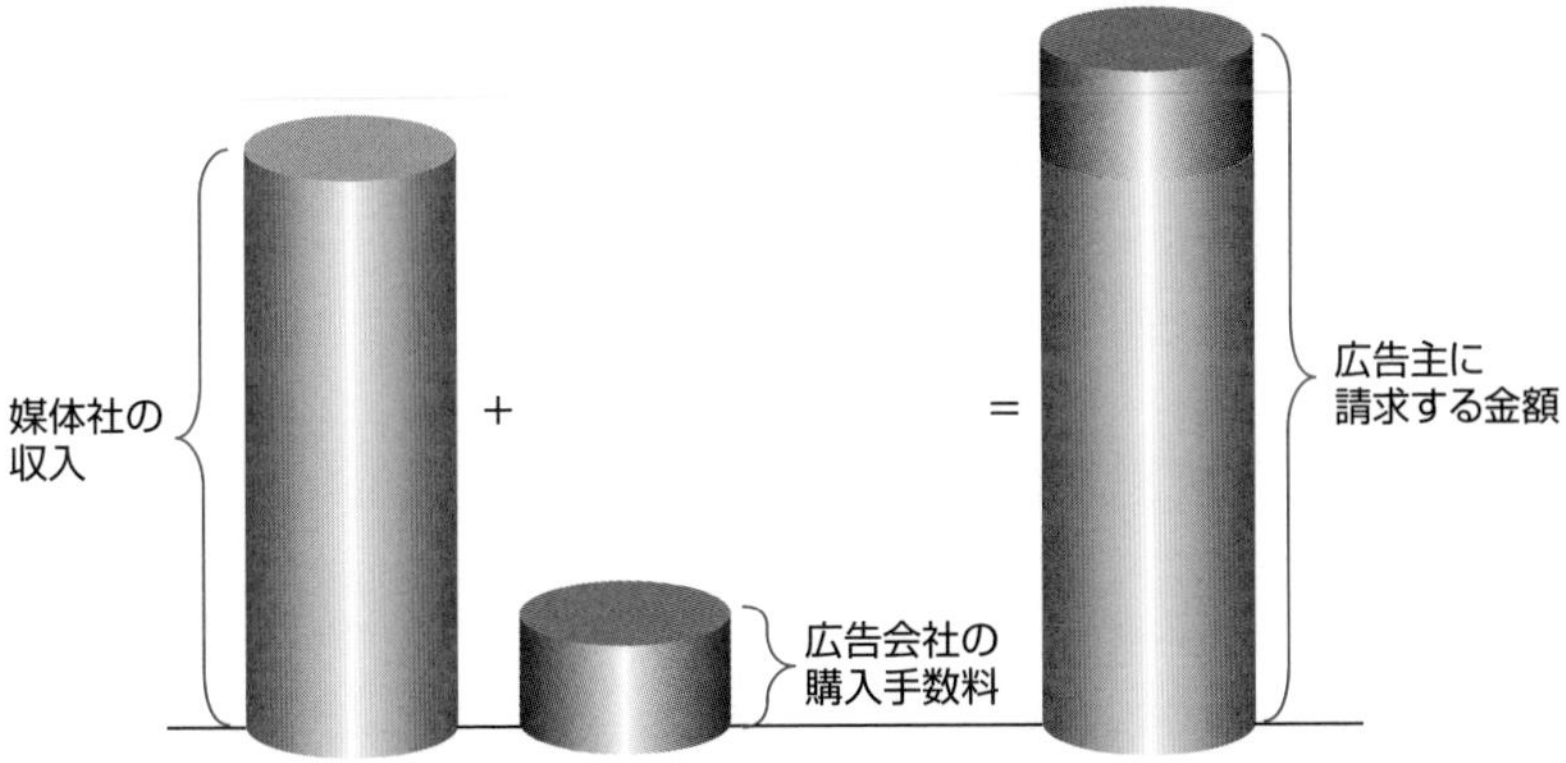

●広告会社の購入手数料を広告主との協議の上、決定する。
●ただし、広告会社内ではメディア・セクションの人件費、管理費なども勘案し、媒体の出稿量、規模とのバランスで検討するかたちとなる。

フィー制度とは

フィー制度も、簡単にいうと先ほどの制作収入ということになります。しかし、根本に流れる考え方は、コミッション制度と同じく、広告主と広告会社の協議の上、広告会社に支払う報酬額を決めるというものです。

フィー制度もコミッションと同じく、原価を開示することが基本となります。外注費をはじめ、広告会社内の会議費・交通費まで開示する場合もあります。それらに加え、フィー（報酬）部分を広告会社から広告主に提示します。

例えば、営業職が三人フルタイムで担当、スタッフ・セクションが三人×八〇％程度関わる、管理職が…というように広告会社内のすべての人件費を**タイム・フィー**として計算して提示します。その額が適正かを広告主が検討し、最終的に

フィー制度の仕組み（図1.8.2）

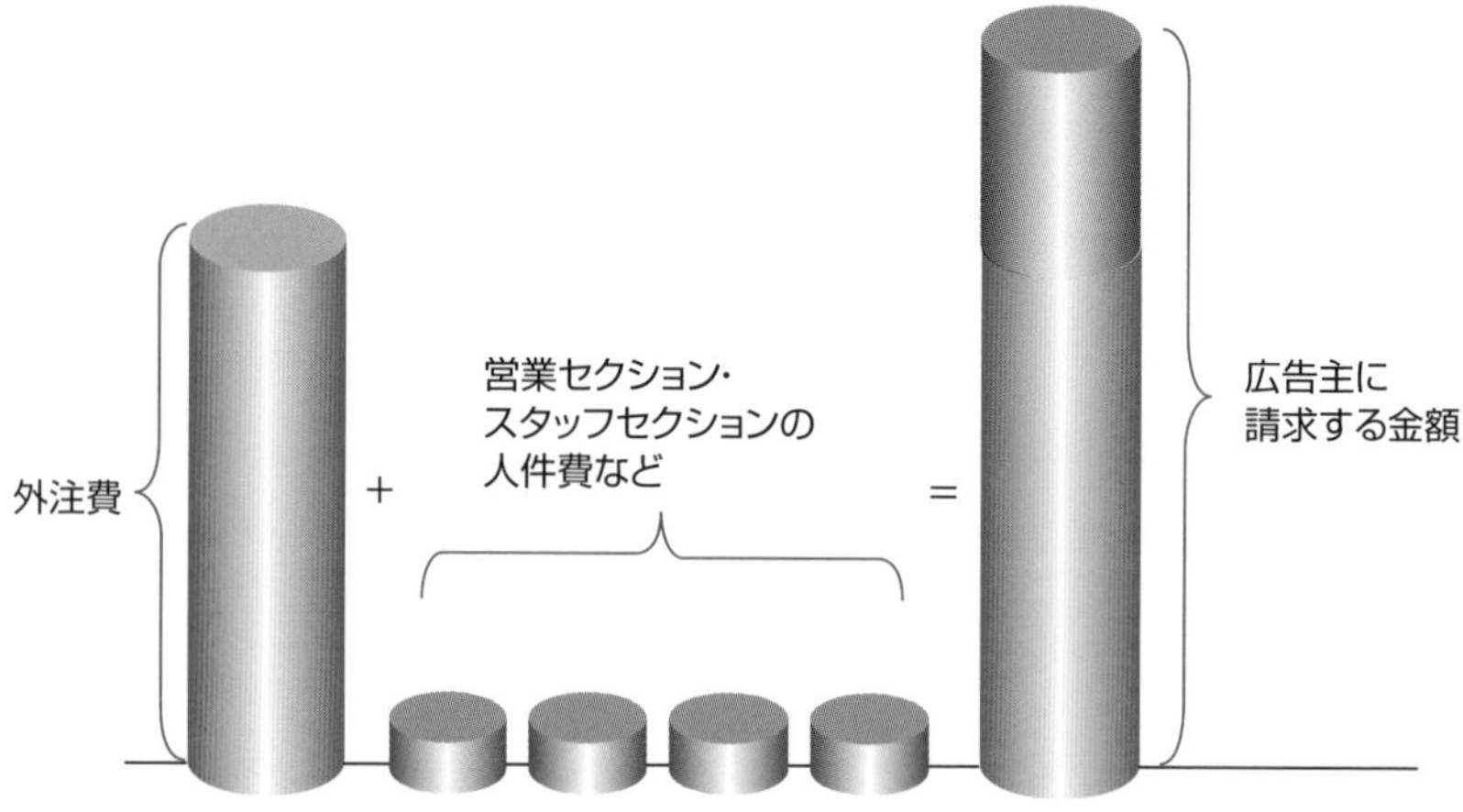

- 営業管理費として一律の料率で設定するのではなく、広告会社のかかわったセクションの人件費を外注費に追加するかたち。
- 人件費をいくらに設定するかは広告主と広告会社の間で事前に協議しておく。
- ただし、フィー制度はまだまだ定着しているものではないので、年間でフィー額を決めてしまう方法など、いろいろなかたちが存在する。

双方が納得できる金額で決定します。これにより、広告主も適正な報酬を広告会社に支払うことができる、というものです。

コミッション制度とフィー制度のメリット・デメリット

広告主にとっては、一見いいことばかりのような気がするコミッション制度とフィー制度ですが、やはりメリット・デメリットがあります。

メリットは、広告会社に対して適正な報酬額を支払えるということです(もちろん、あくまで広告主と広告会社の双方にとって、適正であることが大前提です)。

従来の媒体収入の考え方の場合、媒体での利益額が確保できるので、制作収入に相当するCM制作費は、広告会社が多少の持ち出し(赤字)で制作することもありました。

つまり、従来の媒体収入、制作収入というビジネスモデルの場合、そういったある程度の応用性・柔軟性を持たせられたわけです。

コミッション・フィーというビジネスモデルでは、制作収入もNET開示し、その部分に広告会社の利益を追加するフィーを広告主に請求する仕組みなので、一度、金額を決めてしまうと、値引きやサービスのないドラスティックなものになります。もちろん、追加作業が発生したら、広告会社は広告主に追加請求をせざるを得ません。

現在のところ、広告会社の収益構造は、やはり媒体収入が中心です。媒体収入があるので、制作収入の営業管理費を一五%に抑えることができる、というのが現状です。媒体収入を広告会社に支払わない場合(媒体担当代理店と制作担当代理店が違う場合や、そもそも媒体出稿がない場合)は、広告会社も制作体制を維持するのが難しくなってきます。その場合、営業管理費を闇雲に上げることは難しいので、逆に広告会社から人件費を含んだフィー制度の提案をすることもあります。

また、このコミッション制度とフィー制度というのは、前節で紹介したメディア・エージェンシーとブランド・エージェンシーのそれぞれの報酬の呼び名となります。そういう意味でも、従来の媒体収入中心の広告会社の利益構造は、今後、変革していくかもしれません。

9 世界のビッグ・エージェンシー

海外の広告会社の特徴は、広告会社、PR会社、マーケティング会社など、複数の企業がグループを組んでいる点です。このワールドワイドな広告業界でも、デジタルを専門とするエージェンシーが目覚ましい飛躍を遂げています。

ビッグ4と電通

世界規模の広告業界を俯瞰した場合、かつては四つのグループが最大手として君臨していました。イギリスの**WPP**、アメリカの**オムニコム・グループ**、フランスの**ピュブリシス・グループ**、アメリカの**インターパブリック・グループ（IPG）**がそれです。以上の四グループは、その影響力の強さから**ビッグ4**と呼ばれてきました。ビッグ4に日本の広告会社が含まれていないのがちょっと残念ですが、**電通グループ**は従来ビッグ4に次ぐ世界第五位の位置を占めてきました。

図1・9・1は二〇一九年における世界の主要エージェンシーの総収益トップテンです。最大の総収益を誇るのはWPPで、総収益は**一六九億ドル**でした。日本円に換算すると**一兆八六八四億円**＊になります。以下、オムニコム・グループ（一五〇億ドル）、ピュブリシス・グループ（一一三億ドル）、アクセンチュア・インタラクティブ（一〇三億ドル）、インターパブリック・グループ（一〇二億ドル）、そして電通グループ（九六億ドル）という順になっています。

なお、ここで示した数字は**国際会計基準（IFRS＊）**に従うもので、日本企業が一般に採用している売上高とは異なる点に要注意です。例えば、広告会社が第三者企業の代理人として業務を行った場合、得意先には取扱高と手数料の総計を請求することになります。日本の会計ではこの総計を売上高としてカウントします。しかし

用語解説
＊**一兆八六八四億円**　2019年12月末の為替レート（1ドル110.56円）を基に計算。
＊**IFRS**　International Financial Reporting Standardsの略。

国際会計基準の場合、取扱高（**代理人取引**）については計上せず、手数料のみカウントします。

右に見た電通グループの総収益も国際会計基準によるものです。ただし同社ではこれと別に日本企業が一般的に採用している売上高も公表しています。これによると、一九年の電通グループの売上高は**五兆一四六八億円**です。一方、総収益の九六億ドルを日本円に換算すると**一兆四七八億円**になります。このように日本基準の売上高と、国際基準の総収益には大きな差があることがわかります。

デジタル広告会社の大躍進

それはともかく、先に電通グループはビッグ4に次ぐ世界五位の位置を占めてきたと述べました。しかし、いまや六位に順位が落ちています。それというのも、ビッグ4の一角に**アクセンチュア・インタラクティブ**が割って入ったからです。

同社はコンサルティング会社として著名なアクセンチュアのグループ会社です。ほかにも会計会社デロイトグループの**デロイト・デジタル**（七位、七九億ドル）、同じ

2019年世界の広告エージェンシー・トップテン（図1.9.1）

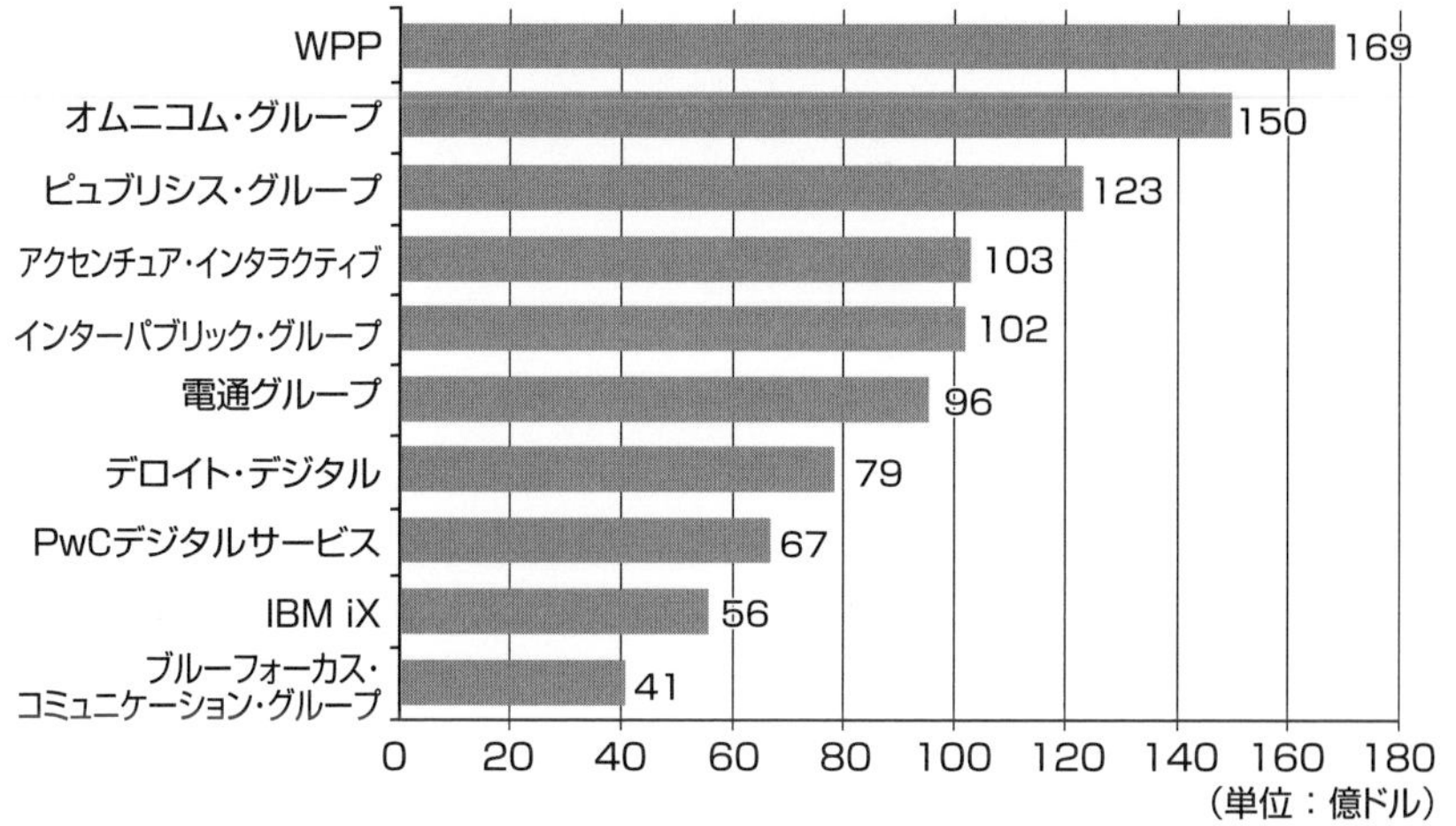

出典:「Ad Age」

ワンポイントコラム

【アイデアのつくり方】広告マン必見の本に『アイデアのつくり方』（阪急コミュニケーションズ）がある。広告マンの発想法を著したもので、広告マンのみならず、すべてのビジネスマンにとって有益な内容になっている。なお、著者のジェームス・ウェブ・ヤングは、J.W.トンプソンの元副社長。

く会計会社プライス・ウォーターハウス・クーパースグループの**PwCデジタルサービス**（八位、六七億ドル）が、トップテンにランクインしています。

　こうしたコンサル系のエージェンシーはデジタル分野を専門にする企業群であり、図1・9・2はそのトップテンについて示したものです。これを見て驚くのは旧ビッグ4系の企業の最高位が、やっとのことで五位にランクインしているピュブリシス・サプレントである点です。

　コンサル・会計系のエージェンシーが躍進した背景には、彼らが企業のCEOやCTO（チーフ・テクノロジー・オフィサー）らと深く関係を結んでいる点が挙げられます。いまや企業にとってDXは最重要の経営課題であり、広告活動もその一環で考慮しなければなりません。そして、こうした経営課題の解決は、コンサル会社が得意とするところです。それゆえ、デジタル広告で異業種の台頭が著しいわけです＊。

　なお、世界の広告エージェンシートップテンの一〇位に食いこんだ**ブルーフォーカス・コミュニケーション・グループ**は中国企業で、その存在感をじわじわと高めています。

2019年世界のデジタルエージェンシー・トップテン（図1.9.2）

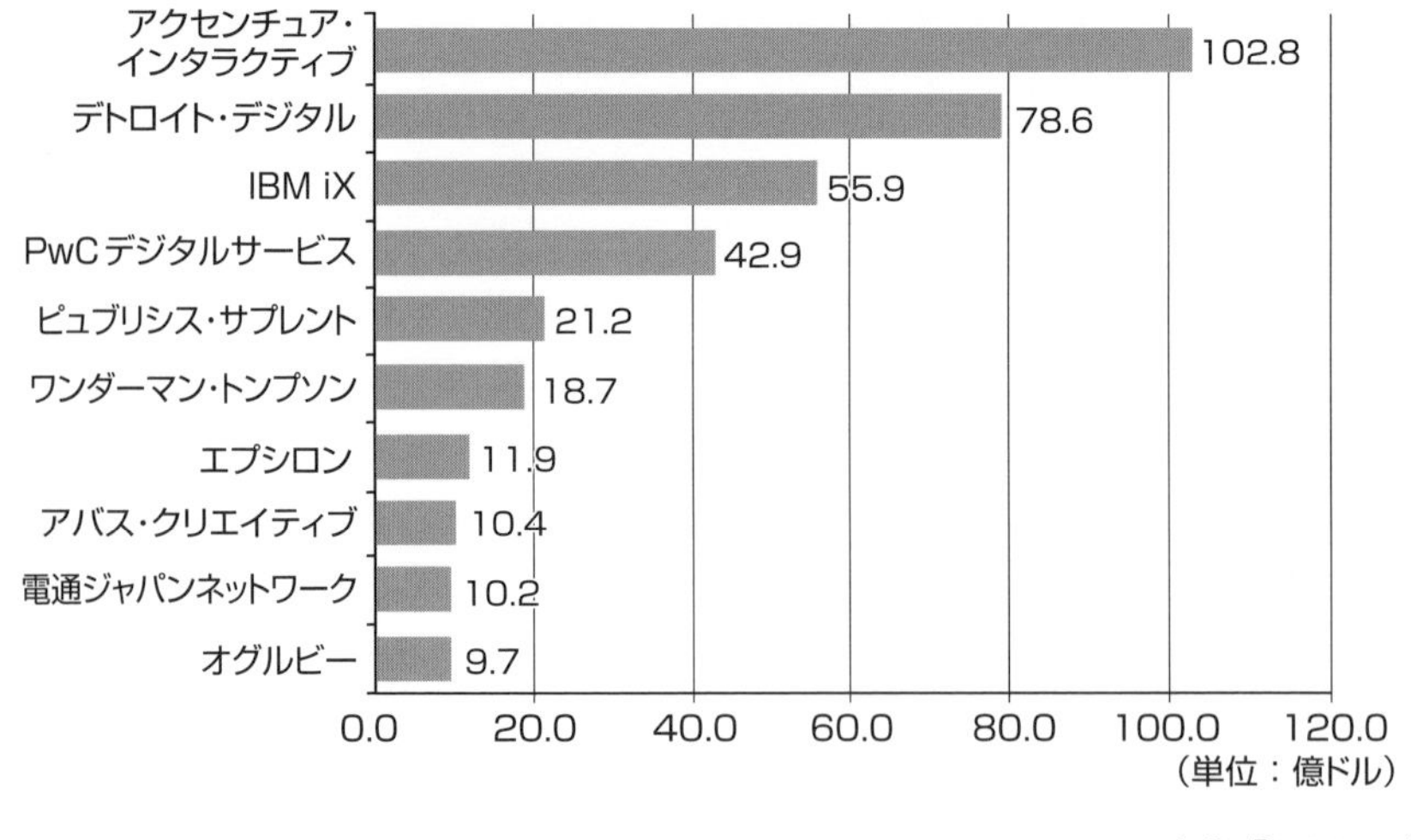

出典：「Ad Age」

用語解説

＊…**著しいわけです**　同じ理由で、経営課題に密接するシステム系の**IBMインタラクティブ・エクスペリエンス（IBM iX）**がデジタル広告の3位、全エージェンシーの9位に食い込んでいる。

10

広告業界を揺るがすGAFA

デジタル広告市場には、前節で見た企業群よりも、さらに強大な力を振るう企業が存在します。それはGoogleとFacebookにほかなりません。Googleの収益の柱はアドワーズとアドセンス、FacebookはSNS上でのディスプレイ広告です

検索連動型広告の覇者

ＩＴ業界の著名な大手といえばGoogle、Apple、Amazon、Facebookであり、この四社を**ＧＡＦＡ**＊と呼びます。図1・10・1はＧＡＦＡの収益推移を見たものです。二〇一九年における四社の収益総計は**七七三〇億ドル**、日本円に換算すると**八五・四兆円**になりました。ちなみに一九年度の日本の税収は**五八・四兆円**でした。税収は国家の収益に相当します。つまりＧＡＦＡはたった四社で、日本の**一・四六倍**もの収益力を誇っているわけです。

一方、広告という立ち位置からＧＡＦＡを見るとGoogleおよびFacebookの存在が際立ちます。いまやインターネット上のデジタル広告は、GoogleとFacebookを抜きにして語れないからです。

アメリカの調査会社イー・マーケターによると、一九年におけるアメリカのデジタル広告市場は一二九〇億ドル（一四兆二六〇〇億円）だったと推計しています＊。そのうちGoogleが三七・二％、Facebookが二二・一％を占めると指摘しています。つまり、アメリカのデジタル広告市場の約六割をGoogleとFacebookの二社が握っていることになります。

図1・10・2はGoogleの収益構成を見たものです＊。

用語解説

＊**GAFA**　この4社にMicrosoftを加えて「GAFAM」と呼ぶこともある。

＊**…しています**　eMarketer「US Digital Ad Spending Will Surpass Traditional in 2019」(https://www.emarketer.com/content/us-digital-ad-spending-will-surpass-traditional-in-2019)

GAFAの収益推移（図1.10.1）

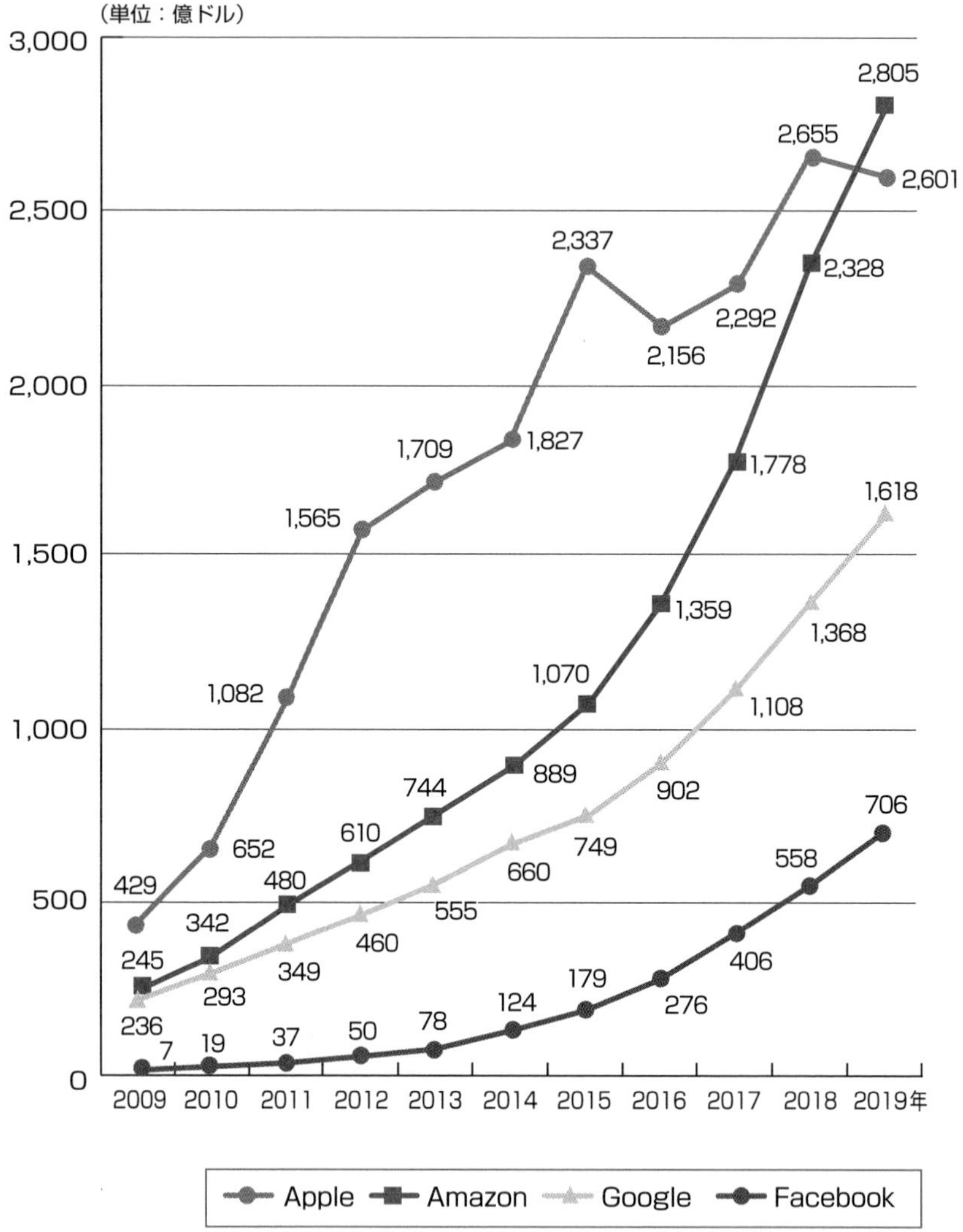

出典：各社決算短信

用語解説

＊…**見たものです**　図1.10.1は、Googleの持株会社アルファベットの総収益であり、Google単体の総収益とは一致しない。

＊**リスティング広告**　料金を支払って検索結果に「リスティング」することから、別名ペイド・リスティング・サービス（Paid Listing Service）とも呼ばれる。

Googleの収益構成（図1.10.2）

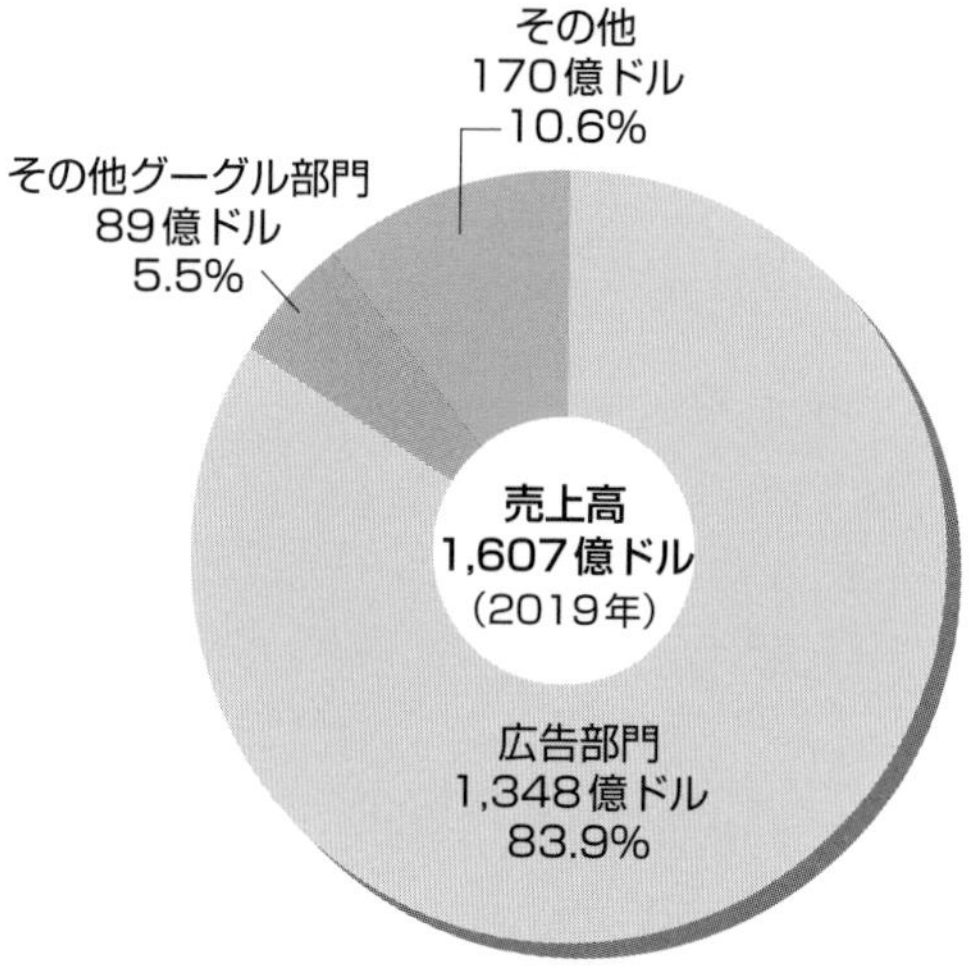

出典:Google決算短信

Facebookの収益構成（図1.10.3）

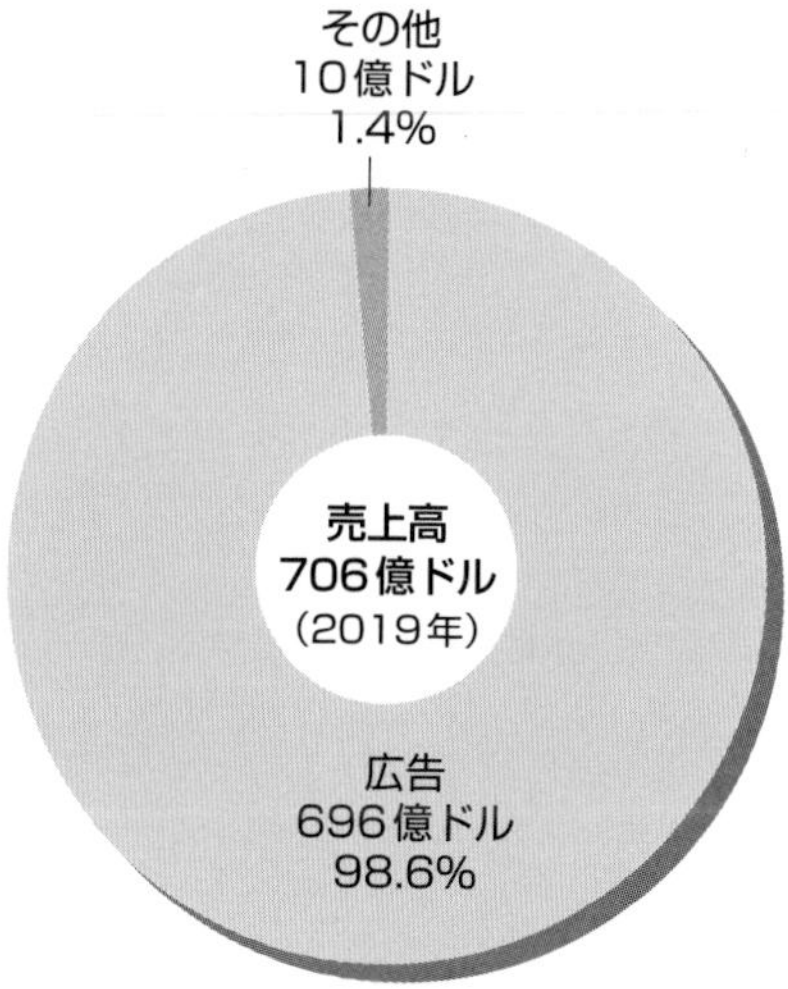

出典：Facebook決算短信

総収益が一六〇七億ドルに対して、広告部門の収益は全体の八三・九%で**一三四八億ドル**、日本円に換算すると**一四・九兆円**になります。さすがに日本の税収には及びませんが、1-2節で見たように一九年における日本の総広告費は**六兆九三八一億円**でした。つまりGoogleは一社だけで、日本の総広告費の**二倍以上**もの収益を達成しているわけです。

収益の柱になっているのが**検索連動型広告**の**アドワーズ**と、ページ内容や閲覧履歴に応じて適切な広告を表示する**アドセンス**です。アドワーズは、検索したキーワードに関連する広告を、Googleの検索結果ページに表示するサービスです。**リスティング広告**＊とも呼ばれます。表示される広告は**スポンサー・リンク**とも呼びます。

一方アドセンスは、サードパーティーのウェブページやブログなどに、ページ内容や閲覧者の閲覧履歴に応じた広告をGoogleが配信するサービスです。広告がクリックされるごとに広告主からGoogleに広告料が支払われ媒体提供者に分配されます。

物販系プラットフォーム広告にも注目

次に図1・10・3を見てください。こちらはFacebookの収益構成を見たものです。ご覧のように収益の九八・六%が広告となっています。その額は**七〇六億ドル**（**七・八兆円**）であり、こちらも日本の総広告費をはるかに上回ります。Facebookの収益の柱は、同社が提供するSNS上での**ディスプレイ広告**です。Googleの広告がテキストベースに対して、Facebookは画像や動画による広告が強いということです。

また、デジタル広告市場では、Amazonの存在感も強まってきています。先のイー・マーケターによると、Amazonがアメリカのデジタル広告市場に占める割合は八・八%で三位につけています。これは自社ECサイト内での広告によるもので、こうしたいわゆる**物販系ECプラットフォーム広告費**に対する注目も高まってきています。電通による「日本の広告費」でも、一九年から同広告費がインターネット広告費に含まれるようになっています＊。

ちなみに日本では、**楽天**が自社内サイト広告で大きな売上を上げていくと表明しています。今後は物販系ECプラットフォーム広告にもさらなる注目が集まりそうです。

用語解説
＊…**なっています**　2019年の日本における物販系プラットフォーム広告費は1064億円だった。

第2章

最新の広告技術を理解する

インターネット広告のトレンド

日本の総広告費が8年連続の成長を続けています。その中で爆発的な成長を遂げているのがインターネット広告です。2019年は、インターネット広告が、初めて2兆円を超え、6年連続二桁成長となりました。これによりテレビメディア広告費を超え、媒体区分として最も大きなものとなりました。これからもますます成長が期待されます。近年は、マス媒体由来のインターネット広告費が生まれたり、物販系ECプラットフォーム広告費などが加わったりと新たな動きが加速しています。本章ではインターネット広告の最前線について平易に解説することにしましょう。

1 まだまだ成長するインターネット広告

一九九六年には、わずか一六億円だったインターネット広告は、〇四年にラジオ広告を抜き、〇九年に新聞広告を抜き、二〇一四年に一兆円を突破した後も勢いは止まらず、二〇一九年には、ついに二兆一〇四八億円となりました。

二桁成長を続けるインターネット広告

日本の総広告費は、ここ八年ほど連続して成長を続けてています。しかし二〇一九年の内訳を見てみると、マス媒体、特にテレビメディアの一兆八六一二億円(前年比九七・三%)を筆頭に、新聞、雑誌、ラジオも軒並み前年割れをしています(図2・1・1)。その一方で、インターネット広告は、前年比一一九・七%と驚異的な成長を続け、総広告費における構成比が、マスコミ四媒体が三七・六%、インターネットが三〇・三%、プロモーションメディアが三二・一%となり、インターネット広告の存在感が高まっています(図2・1・2)。

インターネット広告費を項目別に見ると、一九年は媒体費が一兆六六三〇億円(前年比一一四・八%)、広告制作費が三三五四億円(前年比一〇七・九%)、そしてこれに二〇一九年から加わった物販系ECプラットフォーム広告費は一〇六四億円となりました。

マスコミ四媒体由来のデジタル広告の存在感も大きくなっており、特にテレビメディアデジタルは一五四億円と成長をしています。テレビメディアデジタルの一例は、テレビ受像機向けアプリ(インターネットに接続されたテレビ画面上で使われるアプリ)での配信も始まった民放公式テレビポータル「TVer(ティーバー)」などにおける広告です。

物販系ECプラットフォーム広告費は、ECプラットフォームにおいて、そこに出店を行っている事業者がそ

2-1 まだまだ成長するインターネット広告

日本の媒体別広告費推移（図2.1.1）

媒体 ＼ 広告費	広告費（億円）			前年比（%）		構成比（%）		
	2017年	2018年	2019年	2018年	2019年	2017年	2018年	2019年
総広告費	63,907	65,300	69,381	102.2	106.2	100.0	100.0	100.0
マスコミ四媒体広告費	27,938	27,026	26,094	96.7	96.6	43.7	41.4	37.6
新聞	5.147	4.784	4.547	92.9	95.0	8.1	7.3	6.6
雑誌	2,023	1,841	1,675	91.0	91.0	3.2	2.8	2.4
ラジオ	1,290	1,278	1,260	99.1	98.6	2.0	2.0	1.8
テレビメディア	19,478	19,123	18,612	98.2	97.3	30.4	29.3	26.8
地上波テレビ	18,178	17,848	17,345	98.2	97.2	28.4	27.3	25.0
衛星メディア関連	1,300	1,275	1,267	98.1	99.4	2.0	2.0	1.8
インターネット広告費	15,094	17,589	21,048	116.5	119.7	23.6	26.9	30.3
プロモーションメディア広告費	20,875	20,685	22,239	99.1	107.5	32.7	31.7	32.1
屋外	3,208	3,199	3,219	99.7	100.6	5.0	4.9	4.6
交通	2,002	2,025	2,062	101.1	101.8	3.1	3.1	3.0
折込	4,170	3,911	3,559	93,8	91,0	6.5	6.0	5.1
DM(ダイレクト・メール)	3,701	3,678	3,642	99.4	99.0	5.8	5.6	5.3
フリーペーパー、電話帳	2,430	2,287	2,110	94.1	92.3	3.9	3.5	3.1
POP	1,975	2,000	1,970	101.3	98.5	3.1	3.1	2.8
イベント・展示・映像ほか	3,389	3,585	5,677	105.8	158.4	5.3	5.5	8.2

（注）2019年の広告費は「日本の広告費」における「物販系ECプラットフォーム広告費」（1,064億円）と「イベント」（1,803億円）を追加推定した。前年同様の推定方法では、6兆6,514億円（前年比101.9%）となる。　出典：電通「2019年　日本の広告費」

日本の広告費　媒体別構成比（図2.1.2）

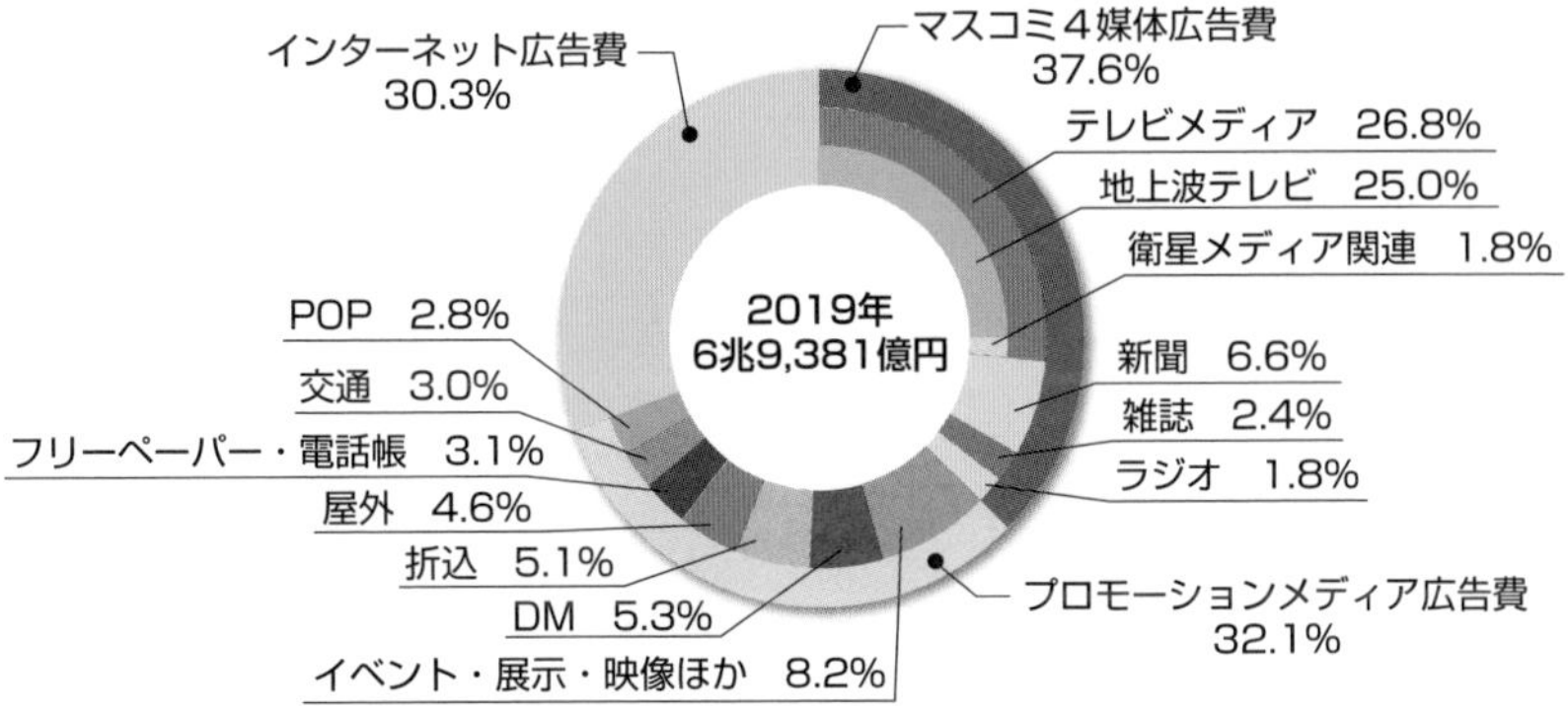

出典：電通「2019年　日本の広告費」

のプラットフォームに投下した広告費のことで、具体的にイメージしやすいのは楽天と楽天に出店する事業者のケースなどでしょう（図2・1・3）。

このように変化が激しいインターネット広告は、広告の統計においても新しい区分を作り出しています。

インターネット広告媒体の区分（取引手法別）

インターネット広告媒体の区分方法はいくつかありますが、ここでは取引手法別のものを紹介しましょう（他に広告種別の切り口などがありますが、そちらは2-4節で解説します）。

インターネット広告の取引手法は大きく分けると**運用型広告**、**予約型広告**、**成果報酬型広告**となります。

運用型広告は、検索連動型広告（リスティング広告とも呼ぶ）や、Yahoo! JAPANやGoogleなどの**ディスプレイネットワーク広告**、そしてFacebookやTwitterなどのSNS広告、データを駆使した**DSP広告**などのことを指し、今やインターネット広告の主流となっています。インターネット媒体費のうち、二〇一九年には八割近くを占める一兆三二六七億円に達し、成長率は、脅威の前年比一一五・一％に達しています（図2・1・4）。

運用型広告と予約型広告

運用型広告と対比されるのが、**予約型広告**と呼ばれるものです。予約型広告とは、文字通り広告を事前に予約して発注をするものです。当たり前のことを言っているように感じるかもしれません。それもそのはずです。この後、対比される運用型広告が生まれるまでは、世の中の広告はすべて予約型だったのです。

例を挙げましょう。ある広告主が、来月の一〇日から二〇日にキャンペーンを予定しており、そのときにユーザーの関心を高め、キャンペーン認知を最大限にしたいと考えたとします。来月の一〇日は当然、未来ですので、その期間のTV広告のスポット枠や交通広告の露出面という掲載場所を予約します。そして、そのときに広告が到達できる人数を予想します。TV広告だと視聴率、交通広告だと過去のデータからの想定値を用います。それをいくらで買う、と決めます。つまり広告を出稿するときは、掲載期間、掲載場所、想定到達人数、発注金額

インターネット広告費分類（図2.1.3）

	2019年		
	広告費（億円）	前年比（%）	構成比（%）
インターネット広告費	21,048	119.7	30.3
マスコミ４媒体由来のデジタル広告費	715	122.9	1.0
新聞デジタル	146	110.6	0.2
雑誌デジタル	405	120.2	0.6
ラジオデジタル	10	125.0	0.0
テレビメディアデジタル	154	146.7	0.2
テレビメディア関連動画広告	150	148.5	0.2
物販系ECプラットフォーム広告費	1,064		1.5

出典：電通「2019年　日本の広告費」

インターネット広告媒体費の取引手法別構成比（図2.1.4）

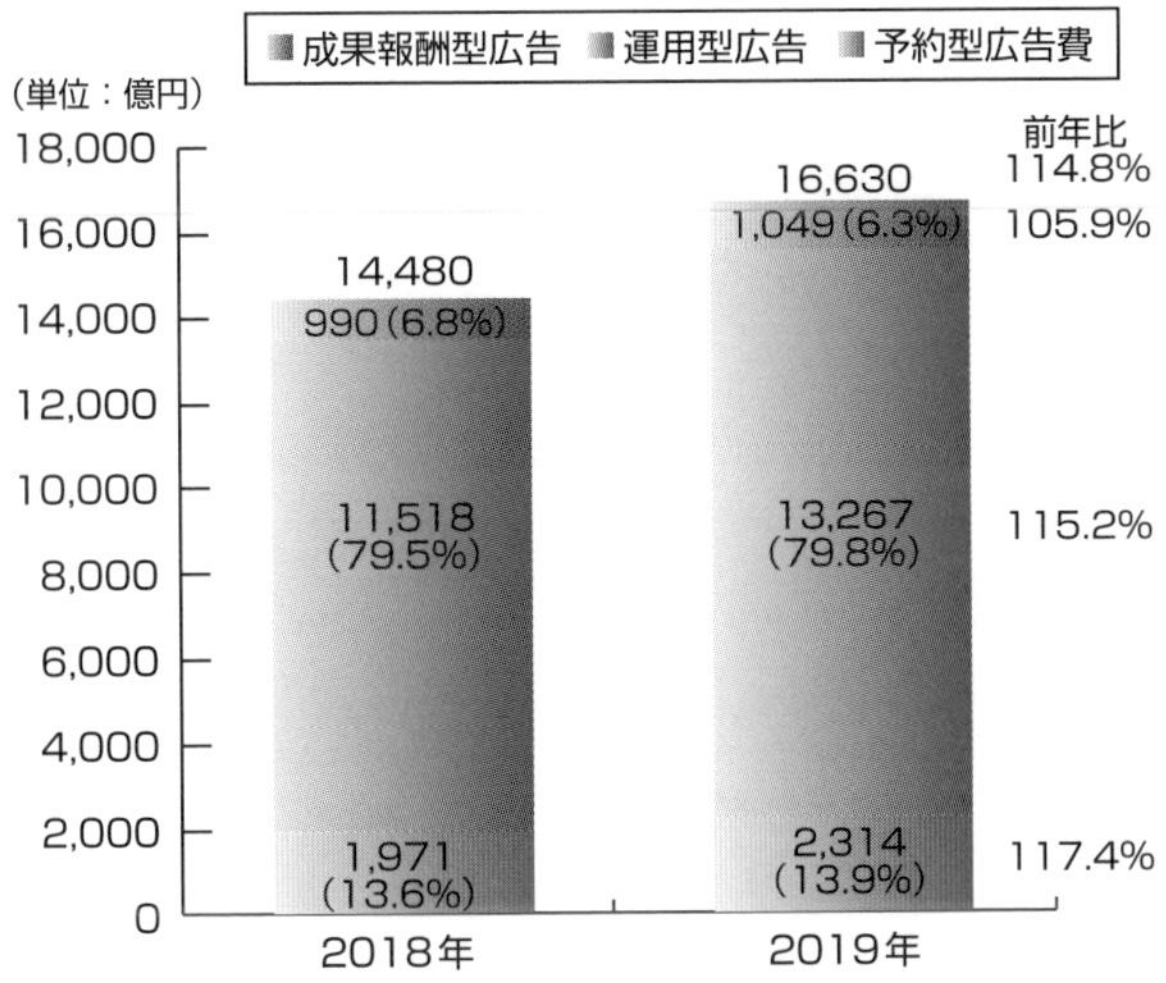

※（　）内はインターネット広告媒体費に占める構成比

出典：D2C/CCI/電通/電通デジタル「2019年 日本の広告費インターネット広告媒体費 詳細分析」

を予約する、ということになります。ＴＶ広告や新聞広告、雑誌広告などは基本的にこの予約型広告となります。あまりにも当たり前すぎて、予約型広告という名前もありませんでした。そこに運用型広告が登場したのです。

対して運用型広告は、先に**KPI**を決めます。ＫＰＩとはKey Performance Indicatorの略で、広告主のマーケティング目標から逆算したキーとなるいくつかの指標のことです。例えば、一クリックあたりの単価や、一件あたりの申し込みにかけてよい投資金額などです。

ＫＰＩを決めると、広告を出稿しながら、そのＫＰＩに沿っているかを確認していきます。後述しますが、運用型広告の代表格である検索連動型広告は、クリックあたりの単価での入札になり、入札の金額や期間など、かなり多くの変数を広告主側でコントロールできるようになります。発注単位も数万円程度から発注ができるので、広告を実際に出稿してみて、その反応によっていろいろな打ち手を考えることができます。

従来の予約型は、媒体社が設定した枠を買わないといけなかったため、広告主側の自由度が低く、発注単価も比較的高かったので、中小規模の広告主は、なかなか実施することができなかったのです。運用型広告はＫＰＩの状況やユーザーの反応を見て、期間や予算などを柔軟に変更できるため、広告主のニーズを捉えて大きく成長してきました。

それぞれの特徴を活かす必要性

これだけを聞くと、運用型広告が圧倒的によいように感じるかもしれません。しかし、予約型広告と運用型広告は、相互にメリット、デメリットがあります。

運用型広告は入札になります。つまり小さな発注単位、ＫＰＩに合わせた金額で出稿計画はできるものの、入札になるため、他の企業との入札で勝たなければいけません。極端な話、入札に負け続けると、広告費をいくら手元にもっていても、広告を露出できずに終わってしまいます。また運用型広告は、どこの広告面に掲載されるかを事前に指定しづらいというデメリットもあります。きちんと信頼できる会社が運用している広告面であればよいのですが、アダルトサイトや反社会的なサイトに広告が露出される可能性もあります。想定していなかったような思わぬサイトに自社の広告が掲載され、結果的にブランド棄損につながるというリスクもあるので、ここに対して十分対策を講じることが必要になります。ここは、Ad Verificationと呼ばれています(2 - 12節参照)。

予約型広告のメリットは、なんといっても広告が露出される期間、場所、金額、想定到達人数が保証されていることになります。想定到達人数はもちろん想定なので、完全に保障されているわけではありませんが、それでも各媒体社は自社の信頼に関わりますから、非常に高い精度のデータを出してきます。広告のキャンペーン期間が決まっているとき、きちんと広告露出がされ、適切なユーザーに広告が届くことは非常に重要です。また予約型広告は、どの媒体社が運用している、どの枠かというのが事前にわかるため、安心して出稿をすることができます。この利点を活かして、社内の営業マンや、取引先の流通企業などに、この枠をこのぐらいの量で出稿します、とアピールすることに使われたりもします。

また予約型広告は幅広く新規ユーザーへの認知、興味関心を獲得することが得意とされ、運用型広告は、よりユーザーを絞り、広告目標を効率的に達成することが得意とされます。

その意味で、両者の特徴を深く理解した上で、目的に応じて、活用することが求められます。

運用型広告が生み出した新たな需要

運用型広告は、広告をいままで出稿したことがなかったような中小規模の企業にもその機会を生み出したことは非常に意義深いです。インターネット広告が成長しているのに対して、新聞広告や雑誌広告がマイナス成長であることを受け、インターネット広告が新聞や雑誌広告からシェアを奪ったのだ、と主張する人がいます。ある意味、それは真実な部分もあるでしょう。しかし、一方で、運用型広告は、新たな広告の需要を創り出してきたことも事実です。

例えば、空港の近くで駐車場を経営しているご夫婦がいたとします。空港への距離は近いのですが、残念ながら、まったく認知されておらず、駐車場はガラガラ。そんなとき従来の予約型広告だとどうすればいいでしょうか？　高速道路へ看板を出すのでしょうか？　ご夫婦にはそこまでも資金がありません。そんなとき、検索連動型広告で、「空港　駐車場」の検索ワードで広告を出せるとどうでしょうか？　非常にピンポイントでニーズをもつユーザーに広告を出すことができます。

　このように運用型広告は、広告主の裾野を広げ、広告という市場を拡大し、同時にユーザーの知りたい、というニーズを満たすことを実現し、経済を発展させる原動力にもなっているといえます。

成果報酬型広告

　インターネット広告の取引手法の三つ目が成果報酬型広告です。これは別名アフィリエイト広告という呼び方をされることもあります。内容はまさに成果に応じて広告費が支払われるもので、成果とは、例えば商品の購入や新サービスの申し込み、アプリのダウンロードなど、広告主の広告を実施する直接的な目的（ダイレクトレスポンス）になります。広告主にとっては明確な指標になるため、非常にわかりやすい手法になりますが、広告枠を提供する媒体社にとっては、収益が最大化できるかがポイントになります。

　広告用語解説は2-2節で詳細説明をしますが、**ダイレクトレスポンス**を目的に広告を行う広告主の場合、広告で目的とする成果（CPAなど）、広告を運用する上での指標（CPCなど）、実際に広告がリーチした人数単価（CPM）で考えると、広告主としては、CPA⬇CPC⬇CPMの順番の優先順位となります。一方で媒体社からすると、その逆の順番、CPM⬇CPC⬇CPAの順番で広告商品を企画、販売したほうがリスクが低いため収益は上がる可能性があります。この広告主側（デマンドサイドと呼ぶ）と、媒体社側（サプライサイドと呼ぶ）のバランスで広告取引市場は成り立っています。

広告主と媒体社にとっての指標（図2.1.5）

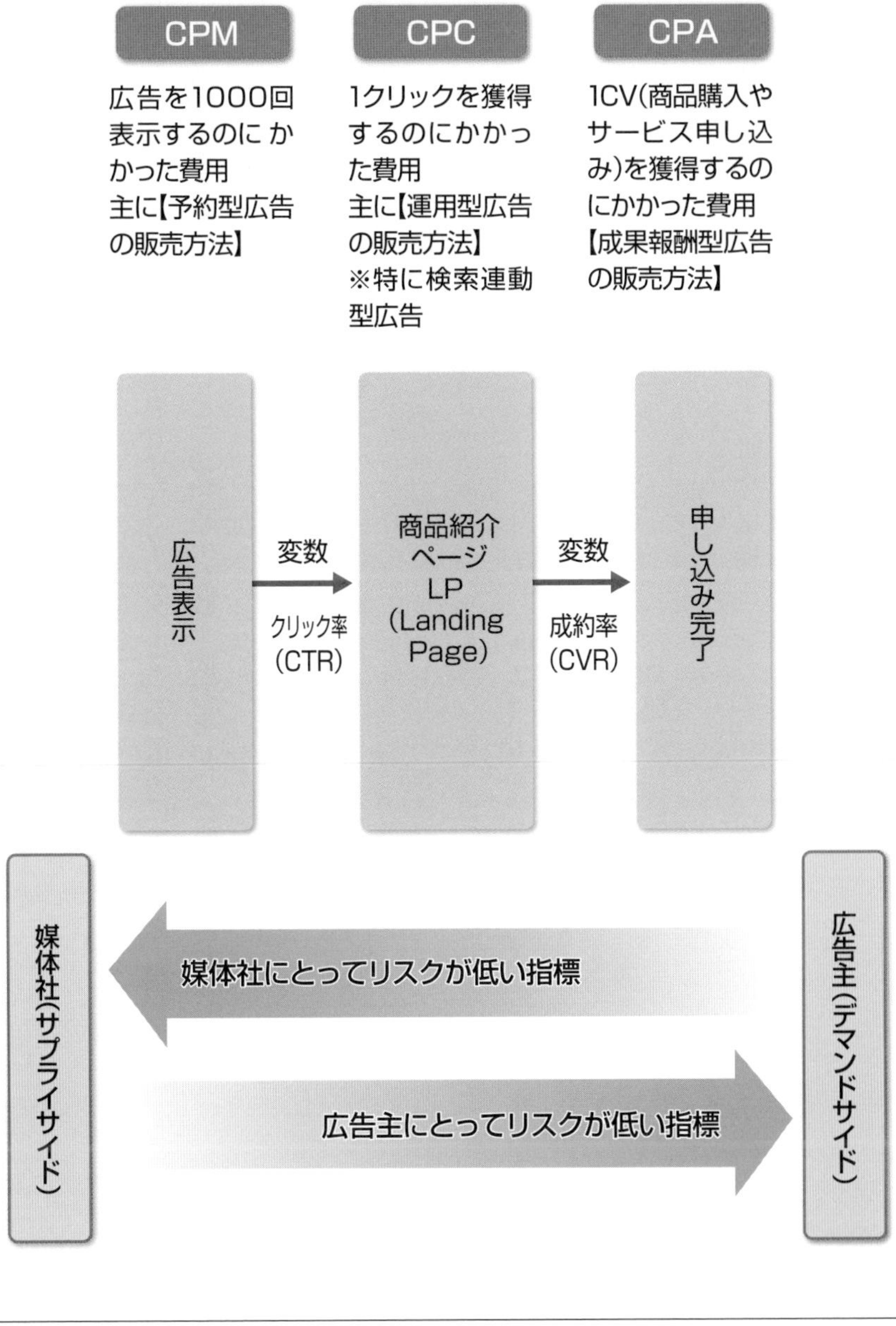
CPM
広告を1000回表示するのにかかった費用
主に【予約型広告の販売方法】
CPC
1クリックを獲得するのにかかった費用
主に【運用型広告の販売方法】
※特に検索連動型広告
CPA
1CV(商品購入やサービス申し込み)を獲得するのにかかった費用
【成果報酬型広告の販売方法】
広告表示
変数
クリック率(CTR)
商品紹介ページ
LP
(Landing Page)
変数
成約率(CVR)
申し込み完了
媒体社(サプライサイド)
媒体社にとってリスクが低い指標
広告主にとってリスクが低い指標
広告主(デマンドサイド)

2 これだけは知っておきたいインターネット広告用語

ただでさえ、横文字が多い広告業界ですが、インターネット広告においては、横文字に加え、アルファベット三文字が多発します。一つひとつの用語の意味や内容をしっかりと理解しましょう。

まずは覚えておきたいインターネット広告の用語

これからインターネット広告を学ぶにあたり、理解していないといけない最低限の用語を説明していきます。

Cost（コスト）

広告費のこと。

PV（ページビュー）

その媒体サイトの見られた回数を指す。媒体の規模感などを示す際に用いられる。あくまでページが表示される回数であって、広告が表示される回数ではないことに注意。

imp（インプレッション）

広告が表示された回数のことを示す。例えば、一〇〇万PVの媒体で、四社でローテーション（広告を四社で交替しながら表示）だと、一社あたりの広告は二五〇万imp（インプレッション）となる。**imp単価**は表示回数一回あたりにかかるコストを指す。計算式は Cost÷imp

CPM（Cost Per Mille）

計算式はCost÷imp数×1000

広告配信（インプレッション）一〇〇〇回当たりの費用。広告費が一〇〇万円で一〇〇〇万インプレッションの場合、CPMは一〇〇円となる。

UU(ユニークユーザー)

そのサイトに、何人のユーザーが訪れたのかを表す指標。単純な訪問数だと、同じ人が毎日訪れると、一か月を延べで計算すると三〇Visitになるが、実際は一人であるため、重複を排除した人数、ユニークユーザーだと一人とカウントする。ただ、多くの場合、ユニークかどうかは、クッキーでカウントしているため、違うブラウザで訪れた場合は、実際には同じユーザーであっても判別ができない。そのため、UB(ユニークブラウザ)と呼ぶ場合もある。近年はスマホからのアクセスも多いため、PCとスマホはそれぞれ別でカウントすることが多い。会員登録サイトなどは、PCとスマホを紐づけてトラッキングしていることもあり、これを**クロスデバイストラッキング**という。

CTR(Click Through Rate:クリック率)

計算式はClick÷imp

表示されたimpに対して、ユーザーがクリック(CT)した比率を指す。一〇〇〇万impに対して、一〇〇〇〇クリックが発生したとすると、CTRは〇・一%となる。一般的にはCTRが高いほどよいとされる。CTRは、広告がどのスペースに表示されているかという媒体の状況と、どんな広告なのかというクリエイティブの状況、誰に対して広告を配信しているのかというセグメント状況が組み合わさって起こった結果といえる。

CPC(Cost Per Click:コスト・パー・クリック)

計算式はCost÷Click

ユーザーに一クリックをしてもらうために、かかったコスト。つまり一クリックの単価。一〇〇万円かけて、クリックが一〇〇〇〇件であると、CPCは一〇〇円と計算される。一般的にはCPCは低いほど、効率よくユーザーを誘導できていると考える。

CV(Conversion:コンバージョン)

インターネットでは、ゴールとして、成果地点と呼ばれるものを設定することが多い。わかりやすい例は、商品の購入や資料請求、会員登録など。この成果地点に達する動作を**CV(コンバージョン)**と呼ぶ。

CVR(Conversion Rate：コンバージョンレート)

計算式はCV÷Click

CVRとはコンバージョンレートで、クリックしたユーザーの何％が成果を生み出したかを指す。クリックしたユーザーが、一〇〇〇〇人いて、その中で一〇〇人が成果地点(購入や資料請求、会員登録など)まで進んだとするとCVRは一％となる。これも一般的には高いほどよいとされる。CVRを上げるためにはユーザーの質、商品の魅力、LP(ランディングページ)のクオリティなどを高めることで実現する。

CPA(Cost Per Acquisition/Action：コスト・パー・アクイジション／アクション)

計算式はCost÷CV

先ほどのCV(コンバージョン)をいくらのコストをかけて獲得したかの指標。つまり一コンバージョンあたりのコスト。一〇〇万円かけて一〇〇人がコンバージョンしたのであれば、CPAは、一万円となる。

CPO(Cost Per Order：コスト・パー・オーダー)

単品通販の広告主でよく使われる用語。最初にサンプル品を申し込んでもらったり、資料請求などをしてもらったりしたあと、実際の本商品を申し込んでもらうようなフローを取るケースがある。いきなり五〇〇〇円の本商品を買うのはユーザーからするとハードルが高いため、まず無料サンプルなど試しやすいものから始めてもらい、その後、本商品の購入につなげる手法で、このような手法を**2ステップモデル**と呼ぶ。

この場合、最初の無料サンプル申し込み(ファーストステップ)をCPAとみなし、その後の本商品購入(セカンドステップ)を正式オーダーとし、その一件あたりのコストをCPOとする。単品通販企業はCPAとCPOと分けて考える会社が多い。

LP(ランディングページ)

広告を出稿し、誘導して連れてくるページのことをL

インターネット広告用語①（図2.2.1）

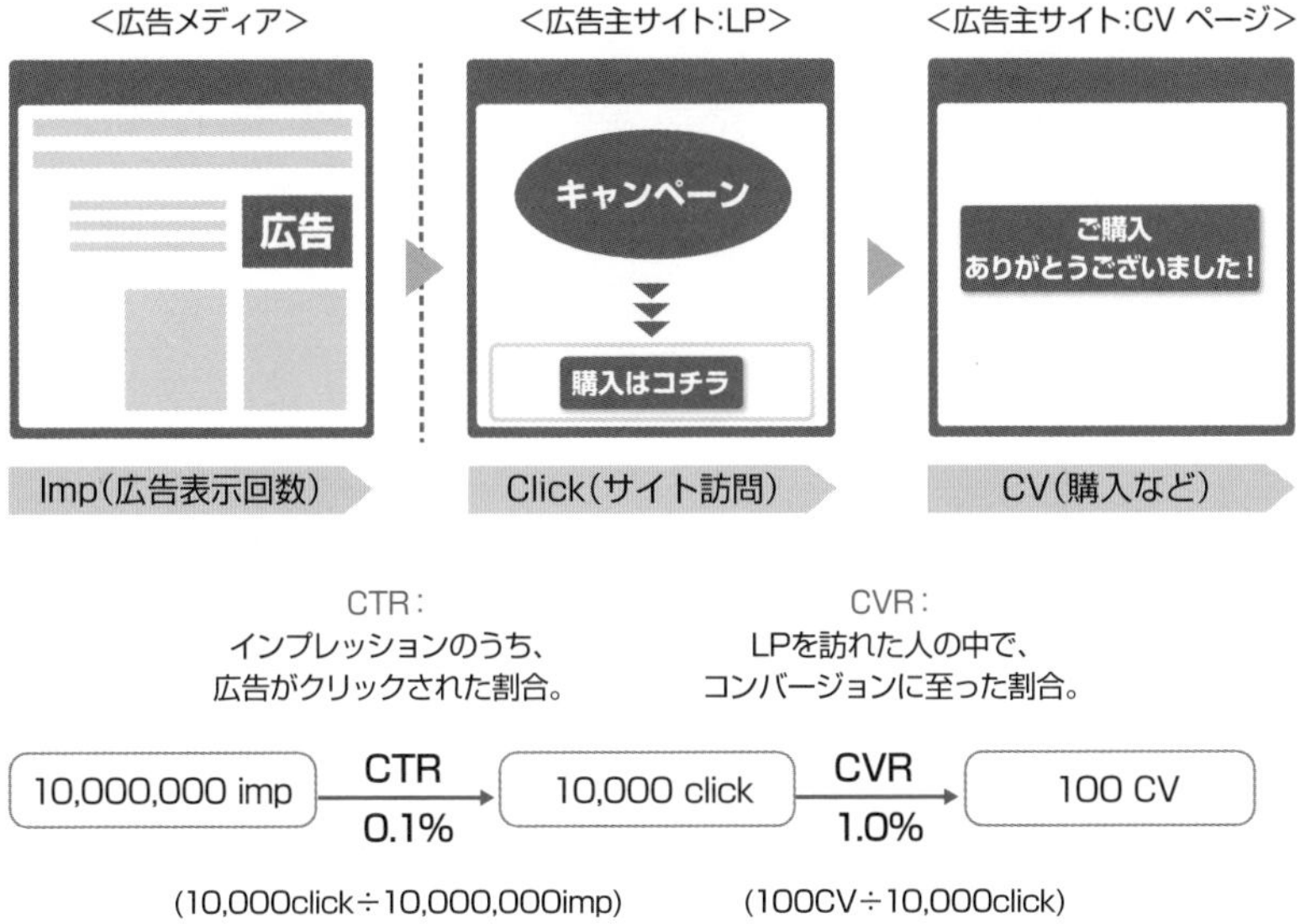

<広告メディア>
<広告主サイト:LP>
<広告主サイト:CV ページ>
広告
キャンペーン
購入はコチラ
ご購入
ありがとうございました！
Imp（広告表示回数）
Click（サイト訪問）
CV（購入など）
CTR：
インプレッションのうち、
広告がクリックされた割合。
CVR：
LPを訪れた人の中で、
コンバージョンに至った割合。
10,000,000 imp
CTR
0.1%
10,000 click
CVR
1.0%
100 CV
(10,000click÷10,000,000imp)
(100CV÷10,000click)

インターネット広告用語②（図2.2.2）

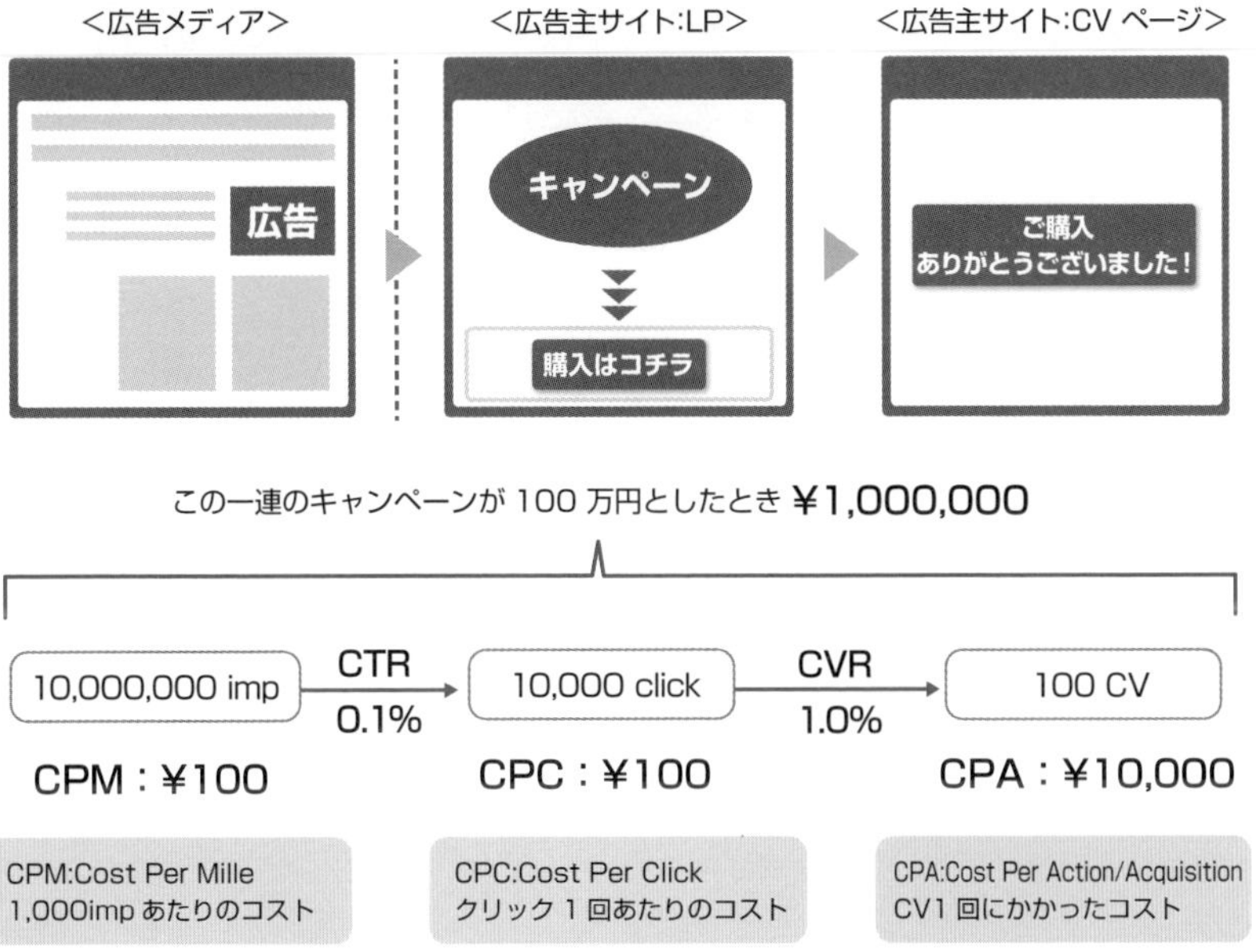

<広告メディア>
<広告主サイト:LP>
<広告主サイト:CV ページ>
広告
キャンペーン
購入はコチラ
ご購入
ありがとうございました！
この一連のキャンペーンが 100 万円としたとき ¥1,000,000
10,000,000 imp
CTR
0.1%
10,000 click
CVR
1.0%
100 CV
CPM：¥100
CPC：¥100
CPA：¥10,000
CPM:Cost Per Mille
1,000imp あたりのコスト
CPC:Cost Per Click
クリック 1 回あたりのコスト
CPA:Cost Per Action/Acquisition
CV1 回にかかったコスト

P（ランディングページ）と呼ぶ。

通常の企業のホームページの中に記載しているものと違い、その広告動線のために設計されたページで、商品も一つ、二つ程度に絞られているケースが多く、ユーザーに迷わせることなく、成果へ結びつける構成になっている。このLPの中でのユーザーの動きを分析し、コンテンツ表示を変更し最適化していくことを**LPO**（Landing Page Optimization）と呼ぶ。

ROAS（Return On Advertising Spend：ロアス）

計算式は「広告からの売上」÷Cost×100

広告の費用対効果を見る指標の一つ。通販企業などでよく使われる指標で、広告費に対して、その広告から生み出された売上額を比率で表したもの。例えば一〇〇万円の広告費をかけて、三〇〇万円の売上になった場合、ROASは三〇〇%と表す。一般的にこの指標も高いほどよいとされる。

LTV（Life Time Value）

日本語では**顧客生涯価値**。一人のユーザーがその企業の商品を購入した累計の金額から、そのユーザーを獲得・維持するのにかかったコストを差し引いた数字を差す。一回の商品購入単価が低くても、その後、複数回購入することが期待できれば、LTVは高いことになり、初回オーダーを高いコストで獲得しても、長期スパンで見れば、辻褄があうようになる。特に単品通販企業では、このLTVを上げていく仕組みが必要。

具体的には、複数回を買ってもらえるようにするリピート率アップ施策、単価の高い商品を買ってもらえるようにするアップセル施策、別の商品群を買ってもらえるようにするクロスセル施策などが重要になってくる。

インターネット広告出稿の二つの目的

インターネット広告を行う広告主の目的は、粗く区切ってしまうと、**ブランディング広告**と**ダイレクトレスポンス広告**の二つに大別することができます。

ブランディング広告の場合は、ユーザーに自社商品を覚えてもらい、認知し、好感度をもってもらうことや、商品の購入意向を高める目的で行います。

その場合、重視される指標は**リーチ**（どのくらいのユーザーに広告を届けることができるか）や、**広告による態度変容**、**認知率**、**商品購入意向度**がどれくらい上がったのかを指標とするケースが多いです。そのため、単にクリック率などで見るのではなく、事後に広告接触者へのアンケート調査を行い、効果検証を行う企業も増えてきました。

ダイレクトレスポンス広告の場合は、文字どおり、レスポンス、アクションをしてもらうことが目的となり商品購入や資料請求、会員獲得をしてもらうことがゴールのため、当然のことながら、指標もCPA、CPOとなってきます。ただ、初めて出稿する媒体を事前評価する場合、事前にCPAは分からないため、便宜的にCPCを見る場合はありますが、あくまで中間指標であり、本当に重要視する指標はCPA、CPOとなります。

ただ、同じメディアに継続的に出稿を続けていると、効果が落ちてきたり、件数が取れなくなってくるということが起こるため、その際には、リーチを拡大する施策を組み合わせるなどの施策が必要になってきます。

各広告指標関係図（図2.2.3）

媒体	メニュー	cost（円）	imp（数）	imp単価（円）	CPM（円）	クリック（数）	CTR（%）	CPC（円）	CV（数）	CVR（%）	CPA（円）	広告によって生まれた売上（円）	ROAS（%）
A媒体	Bプラン	¥25,000,000	50,000,000	¥0.50	¥500	100,000	0.20%	¥250	2,000	2.00%	¥12,500	¥30,000,000	120%

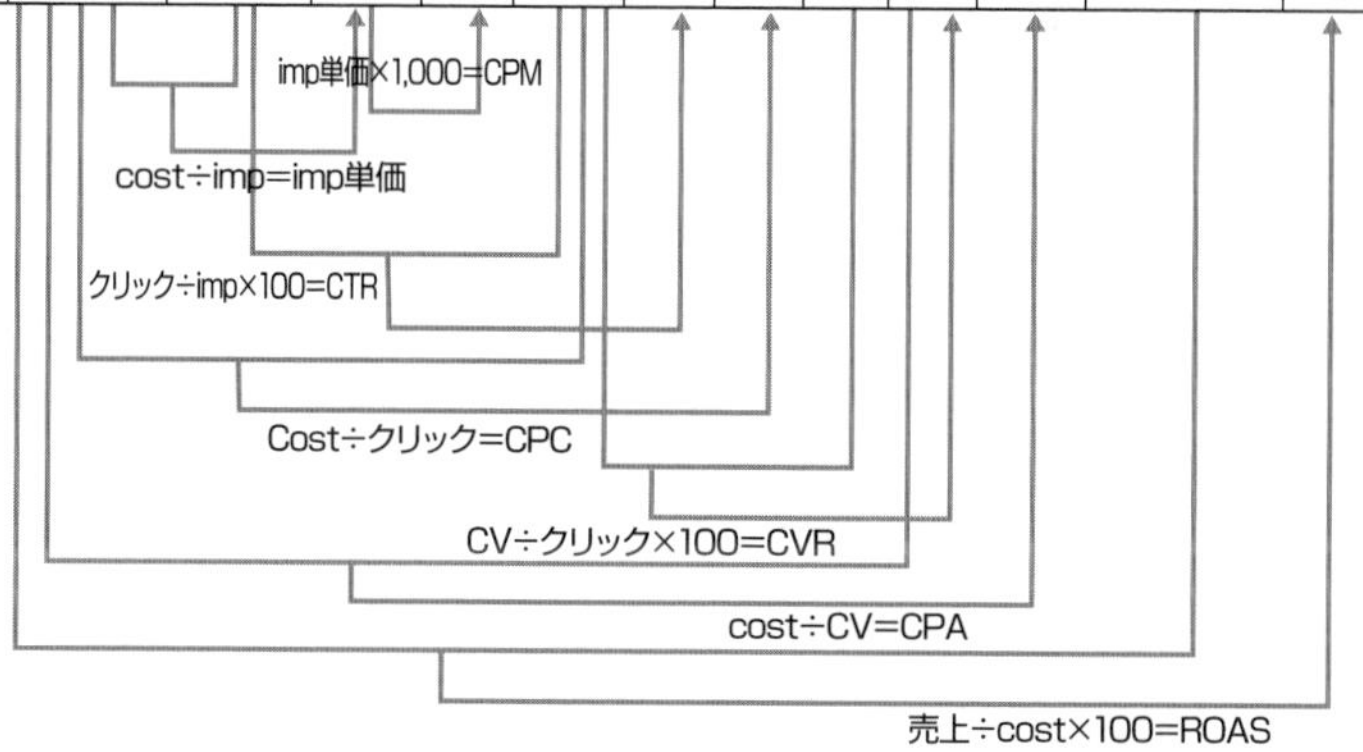

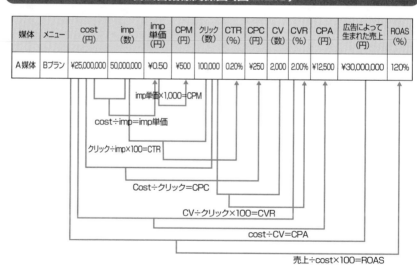

3 インターネット広告の掲載媒体

いろいろなアドテクノロジーが取り沙汰されるものの、ユーザーが広告に触れるのは、最終的には媒体社が持つ広告掲載面になります。そのため、媒体社ごとのユーザー属性や、ユーザーがどんな気分でそのサイトを訪れているかを理解して、インターネット媒体を選ぶことが重要になります。

ポータルサイトでの広告

ポータルとは文字どおり**玄関**の意味です。インターネットの玄関として位置付けられるサイトで、検索エンジンの入り口となることも多いですが、自社でコンテンツを制作したり、コンテンツパートナーから情報を買い取ったり、と様々な情報・サービスを提供しています。

主な媒体社としては、「**Yahoo! JAPAN**」「**MSN**」「**goo**」、「**楽天Infoseek**」「**excite**」「**livedoor**」などがあります（図2・3・1）。

その中でもYahoo! JAPANは集客力が特に優れており、そのパワーはTVにも匹敵するぐらいになっています。月間で七八〇億＊ものPVがあるYahoo! JAPANはインターネット広告で大量のリーチを獲得したい場合や、ダイレクトレスポンスを目的とした広告では、アクションの件数を多くとりたい場合などに出稿されます。ブランディング広告、ダイレクトレスポンス広告の両面で使用されています。

Yahoo! JAPAN が非常に強いため、MSNやgoo、楽天Infoseekは**セカンドポータル**と呼ばれています。しかし、一方でリーチ力や全面ジャック広告など、ポータルサイトならではのプレミアムな広告価値を提供し、良質な広告掲載面として再確認されています。

用語解説

＊**780億**　Yahoo! JAPAN媒体資料（2020年10月発行）より。

ポータルサイトでの広告（図2.3.1）

Yahoo! JAPAN
ブランドパネル
トップインパクトスクエア

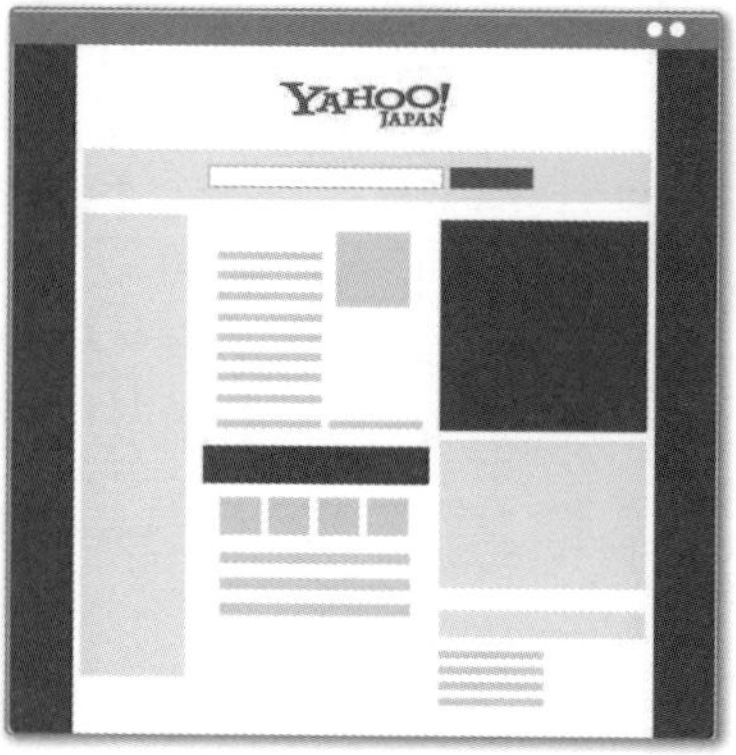

https://marketing.yahoo.co.jp/download/

スマートフォン版
Yahoo! JAPAN
ブランドパネル

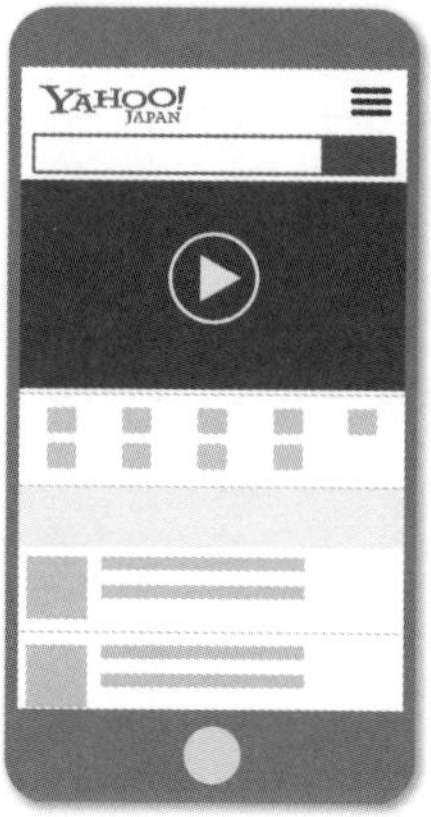

楽天Infoseek
トップページ
Drive Vision

楽天Infoseek
スマートフォンビルボード広告

楽天Infoseek TOP　楽天Infoseek News

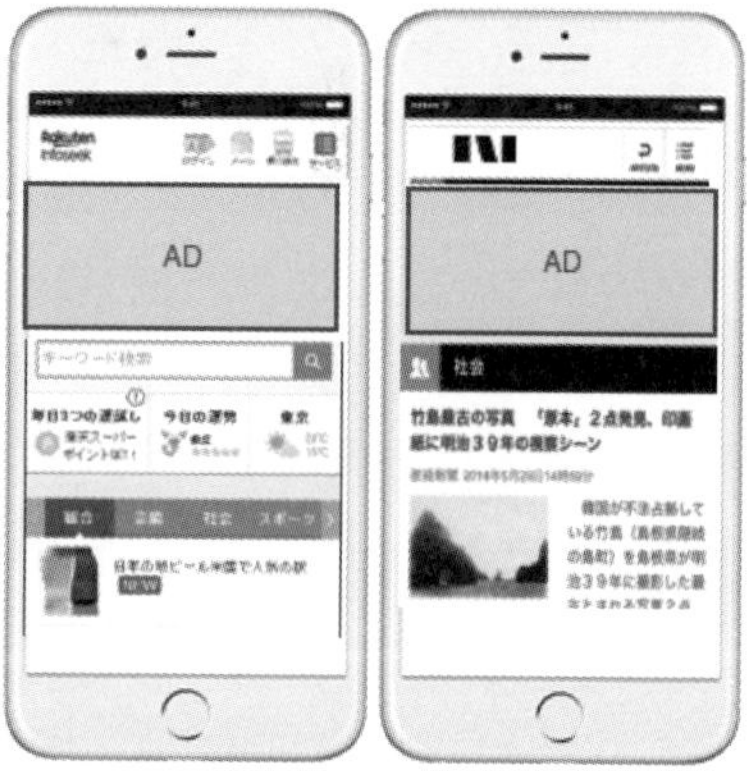

専門サイト・比較口コミサイトでの広告

ポータルサイトが広く一般的な情報を提供するのに対し、ある特定の分野に絞った情報を提供するサイトを**専門サイト**や**比較口コミサイト**と呼びます。

ＩＴ関連に特化した専門サイトの**ITメディア**、化粧品のクチコミ情報などを網羅した**@cosme**、料理のレシピが満載の**クックパッド**、家電の価格情報などを掲載した比較サイトである、**価格コム**、各種情報の専門家からの情報、アドバイスが掲載されている All About、子育てなどの情報が満載の**ベネッセ・ウィメンズパーク**などが、代表的なサイトとなります。

ここでは各媒体の編集力を活かしたタイアップ広告などが主流です。ユーザーの興味関心とうまく広告主企業の伝えたいことをマッチするコンテンツを作り、ユーザーに広告商品の認知、理解促進を図るものです。こういった手法は非常に有効ですが、ユーザーに広告であることを明記する「ＰＲ」表記を記載する必要があります。

ソーシャルメディアでの広告

ソーシャルメディアと呼ばれる媒体が登場して久しくなります。**Facebook**、**Instagram**、**Twitter**、そして**LINE**などがその代表格となります。ユーザー同士が自主的にコミュニケーションを行う場であり、知人の投稿や興味ある内容が投稿される中、そのフィード上に広告が掲載される形式を取ります。

ソーシャルメディア上では、自分に関連する人の情報や自分の興味がある情報が中心になるので、そこでの内容が身近に感じられ、「自分事化」しやすくなります。情報が非常に多い時代に「自分事化」というのは重要です。「自分に直接関係する情報」と「自分の周囲の情報」「世の中の情報」と情報に三階層あるとしたとき、ＳＮＳは「自分の周囲の情報」を習得する有益な情報チャネルになります。

企業はその中で、自らのFacebook、Twitter、LINEの企業アカウントをユーザーにフォローしてもらうプロモーションを行います。フォローをしたユーザーには企業は自社商品の告知をユーザーのフィード上に掲載することができますが、あまりに露骨な商品プロモーションだとユーザーも嫌がり、すぐにフォローをやめられたり、LINEであればブロックをされたりします。そのため、ユーザーと企業の絆作りにつながるような有用なコンテンツ発信などで使われることが多いです。

また企業は、このSNS側が持っているデータを使ってユーザーに広告を配信することができます。広告は投稿と投稿の間に表示される広告フォーマットのため（**インフィード広告**と呼ばれる）、ユーザーの目に留まりやすいという特徴があります。Facebookの場合、ユーザーは実名で登録されており、その国内のアクティブユーザー、約二六〇〇万人（Facebook発表、二〇一九年七月）の正確な性別、年齢などのデモグラフィックデータや、趣味志向などに基づいてターゲティング広告を配信できます。

また動画投稿サイト、**YouTube**も大きな広告メディアになっています。インターネット広告では、動画広告の需要が高まっており、その一番の受け皿となっているのがYouTubeです。Googleの広告商品であることからYouTube上の動画広告もGoogleの持つターゲティングを利用できます。

キュレーションメディアでの広告

近年ユーザー数が増えてきているのがキュレーション系のメディアです。キュレーションとは、世の中にあまりにも膨大に情報が溢れているため、それを収集し、時には編集などを行い、付加価値をもたらす事を指します。元々は、博物館や美術館で専門的な知識を持ち、展覧会を企画する職業キュレーターCuratorから派生した用語です。

ニュース系では、**Smart News**、**Gunosy**、**Antenna**などは代表的なものです。概念としては古くからあるものでYahoo!ニュースなどもキュレーションです。

中には、**NewsPicks**のように、業界の著名人が記事にコメントをつけて発信するようなものもあります。NewsPicksは独自の記事も発信しており、それらを読むには有料で定期購読をする必要があり、広告だけのビジネスモデルから発展していくケースも見受けられます。

ここでは、記事と記事の間に、企業のアピールしたいことをコンテンツ的な見出しで紹介する広告が主流です。

キャリア系サイトでの広告

ドコモやKDDIなどが運営するスマホページで、ドコモはdmenu、KDDIはau Webポータルという名前で運用しています。キャリアが運営するだけあってPVも多く、多くのユーザーが訪れるのが特徴です。

アドネットワークでの広告

ここまで紹介してきたサイトは、まさに媒体＝掲載面でしたが、ここから紹介する**アドネットワーク**は複数の媒体社に対して、広告を配信する仕組みのことを指します。広告のサイズやスペックを統一しているので、広告主の立場からすると、一つの広告原稿を入稿するだけで複数の媒体を横断する大規模なリーチを実現することができます(図2・3・2)。

また、テクノロジーを駆使することで、ターゲット別の配信などの設定もできるところも魅力です。以前はアドネットワークも必要な配信量(imp)をあらかじめ指定する予約型が多かったのですが、現在は柔軟に対応できる運用型のアドネットワークが主流です。

代表的なものはGoogleの**GDN**＊とYahoo! JAPANの**Yahoo!広告 ディスプレイ広告(運用型)**です。GDNはGoogleに広告枠を提供しているサイトに掲載され、Yahoo!広告 ディスプレイ広告(運用型)は、Yahoo! JAPANの自社サービスサイトや提携サイトに掲載されます。かなり多くのサイトを網羅していることが特徴です。また、Google、Yahoo! JAPANのそれぞれが収集しているユーザーの性別、年齢、地域、興味関心などの情報に基づきターゲティング広告を行うことができます。

GDNやYahoo!広告 ディスプレイ広告(運用型)は、検索連動型広告を行うプラットフォームであるGoogle AdWords、Yahoo!広告のアカウントで広告の発注ができることも特徴です(ちなみに前述のYouTubeもGoogleの広告商品のため発注、運用もAdWords上で行うことができます)。

また、その他のアドネットワークは、スマートフォンやタブレットに特化したファンコミュニケーションズのnendがあります。スマートフォン上のブラウザ面、アプリ面へ広告配信ができ、こちらも運用型で柔軟に対応ができます。

用語解説

＊GDN　Google Display Networkの略。

アフィリエイトサイトでの広告

個人のもつブログやWebサイト、また企業が運営しているサイトを通じて、成果報酬型で広告を行う仕組みを**アフィリエイト広告**と呼びます。商品購入や資料請求、会員登録などを成果として、その成果に対する報酬の支払いをするものです。一般的には一件の成果(例えば資料請求)につき、○○円と料金を設定し、成約件数を掛けたもので支払う仕組みです。

個人のブログや企業のアフィリエイトサイトなどを束ねているアフィリエイトのネットワークがあり、主だったものでは楽天グループの**リンクシェア・ジャパン**が運営する**リンクシェア アフィリエイト**や**TGアフィリエイト**、登録サイト数が多い**A8.net(エーハチドットネット)**、ヤフーのグループ会社でもある**ValueCommerce(バリューコマース)**などがあります。

アドネットワークでの広告(図2.3.2)

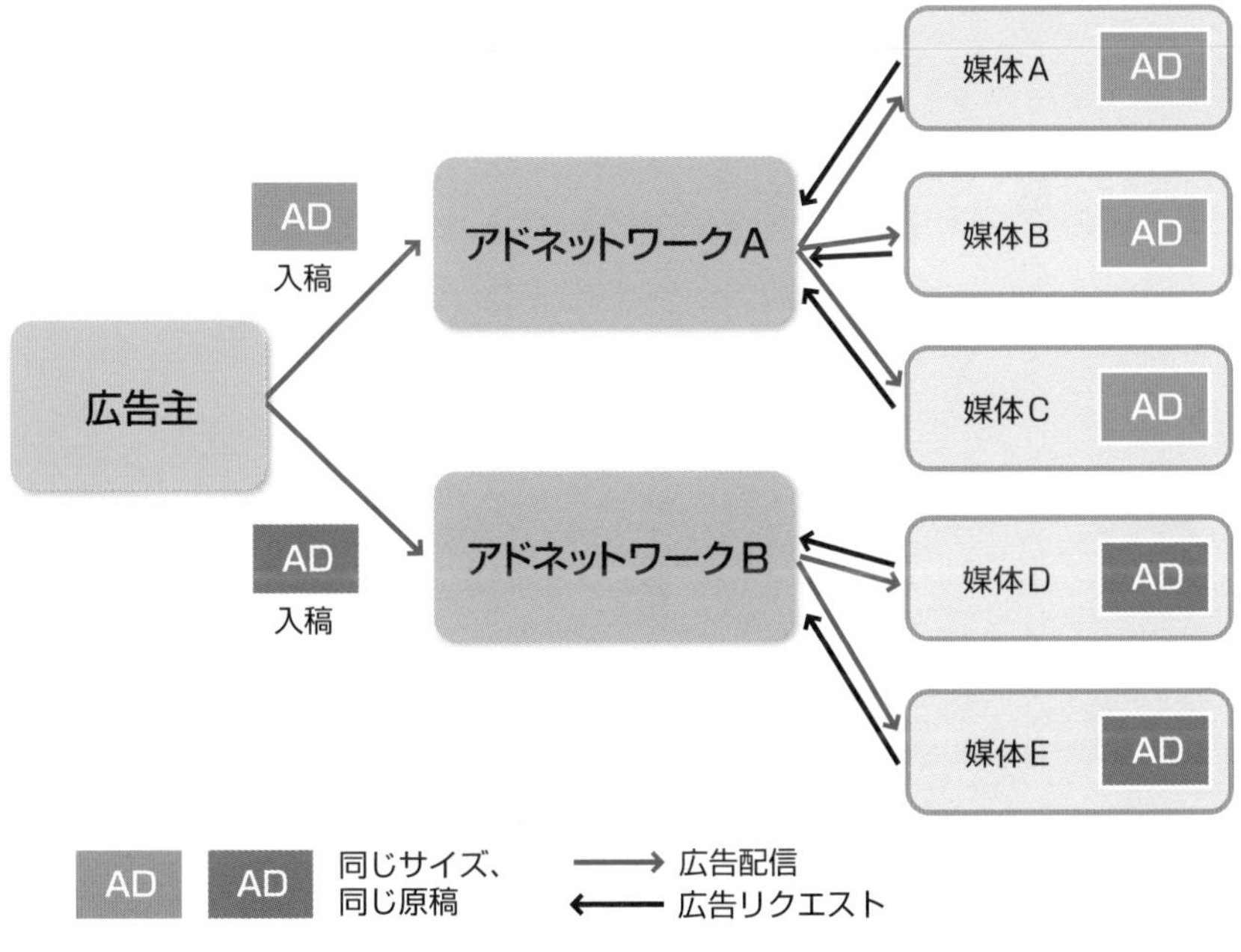

4 インターネット広告の広告種別（表現手法）

様々な媒体が登場すると同時に広告の表現手法も多数生まれています。ここでは、広告種別ごとの傾向を見ていきましょう。

インターネット広告の広告種別（表現方法）

2‐1節では、インターネット広告媒体を取引種別で説明しました（運用型広告、予約型広告、成果報酬型広告）。ここでは、広告種別、すなわち表現方法での分類を見ていきましょう（図2・4・1）。

インターネット広告の広告種別を大別すると、**①検索連動型広告**、**②ディスプレイ広告**、**③ビデオ（動画広告）**、**④成果報酬型広告**、**⑤その他のインターネット広告**となります。

ディスプレイ広告

そのうち①の検索連動型広告は次の2‐5節で詳しく解説しますので、まずは**②ディスプレイ広告**を見ていきましょう。ここではディスプレイ広告はサイトやアプリ上の広告枠に表示する画像、テキストなどの形式の広告およびタイアップ広告を指します。画像形式のものは**バナー広告**とも呼ばれ、表示スペースは、PCの場合、レクタングル（300×250ピクセル）やバナー（468×60ピクセル）サイズが一般的です。スマホの場合、300×250や320×50サイズなどが多くなります。最も一般的な広告で、2‐3節で解説したアドネットワークでも多くがこのバナー表示になります。

このバナー広告の規定サイズを超える広告として、**リッチ広告**があります。リッチ広告は媒体の全画面をジャックするような企画まであります。リッチ広告は、ユーザーを振り向かせ、自社のブランド体験をしてもらうために行われるブランディング型広告の典型といえます。

また、ディスプレイ広告に含まれる**インフィード広告**は、「FacebookやTwitterなどのSNSでの広告手法で、投稿と投稿の間に挟みこまれて表示されます。最もユーザーが注目しているコンテンツ面に、広告が掲載されるので、他の広告にはあまり反応しない層にも訴求が可能になります。また、SmartNews、Gunosyやなどのキュレーションメディアでは記事と記事の間に挟まれて広告が表示され、その広告もメディアの記事と同様のデザインやスペースに掲載されます。このような手法を**ネイティブアド**と呼びます。ユーザーがその媒体を訪れた「知りたい」「探したい」という気持ちにうまく添うように作られたもので、まるで媒体のコンテンツにも見える、というのがネイティブと呼ばれる由来です。本来はユーザーの媒体に訪れた文脈を邪魔しないというコンテンツありきのものでしたが、単純に広告のフォーマットをその媒

インターネット広告媒体費の広告種別構成比（図2.4.1）

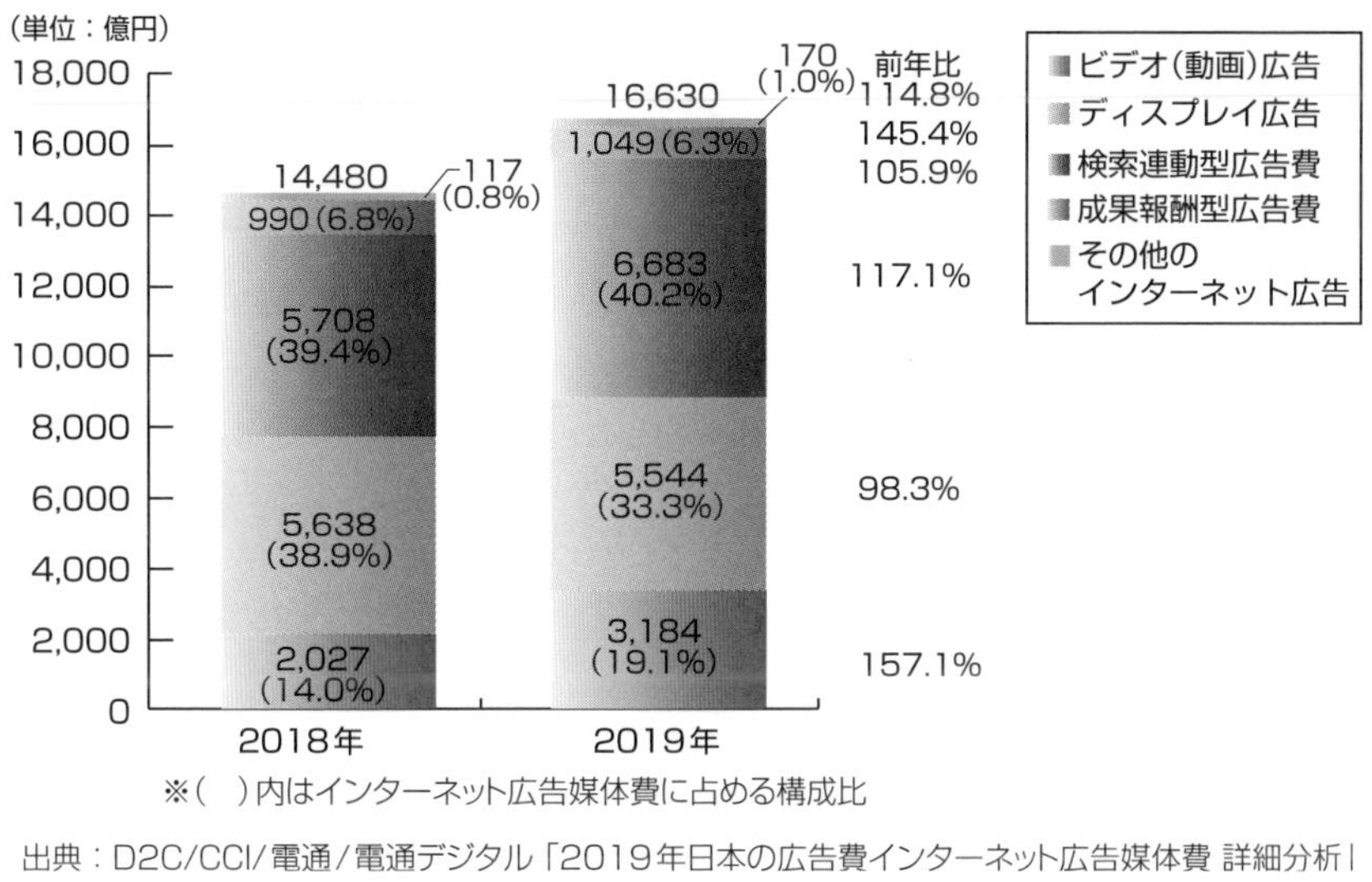

出典：D2C/CCI/電通/電通デジタル「2019年日本の広告費インターネット広告媒体費 詳細分析」

体デザインに、ただ合わせただけのものもネイティブと呼ばれることが多く、本来の趣旨とは異なるものも見受けられます。

タイアップ広告は、雑誌広告などでよく使われる手法ですが、媒体のコンテンツの一部に見えるようにしながら、広告主の商品を紹介する手法です、媒体のページに特設ページを設置し、媒体自身が持つサービスなどと連携することができ、効果的に使うことができれば、ユーザーに大きな影響を与えることができるため、ブランディング広告、ダイレクトレスポンス広告の両方で使用されます。こちらも、ネイティブアドということができます。

ディスプレイ広告に含まれるものとしてテキスト形式の広告があります。その名のとおり**テキスト広告**は、媒体内に非常にコンパクトに（一行程度）で広告主のコピーを記載し、目を引く広告を指します。ダイレクトレスポンス広告などで効果を発揮します。実は、ダイレクトレスポンス広告の場合、キャッチコピーが重要なため、画像がなくとも、コピーだけでユーザーを惹きつけることが十分に可能な場合もあります。

ビデオ（動画広告）

また近年、成長が著しい③**ビデオ（動画広告）**は、**インストリーム**と**アウトストリーム**に分かれます。インストリームの代表格はYouTube。ユーザーが目的の動画を見に来たとき、お目当ての動画の前に動画広告が流れます。そもそも動画を見に来ているので、PCやスマホの音声設定もONにして、前のめりでの視聴態度になります。広告をスキップできない六秒の動画広告**Bumper**と、ユーザーが気に入らないと広告をスキップできる**TrueView**があります。TrueViewは三〇秒未満の動画は動画再生終了時点、三〇秒以上の動画は三〇秒経過時点で再生とカウントされ課金されます。

インストリーム広告はYouTubeの他に**TVer**や**Abema**などの動画サイトでも掲載されています。少し前だと、インストリーム広告といえば、YouTubeと同義語というぐらい、YouTubeの存在が際立っていましたが、近年はテレビの見逃し配信を見ることができるテレビ局を横断したプラットフォームTVerもかなりのユーザーに浸透してきています。また、サイバーエージェント

動画広告のフォーマット（図2.4.2）

動画広告の種類

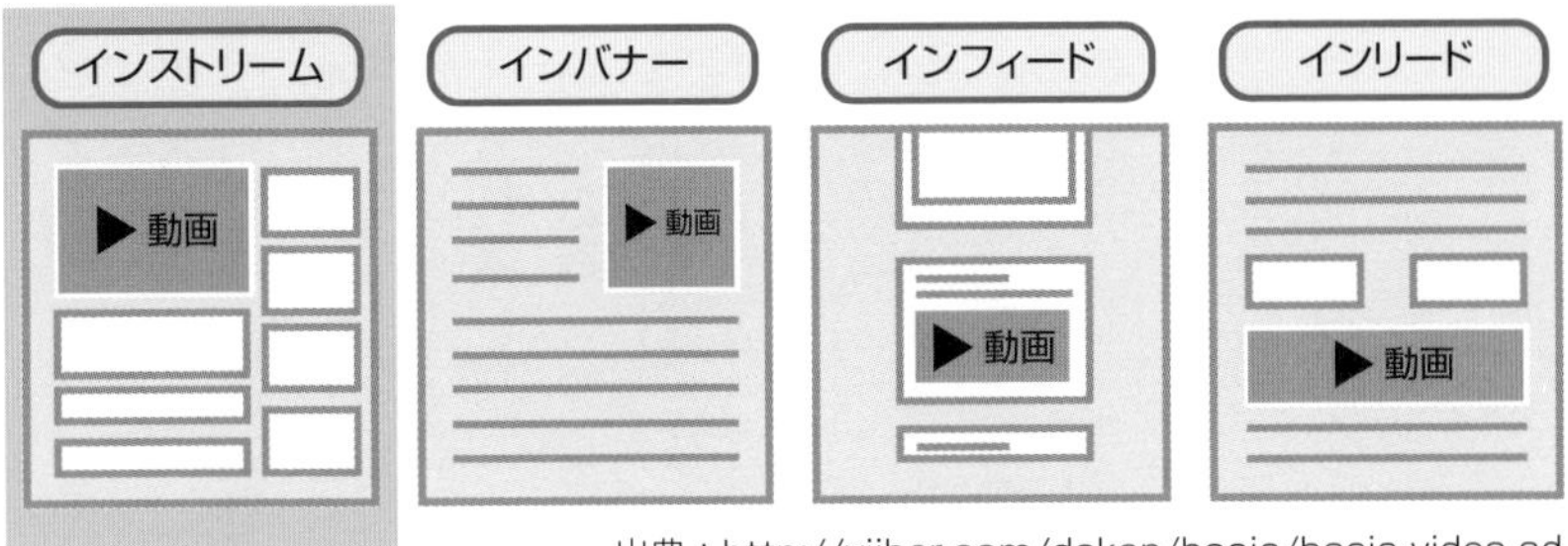

出典：http://viibar.com/doken/basis/basis-video-ad

インストリーム広告（In-stream Ad）

プレロール、ミッドロール、ポストロール

プレロール広告は、TrueView広告でおなじみの広告フォーマットです。動画本編が再生される前に配信され、スキップ可能なプレロール広告（スキッパブルプレロール）と、スキップができない強制視聴型のプレロール広告があります。

ミッドロールは、動画本編の途中にポストロールは動画本編の終了後に動画広告が配信されます。

出典：http://www.movie-times.tv/use/video_ads/6373/

第2章　最新の広告技術を理解する

が非常にコンテンツに投資をしているAbemaも多くのユーザーを獲得しており、優良コンテンツ、プロコンテンツでの品質の安心感も魅力の一つです。

インストリーム広告は、本編の動画の前に広告が流れる**プレロール**、間に流れる**ミッドロール**、終了後に流れる**ポストロール**に分類されます。

アウトストリームは、通常のディスプレイ枠で動画広告を流す**インバナー広告**。記事と記事の間に動画広告を流す**インリード広告**、FacebookやTwitterなどで投稿の間に流れる**インフィード広告**に分類されます。

動画広告の指標として使われるのが、**CPV**＊と**CPCV**＊です。CPVは動画が再生された回数あたりのコストを表し、CPCVは、動画が最後まで再生された回数あたりのコストを表します。動画広告を出稿する場合は、このCPC、CPCVを見つつ、広告によるブランド認知率アップや購入意向度アップなどを事後調査しながら運用していくのが一般的です。

成果報酬型広告

④**成果報酬型広告**は取引手法でも出てきた分類ですが、これは表現としてはバナー広告の場合やインフィード広告の場合、またタイアップ広告の手法など、多くの手法で表現をされています。

その他のインターネット広告

⑤**その他のインターネット広告**には**メール広告**や、**オーディオ（音声）広告**などがあります。メール広告は、主にポータルサイトなどが自社の会員に許可を得て、デモグラフィック属性や、会員の興味関心に基づいて配信されるメール広告で、中でも一社独占で配信される号外メールマガジンは、大きな効果を発揮できる広告として、ダイレクトレスポンスを目的とした広告主が利用しています。

オーディオ広告で代表的なものは、ラジオ放送をインターネットで聞けるradikoで配信されている広告でしょう。放送だとラジオCMと呼ばれているものですが、インターネットを通じて配信されているため、オーディオ

用語解説
＊CPV　Cost Per Viewの略。
＊CPCV　Cost Per Completed Viewの略。

広告としてこの統計数字に入ってきています。ラジオ媒体由来のインターネット広告となります。また数千万の楽曲を楽しめるプラットフォームのSpotifyも無料ユーザーにはオーディオ広告を配信することでマネタイズをしています。

また、その他に**媒体社独自広告**として、代表的なものはLINEのスポンサードスタンプでしょう。企業のキャラクターなどをLINEのスタンプにすることで、ユーザー同士の自然なLINE上のやりとりに、企業キャラクターのスタンプが使われます。自然に企業を意識し、絆が強まる手法といえます。

ターゲティングの手法

インターネット広告では、ユーザーの登録情報やサイト上でのアクションなどに基づいた広告を出すことができ、これを**ターゲティング広告**と呼びます。同じ1impだったとしても、誰かわからない1impよりも、三〇代の東京に住んでいる主婦、などとユーザーが特定できたほうが、広告効果を高めることができます。

ターゲティングの手法は、事前に媒体に登録された登録情報に基づくもの、IPアドレスなどの地域に基づくもの、ネット上の検索履歴や、閲覧ページ、商品の購買などの**クッキー情報**に基づくものなどがあります。

自社のページに一度、訪れた方にクッキーを付与し、再度、ユーザーに自社ページを訪れてもらう**リターゲティング**は非常に効果の高い手法になっています。一度でも自社ページに訪れたユーザーは、再度プッシュをすると、アクションを行う可能性が高いため、広告価値が高い商品となっています。

また自社の製品を購入した人の属性を分析し、その属性とよく似た人をターゲティングするという**ルックアライク（拡張ターゲティング）**というターゲティング手法もあります。拡張の手法は各社が独自のアルゴリズムを研究していますが、最も一般的なのは、コンバージョンしたユーザーと同じようなサイトを閲覧していた人というサイト閲覧拡張です。

5 インターネット広告の種類(運用型広告)

いまやインターネット広告の主流ともいえる運用型広告。その全体的な特徴は2-1節で記載しましたが、ここではより詳細な特徴、役割をみていきます。

SEM*

何か調べたいものがあるとき検索エンジンを使うことはいまや当たり前です。

この検索行動を、ユーザーにアプローチする機会と捉え、その効果を最適化していくことを**広義のSEM**と呼びます。検索エンジンから自社サイトに最適なユーザーを誘導するマーケティング施策になります。

SEMは、**検索連動型広告(リスティング広告:狭義のSEM)とSEO***の二つに分けることができます。

検索エンジンで検索を行うと、自然検索結果(オーガニックとも言う)と、検索連動型広告(リスティング広告)の二つが表示されます。

自然検索結果はGoogleやYahoo! JAPANのそれぞれ独自の基準(アルゴリズム)で候補サイトを表示します。そのアルゴリズムは非公開ですが、信頼できるサイトからのリンク数などで上下するといわれています。また検索エンジンから見て、わかりやすいサイトである必要があります。例えば、HTMLのソースの書き方やリンク構造などがあります。また解説コンテンツの充実度やデータベースの充実度なども重要な指標になっています。ユーザーが求める情報と検索結果をいかにマッチングさせるかは検索エンジンの重要な使命のため、アルゴリズムは日々改良をされていっています。この自然検索結果を上げるためには広告主は自社サイトの見直し、改善、再構成を行います。これを**SEO対策**といい、このSEO対策のコンサルティングを専門に提供する会社もあります。

用語解説
＊SEM　Search Engine Marketingの略。
＊SEO　Search Engine Optimizationの略。

検索連動型広告（リスティング広告）の運用

一方で検索連動型広告は、検索したワードに連動して表示される、れっきとした広告のことです。こちらは一つのワードに対して、いくらで入札するか、という入札形式で広告が販売されており、この入札金額や、その広告の支持率によって表示位置が上下します。広告の支持率とは、広告原稿とキーワードの親和性（具体的にはＣＴＲなどが影響）を元に計算されています。検索連動型広告はＣＰＣ広告（１クリックごとに単価を決めてクリックごとに成果が発生）として販売されています。

検索連動型広告は、総合広告代理店を通して販売されるよりもやはり運用型広告が得意な専業広告代理店（サイバーエージェント、アイレップなど）での販売実績が高いという傾向があります。ただ、特筆すべきは全体の取引の半分程度は、GoogleやYahoo! JAPANなどの会社と広告主が直接取引している（オンラインによるダイレクトな取引）ということです。

検索連動型広告では、一般的に検索数が多いワードを**ビッグワード**（不動産、ローン、車など）と呼び、入札単価が高くなる傾向があります。どういったワードを購入することが、自社にとって最もよいかなどを細かく決めていく必要があります。

どの広告が表示されるかは、入札の金額だけで決まるわけではなく、ユーザーの反応率（ＣＴＲ）や、広告キーワードと、ＬＰの関連性などの変数で決まります。入札金額だけが高くとも、クリックされないような広告はユーザーにとってよいものではない、とする考え方で、広告、自然検索結果のどちらも、ユーザーにとっては有益な情報である、という考え方がその根底にあります。

また、どのキーワードでも自社サイトのＴＯＰページに誘導するのではなく、ワードによっては、自社サイトの詳細説明ページなどに設定したほうが効率がよい場合もあります。

先ほど検索連動型広告はＣＰＣ型広告と呼びましたが、これは裏を返せば、広告予算を確保しても、ユーザーがクリックをしなければ広告費用が発生しないため、予算が余る、ということにもなります。

予算が余るということは企業としては、十分なマーケティング活動ができなかった、機会ロスをしたということになるため、日々、レポートを見ながら、細かな調整をしていくことが求められます。また、その調整には、業界ごとや会社ごとの独自のノウハウが求められます。

これらは、まさに検索連動型広告と同様、運用のノウハウが必要になってきます。アドネットワークやＤＳＰ広告の分野でも、これらのノウハウを持っていることが必要不可欠になってきているのです。

アドネットワークやDSP広告の運用

運用型広告は、かつてはこの検索連動型広告が大半を占めていましたが、検索面だけではなく、ディスプレイ広告面に関しても、Googleのディスプレイネットワークである GDN や、Yahoo! JAPAN のディスプレイネットワークのYahoo!広告 ディスプレイ広告（運用型）、そして**DSP**と呼ばれる新しい広告配信の仕組みが登場し、ディスプレイ広告や動画広告もその大半が運用型広告となっています。

これらの詳しい説明は次の2 - 6節で行いますが、どういったユーザーをターゲティングするか、どういう媒体で配信をするか、リターゲティングで誘導したユーザーは、どのページにリンクさせるべきか、入札の予算をどのぐらいにするか、などを決めていく必要があります。

検索連動型広告の仕組み（図2.5.1）

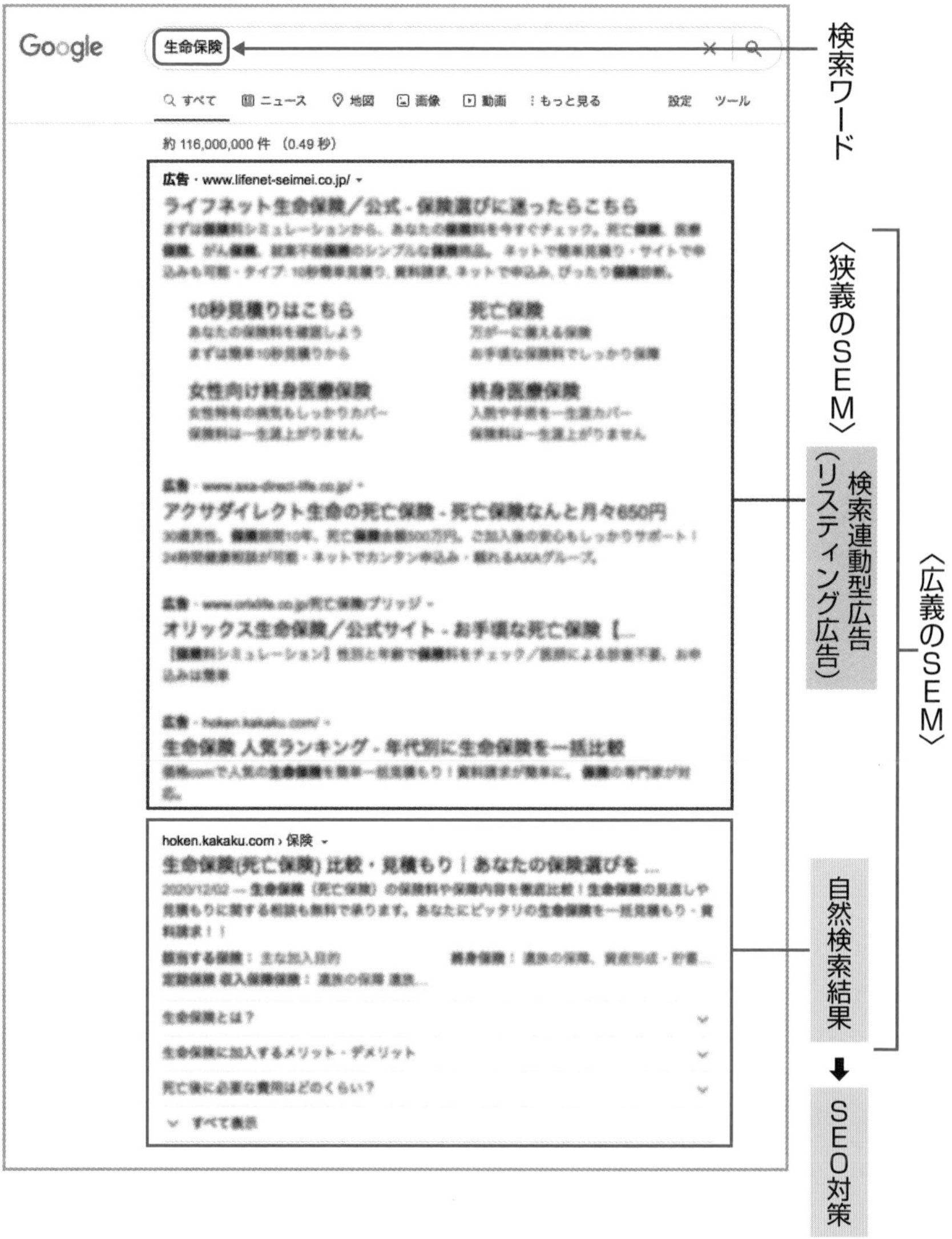

6 インターネット広告配信の仕組み

ここではインターネット広告の配信の仕組みを紹介します。様々なアドテクノロジーがありますが、基本的な構造、仕組みを理解することで全体像を理解することができます。

PDCAを行うことができるインターネット広告

インターネットの技術進化がもたらしたことの一つに広告効果をしっかりと可視化して**PDCA**を回し、さらなる効果改善を図れることがあります。

従来のマス広告では、TV広告を見たのか（認知率）、そのCMを見て商品を買いたいと思ったのか（購入意向率）などは、CM後の調査を行うことで、把握はできていましたが、直接的に販売につながったのかを計測することは難しかったのが実情です。

しかし、インターネット広告では、商品の購入や資料請求などの成果地点**CV**（コンバージョン）までを計測することができるようになりました。このCVに至った経路の分析などを行うことで、より効果的な広告出稿につなげることができるようになったのです。

コンテンツ配信サーバーと広告配信サーバー（アドサーバー）

それでは、インターネットの広告配信の仕組みをみていきましょう。

インターネットでホームページを表示する配信技術は、二つに分かれています。コンテンツを配信する**コンテンツ配信サーバー**と、広告を配信する**広告配信サーバー（アドサーバー）**の二つです。インターネット黎明期はこの二つが分かれておらず、コンテンツと広告の配信が同じサーバーで行われ、広告も同じ広告がずっと表示されるベタ貼りという状況がありました。

アドサーバーは、原則的に媒体社のサーバーから配信をされ、媒体社が出すレポートで広告原稿のimp（広告の表示回数）やCTR（クリック率）がわかります（図2・6・1）。

媒体社は一つの広告枠に、このアドサーバーを通して配信することで、複数の広告原稿素材を出し分けすることができるようになります。

アドサーバーが普及し、これが様々なアドテクロノジーと融合していくことで、インターネット広告の様々な配信手法が次々に生まれてきます。

「枠」によるターゲティング手法

広告主が、ある特定セグメントのユーザーにリーチしたいとき、あらかじめ各媒体のメディア資料、ユーザー属性を確認し、それをもとにプランニングを行う手法があります。狙ったセグメント、ユーザーにアプローチするために、そのユーザーが訪問するであろうサイト（枠）に広告を出すという待ち伏せ手法です。

雑誌で例えると、Aという雑誌の主要読者は主婦層であるとします。さらに、主婦層が読む雑誌として発行部数はNo．1だとすると、主婦層をターゲットとするB商品の広告出稿媒体としてふさわしい、とするやり方です。

TVで考えると、Cという番組は若者の視聴率が極めて高く、クチコミされやすい媒体のため、D商品の広告媒体としてマッチしている、とするやり方です。

この枠をあらかじめ決める出稿の方法は、TVや雑誌、新聞などのマス広告では一般的な手法となります。

インターネット広告媒体の世界でも、例えば、Yahoo! JAPANのTOP面のブランドパネルなどは、**プレミアム枠**として販売されており、広告主は、Yahoo! JAPANのブランドパネルという広告商品を購入して、そこを訪れるユーザーに向けて広告を配信しています（図2・6・2）。

インターネット広告も最初は、媒体社が決めた特定の広告枠に広告を出稿するというモデルで、マス媒体と同じように広告掲載する場所を決め、期間を決め、料金を決める、という予約型で始まっています。広告掲載枠と

コンテンツ配信サーバーと広告配信サーバー（図2.6.1）

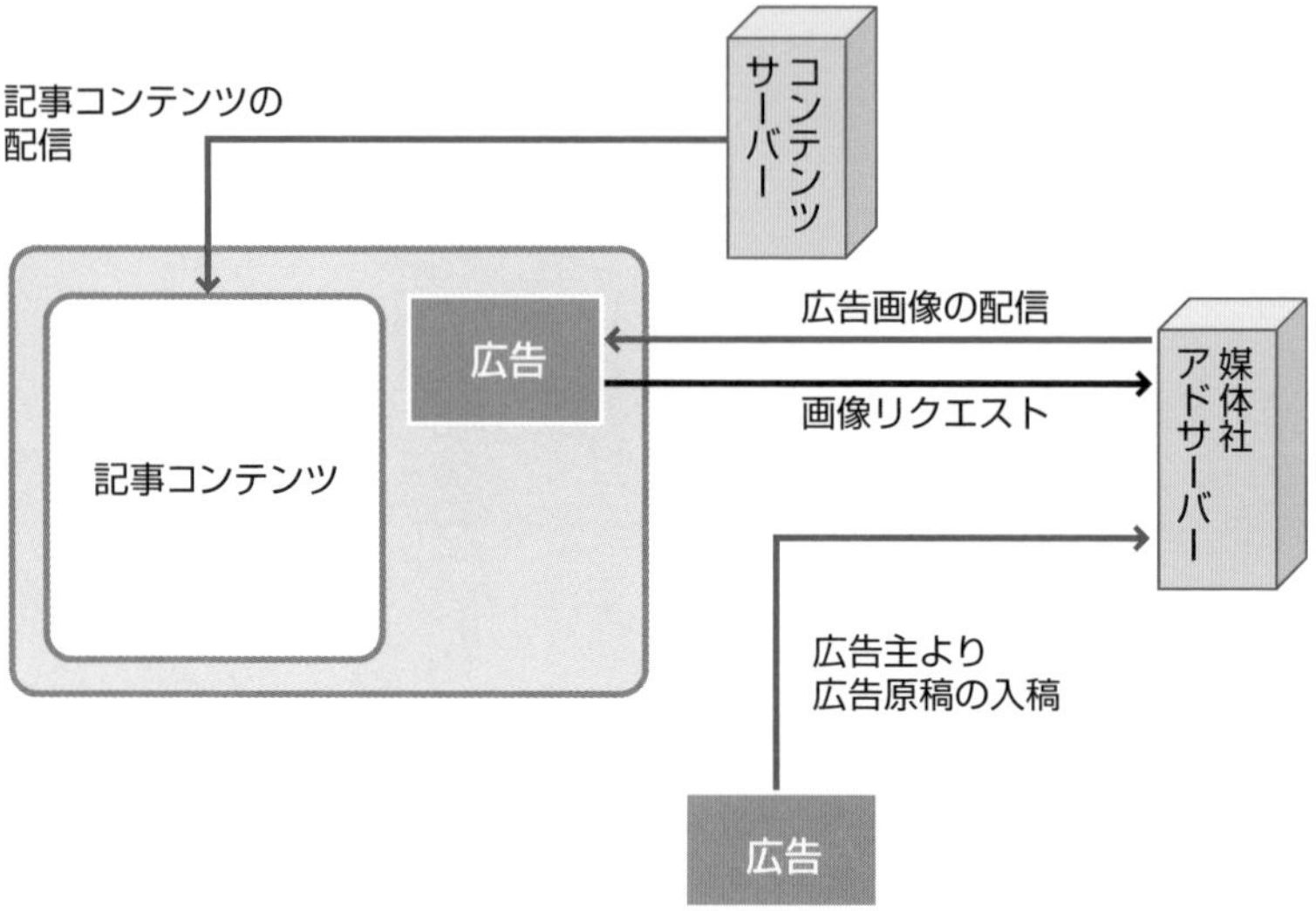

プレミアム枠の販売（図2.6.2）

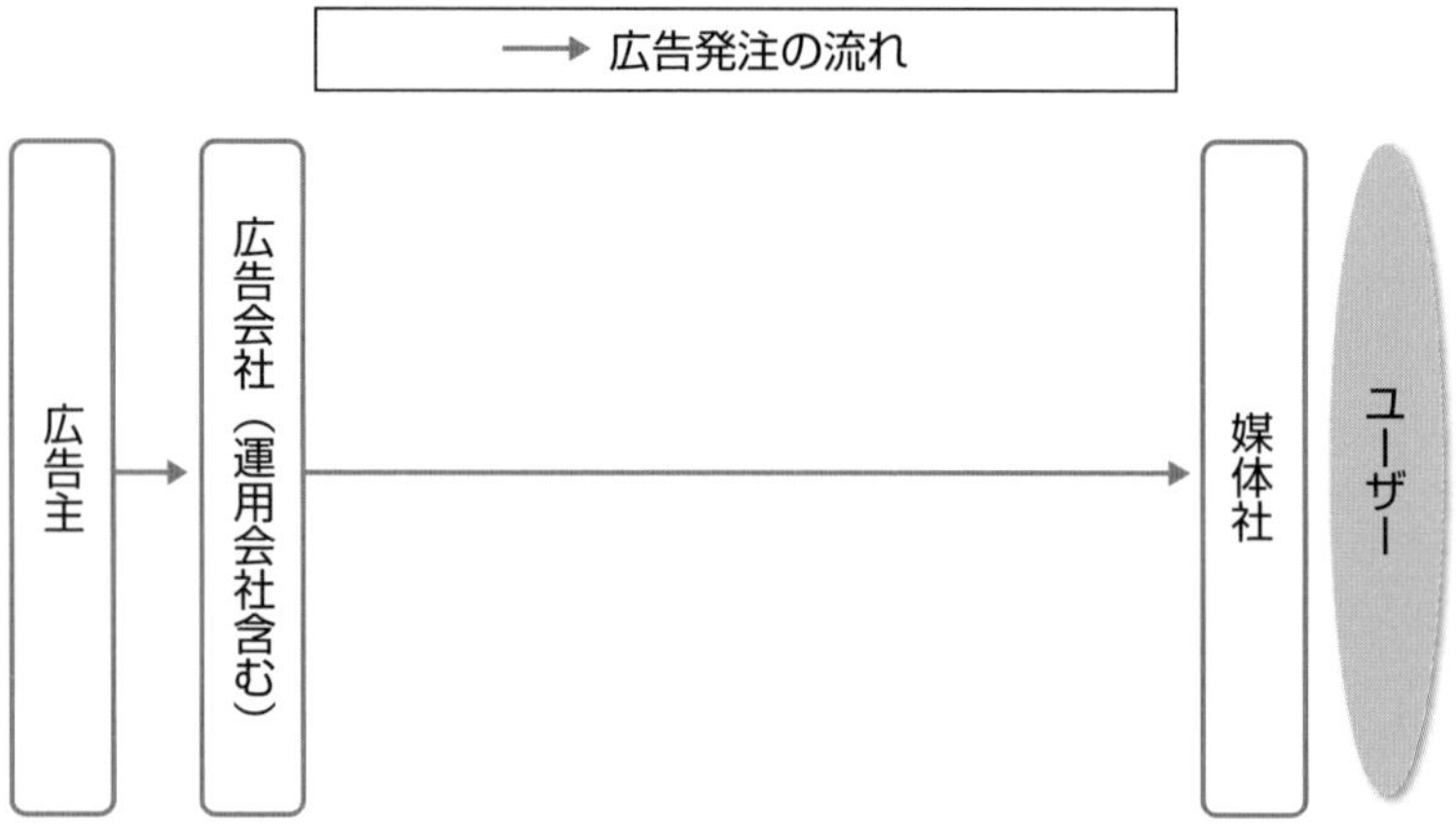

いうあくまでスペースありきのものでした。それが人ベースでのターゲティングができる、アドネットワークやアドエクスチェンジが主流に変わっていきます。

アドネットワークによる広告配信

ターゲットが明確である媒体や訪問数が多い媒体は、プレミアム枠として販売が可能です。これは媒体社の営業マンと広告代理店のメディア部が一社ずつ広告主を人力で見つけてくる手法で、**手売り**と呼ばれます。

一方で、そこまでターゲットが明確でなく、訪問するユーザーの数も多くないインターネット媒体は、どのようにして広告を販売しているのでしょうか。枠ではなく、そこに集まる人、ユーザーに焦点を当てた販売方法がとられています。

その一つが、**アドネットワーク**という手法です。GoogleのGDNなど、多くの媒体を束ねるネットワークを構築しています。広告主に対して、ターゲットをセグメントしたり、大量リーチしたりする商品を販売しています。言い換えれば、媒体社は、自社で独自で販売できない枠を、ある一定の料金でアドネットワーク事業者に提供する仕組みになります。媒体社にとっては、手売りではないため、営業マンを抱える必要がなく、自社のコンテンツ作りなどに集中することができるメリットもあります(図2・6・3)。

アドエクスチェンジによる広告配信

複数のアドネットワークが出てくると、媒体社としてはどのアドネットワークとつなぐのが最も収益が上がるのか悩むことになります。また特定のアドネットワークだけしかつながっていないと、在庫が売れ残るという事態も想定されます。そのような課題を解決するものとして、媒体社が自身の在庫をマーケットに提供することができる、**アドエクスチェンジ**が生まれてきました。広告枠をimp単位で入札する市場のことを指します。株式市場のように広告枠に対する需要と供給のバランスで価格が決まっていくことになります。このアドエクスチェンジとつなげて、取引を活性化するプラットフォームとして、**DSP**、**SSP**が存在します。

広告主側のプラットフォーム、DSP

アドネットワークやアドエクスチェンジの登場で複雑になったインターネット広告を広告主の立場で管理することができるプラットフォームを**DSP**＊と呼びます。

代表的なものではGoogleのDV360や外資系の広告主の評価が高いThe Trade Desk、ダイレクトレスポンスに強いCriteoなどがあります。

DSPではないのですが、前述のGDNを活用できる**Google AdWords**や、ヤフーの広告ネットワークを活用できる**Yahoo!広告**も広告主が広告発注を管理することができるので、広告主側のプラットフォームとなります。

媒体社側のプラットフォーム、SSP

媒体社側の空き在庫の収益を最大化するプラットフォームとして**SSP**＊が登場しました。SSPにより、複数のアドネットワークやアドエクスチェンジと自社媒体の在庫をつないだとしても、その中で媒体社にとって最も収益が高い広告を自動的に選択することで、収益の

アドネットワークの販売（図2.6.3）

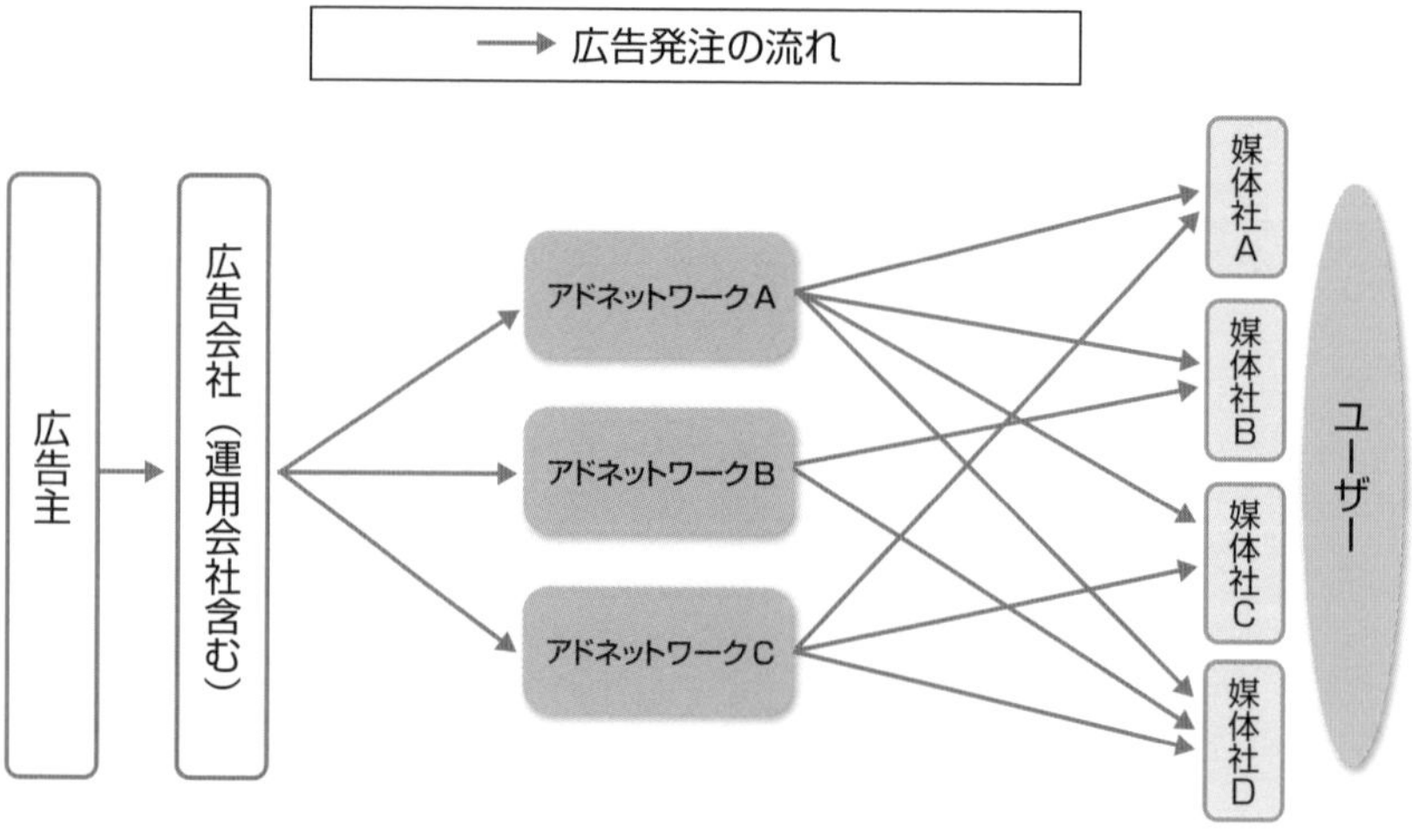

用語解説
＊DSP　Demand Side Platformの略。
＊SSP　Supply Side Platformの略。

最大化を行うことができます。

Googleはここでも大きな存在感を発揮しています。前述の媒体社のアドサーバー機能に加え、多くの広告主が発注するGDNとつながったアドエクスチェンジへ広告在庫を流す機能を持ったGAM(Google Ad Manager)は大きなシェアを持っています。

他にはプラットフォーム・ワンが提供するYIELDONEやSupershipが提供するAd Generationなど、多くのSSPが存在します。

広告主が広告を買う条件をDSPを使って提示し、媒体社がコントロールするSSPがそれに応札するという仕組みが成り立っています。このDSPとSSPの間に、複数のアドネットワークやアドエクスチェンジが存在する、という構図になっています。

DSP、SSPの間で入札、応札する仕組み、RTB

DSPによる入札、SSPによる応札を1impあたりに瞬時に行っている仕組みが**RTB**＊と呼ばれるものです。

広告主はDSP、SSP、その間に存在するRTBの各仕組みにより、より効率的なユーザーに対して広告を配信することができるようになりました。媒体社にとっても、自社の空き在庫をより配信単価を高くして広告価値を高めることができるようになったのです。

「人」へのターゲティング手法

さて、話を先ほどのターゲティングの件に戻しましょう。

広告主にとって、「枠」でターゲティングすることよりも、データに基づいたユーザーのセグメントでターゲティングすることが一般的になってきました。このムーブメントは「**枠から人へ**」と表現されます。

各アドネットワークやDSPは、それぞれで独自のユーザーをターゲティングするデータを持っています。ユーザーの訪れたホームページなどの情報から、ユーザーの属性を判断していることが多いです。男性、女性、年齢、趣味嗜好などです。

多くはブラウザに付与されるクッキーという技術を用いてこれらのターゲティングは成立しています。これによって、サイトに訪れる人を、いわば狙い撃ちして、広

用語解説

＊**RTB**　Real Time Biddingの略。

告を配信するということが可能になりました。

　また、最もニーズがあるターゲティングはリターゲティングと呼ばれるものです。これは、一度ユーザーが広告主のサイトを訪れたものの、すぐにはCVせず、離脱したようなケースで、そのユーザーを他のサイトで改めてターゲティングする手法です。ダイレクトレスポンスでは非常に高い成果を上げている手法です。

　一方で、独自にユーザーデータを集めて、その情報をアドネットワークやDSPに提供する仕組みがあります。これを**DMP**＊と呼びます。

　独自のユーザーデータを持っている媒体社や事業者がDM

DSP、SSP、RTBによる広告配信の仕組み（図2.6.4）

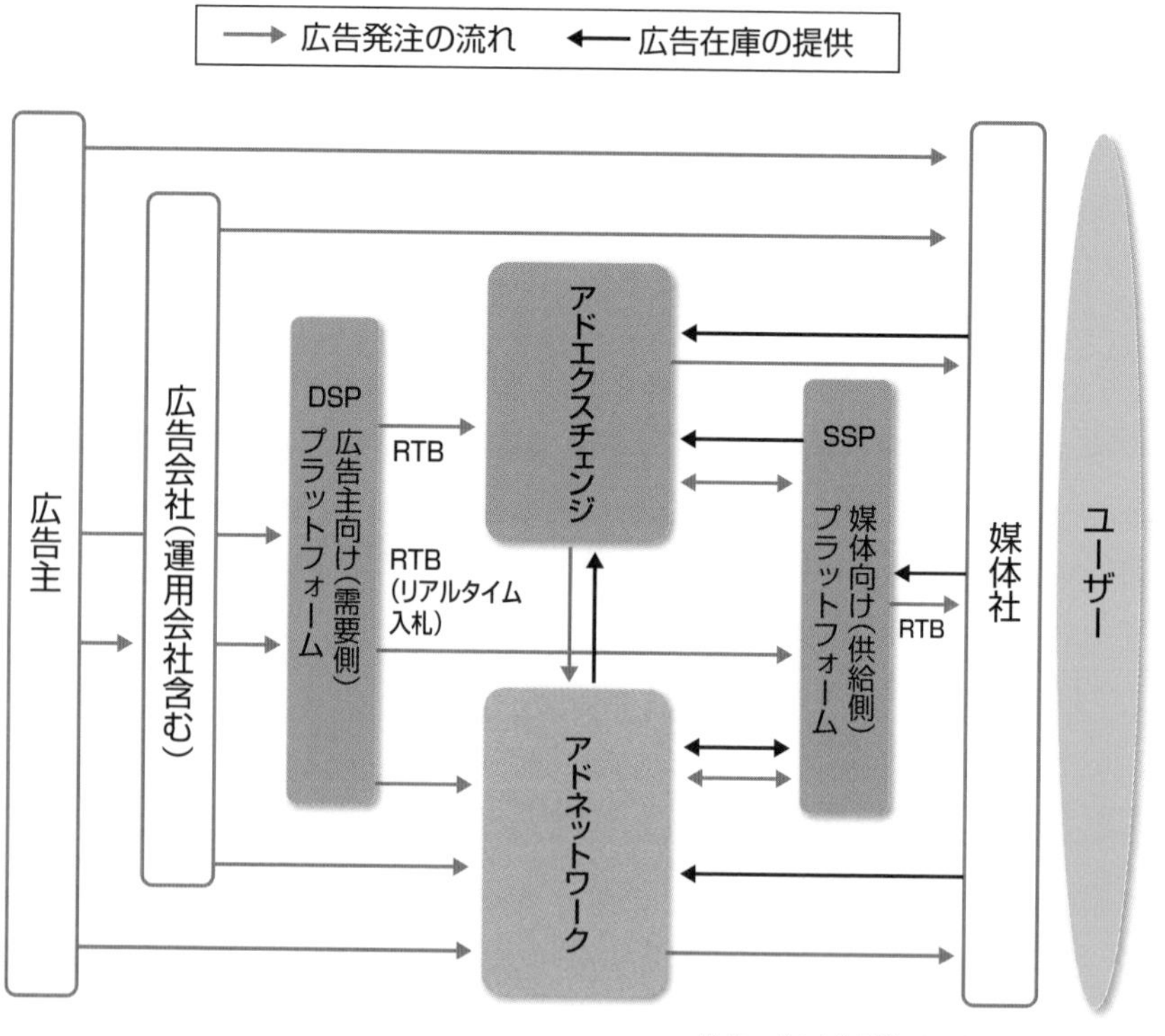

出典：JIAA「必携インターネット広告」

用語解説

＊**DMP**　Data Management Platformの略。

Pを活用した収益を上げる場合、媒体社や事業者は、DMPに対して自社のユーザーのプロフィールを提供します。例えば、インターネットショッピングの購買履歴やユーザープロフィール（性別、住所、趣味嗜好など）です。これらのデータを、ユーザー（視聴者オーディエンス）のデータであることから、**オーディエンスデータ**と呼んでいます。

このオーディエンスデータを利用した広告の例を紹介しましょう。E社の商材は、ペットを飼っている女性ユーザーをターゲットにしています。DSPやアドネットワークの既存セグメントには、該当するセグメントがない場合、DMPデータを活用して、DSPで広告を配信すると、このペットを飼っているということに該当する人だけに広告を配信することが可能になります。

代表的なものが、TSUTAYAなど多くのショップのメンバーシップであるTポイント会員のデータを活用し、「MicroAdのDSP、Bladeで配信しているケースでしょう。このようにDMPは特定のDSPにデータをつないで広告配信をすることで、データをマネタイズしています。

ここまでの流れで見てきましたように、インターネット広告では、その広告枠に接する一人一人のユーザーのデータに応じて広告が配信されています。

これが、まさに枠ではなく、人に主眼を置いた**オーディエンスターゲティング**です。まさに狙い撃ちのターゲティング手法といえるのではないでしょうか。

広告主の立場では、アドネットワークやDSPも、効率的にアプローチするために、様々な運用の変数があり、広告のクリックやCVなどを見ながら運用するノウハウが求められます。

媒体社の立場でも、SSPの運用も、最低限の応札可能額（**フロアプライス**と呼びます）の管理や、枠の配置、フォーマットなど、こちらも多くの運用項目があり、ノウハウが求められるようになっています。

DSP、SSP、RTB、DMPとアルファベット3文字が、またまたたくさん出てきましたが、概念さえ覚えてしまえば大丈夫です。これからのインターネット広告にとって、非常に重要なものになってきますので、ぜひしっかりと理解をしておきたいものです。

7 アトリビューションって何？

インターネット広告の効果は、ダイレクトレスポンスを目的にする場合、CPAで図ることができます。しかし、複数の媒体やプラットフォームを使って広告配信すると、その重複した部分やお互いに補完しあった効果があることも確かです。このような効果をどのように考えていくのかを見ていきます。

第三者配信（3PAS）の登場

2-6節にて、媒体社は一つの広告枠に、広告配信サーバーを通して配信することで、複数の広告原稿素材を出し分けすることができるになることを説明しました。

一方で、広告主から見たときには、この媒体社ごとに配信する仕組みがあり、レポートも個別に出てくるということでは、すべてを同じ条件で見ることができません。媒体間でどれくらい重複しているかなどもわからないため、全体を最適化するには、どうすればよいのかを見ることができない、という不便さがありました。

これを解消したのが、媒体社の配信サーバーに、広告主がコントロールするサーバーを通じて、広告を配信するという仕組みです。本来は前述の通り、広告は媒体社が配信するのが常です。

これを広告主サイドから配信を行う仕組みを作り、媒体社本人（当事者）ではなく、第三者である広告主側から配信をする仕組みが構築されました。この第三者から広告を配信することから、**第三者配信（3PAS）**と呼ばれています（図2・7・1）。

第三者配信の広告主側のメリットは、すべての広告出稿を同じ基準で一元管理ができることです。具体的期にはA媒体とB媒体、C媒体のユーザーの重複、ユニークユーザーなどが確認できます。そのため、広告出稿メディアを横断した効果測定ができることや、広告のクリエイティブを個別媒体ごとでなく、一括で変更対応や全体管理を行うことができることが特徴です。

いいことづくしに見える第三者配信ですが、すべての媒体社で第三者配信を受け入れているわけではありません。あくまで媒体社側の広告サーバーを通じて、配信を行うため、媒体社側が第三者配信を受け入れていることが条件です。

さらに広告効果を細かく分析する手法「アトリビューション」

インターネット広告として非常に効果が高いものとして、**検索連動型広告（リスティング広告）**があります。GoogleやYahoo! Japanなどの検索エンジンに、入力するワードに連動して広告が表示されるクリック課金型広告です。

この検索連動型広告は、ユーザーが探しているワードに連動して表示される広告のため、非常に効果も高く、広告主からの評価も高く、いまや欠かせないインターネット広告になっています。

しかし翻ってみると、その高い広告効果は、果たして

第三者配信サーバーによる広告配信の仕組み（図2.7.1）

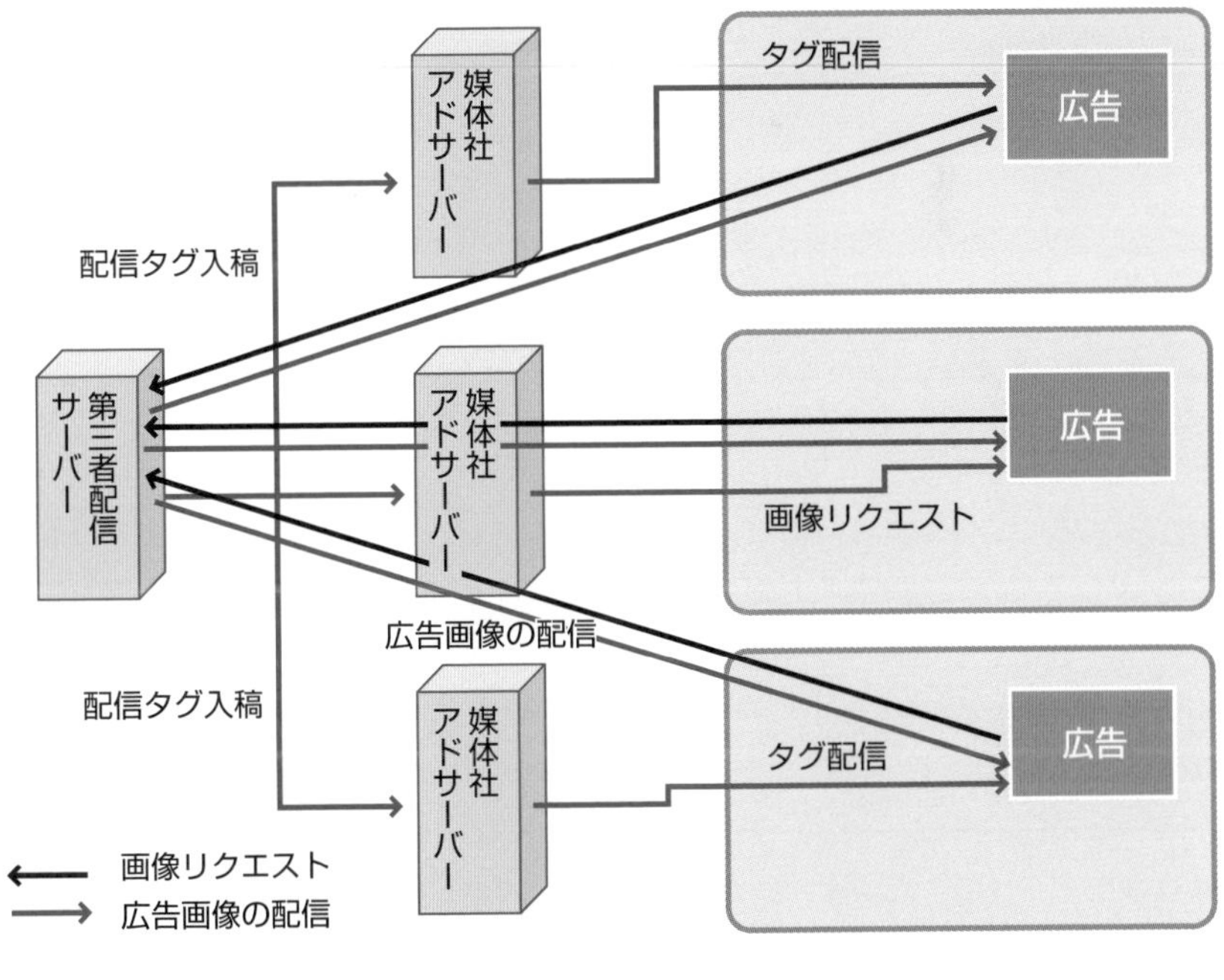

アトリビューションの考え方（図2.7.2）

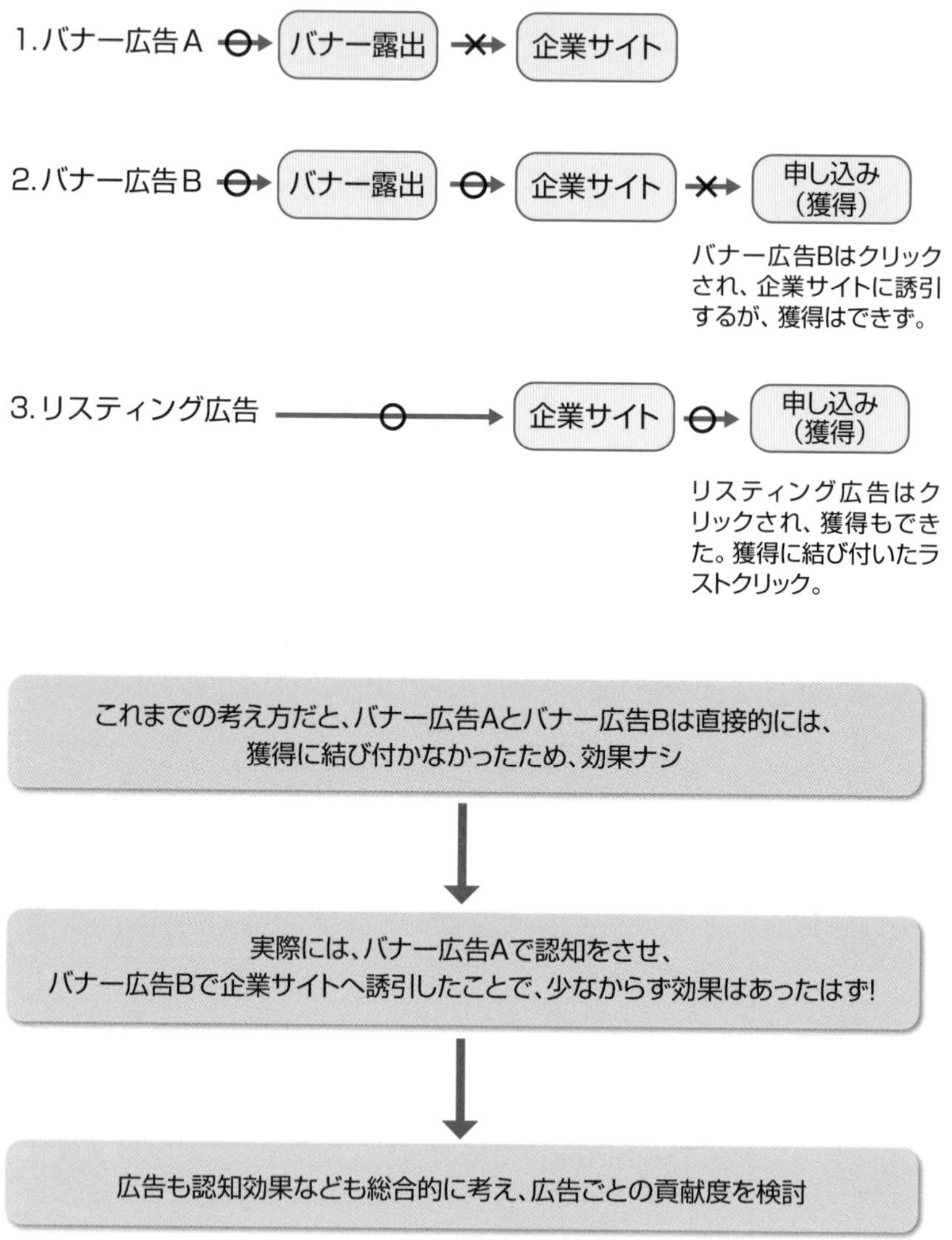
1.バナー広告A
バナー露出
企業サイト
2.バナー広告B
バナー露出
企業サイト
申し込み（獲得）
バナー広告Bはクリックされ、企業サイトに誘引するが、獲得はできず。
3.リスティング広告
企業サイト
申し込み（獲得）
リスティング広告はクリックされ、獲得もできた。獲得に結び付いたラストクリック。
これまでの考え方だと、バナー広告Aとバナー広告Bは直接的には、獲得に結び付かなかったため、効果ナシ
実際には、バナー広告Aで認知をさせ、バナー広告Bで企業サイトへ誘引したことで、少なからず効果はあったはず!
広告も認知効果なども総合的に考え、広告ごとの貢献度を検討

検索連動広告だけの力なのか、という疑念が浮かびます。つまり、TV広告やポータルサイトのバナー広告でユーザーが商品を認知し、興味を持ったとしても、すぐに広告主ページで商品を買わないケースも多く存在します。気になったものの、後でまた考えよう、とするケースはよくあります。

のちにユーザーが広告を思い出し、商品名で検索をしたときに、検索連動型広告が表示されると、それをクリックするという現象が起きます。この場合、バナー広告で認知をさせたにも関わらず、バナー広告では成果CV（コンバージョン）は生まれず、検索連動型広告でCV（コンバージョン）が生まれた、という、やや理不尽なレポートが出てくることになります。

つまり検索連動型広告は、様々な広告による認知の結果、生まれた効果である場合も考えなくてはいけません。この購買に至る最後のクリックは、ラストクリックとも呼ばれています。購買の直前の広告、ラストクリックは、検索連動型広告がなりやすい性質があります。これを、バナー広告の貢献度も踏まえて、しっかりと広告プランを分析しましょう、というのが、「アトリビューション」という考え方です（図2・7・2）。

第三者配信によって可能になったバナー広告の貢献度

従来も、この概念はありました。ただ、概念だけはあったものの、実態をとらえることが難しかったのです。ただ、前述の第三者配信を使うことで、広告主側でも各媒体の貢献度（アトリビューション）が分析できるようになってきました。バナーを表示したユーザーやクリックしたユーザーが、その後、どのような行動をとったかを追えるようになってきたのです。

このアトリビューションは、分析の手法はいくつかあり、完全な分析手法はまだ確立されていません。しかしながら、検索連動型広告に偏重しがちなラストクリック主義から、もう少しフラットに媒体を評価するという意味では、非常に意味のある取り組みといえます。

また、ネット広告だけでなく、TVなどのマス広告も含めたうえで分析をするべきという指摘もあり、発展途上の手法です。これは、6 - 5節で後述するMMM（Marketing Mix Modeling）につながっていきます。

8 ソーシャルがもたらした広告の変化

「ソーシャルメディア」が誕生して久しくなっています。従来のFacebookやTwitterに加えて、InstagramやTikTokなどの新しいSNSも登場しています。そして情報の伝わり方も変わり、広告主もそれらを活用してどのようにユーザーに情報を伝えるかを考えなくてはいけません。そのポイントとして、人々から「共感」を得ることがますます重要になっています。

共感の時代のPESOモデル

人々は広告を鵜呑みにしないようになり、代わりに身近にいる人からの情報や、ネット上に書かれている情報への信用度が増してきたといわれています。

企業と人々をつなぐコミュニケーションをメディアの観点で見直し、整理したものに**PESO**という考え方があります。PESOとは、ペイドメディア、アーンドメディア、シェアードメディア、オウンドメディアの四つのメディアのことです＊。

まず、**ペイドメディア**とは、マス媒体やインターネット広告のように費用を支払って広告出稿するメディアです。おもに認知拡大や興味喚起に使われます。

アーンドメディアとは、情報が企業の手を離れ、評判を得て、第三者(インフルエンサーや記者など)の手によってコンテンツが作成され、拡散するメディアを指します。マス媒体のニュースで取り上げられることも含まれます。

シェアードメディアは、SNS(ソーシャルメディア)やクチコミなどのことを指します。元々は第三者が起点となって発信されるので、アーンドメディアに分類されていましたが、第三者が著名ではない消費者であることから、細分化して、シェアードメディアと分類するようになりました。最も共感を得ることができるメディアだといわ

用語解説

＊…**のことです**　それぞれ、paid media、earned media、shared media、owned mediaという英語で、動詞の直訳は支払われた、(名声を)獲得できた共有された、所有されたメディアという意味。

PESOモデル（図2.8.1）

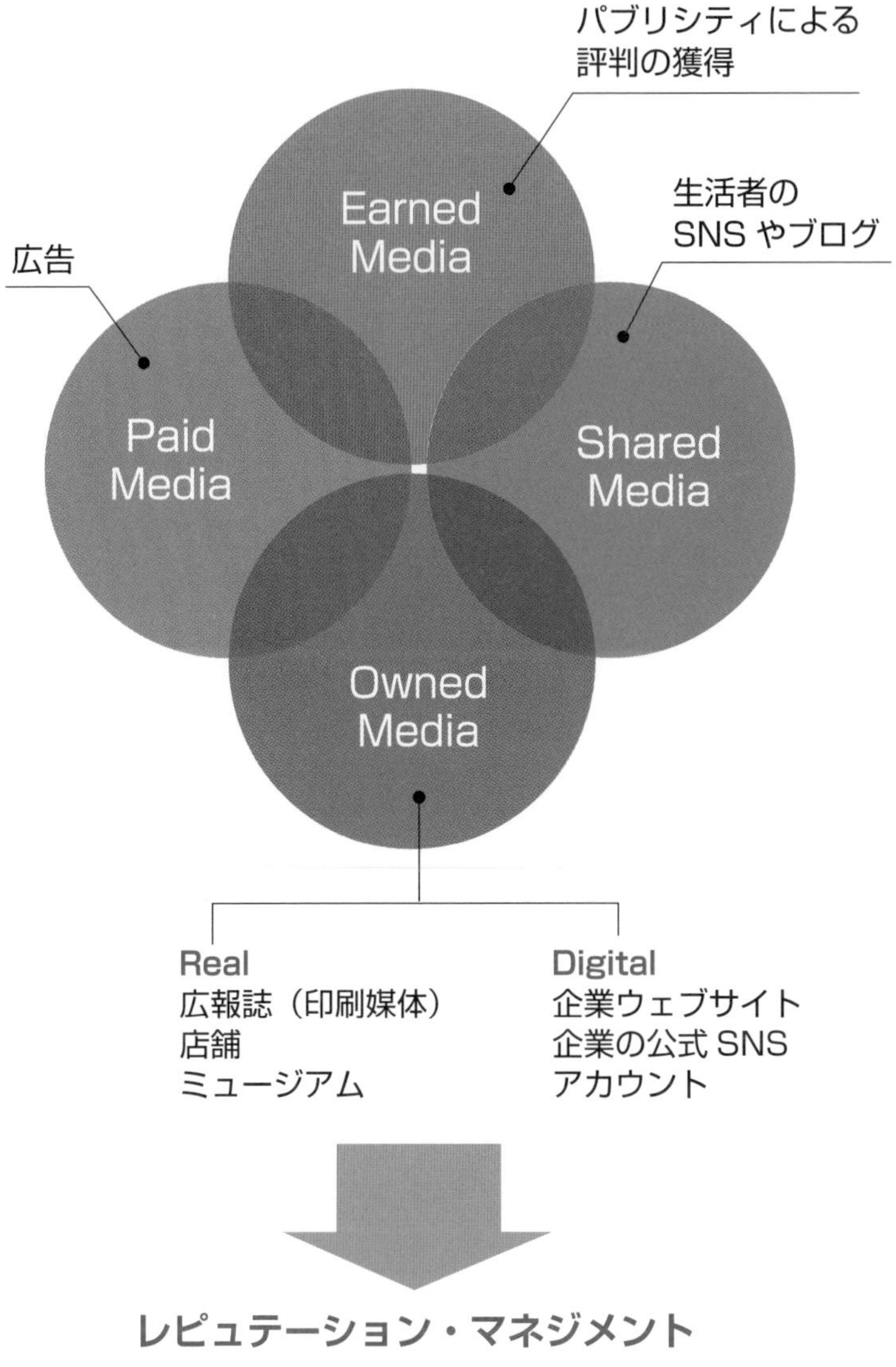

参考：http://spinsucks.com/communication/pr-pros-must-embrace-the-peso-model/

れています。前述のペイドメディアとオウンドメディアが、お金で買える、コントロール可能なメディアであるのに対して、アーンドメディア、シェアードメディアはお金では買えない、企業や広告会社がコントロール不能なメディアです。

次に**オウンドメディア**とは、自社で管理・運営している企業サイトやキャンペーンサイトなどのことです。自社商品や自社の理念などをしっかり作りこむことができるので、ユーザー理解促進に向いています。また商品に関連する記事などを充実させることで、検索結果で上位に表示させ、アクセスを増加させるような手法も有効です。例えば保険会社のウェブサイトで「生命保険の選び方」のような一般的な解説を掲載するようなケースです。

また企業のFacebookやTwitter、YouTubeなどのアカウントも広義にはオウンドメディアと考えられています。フォローしてくれているユーザーにはプッシュでタイムリーな情報を届けることができます。シャープの公式Twitterの「中の人」シャープさんは、そのユーモアあふれるTweetやリプライで人気を博しています。

これら四つのメディアには、それぞれ長所と短所があり、どれか一つをやればいいというものではなく、補完し合う関係にあるといえます。

「ソーシャル」とは？

ソーシャルとは、「社会的な」という意味ですが、広告業界ではSNSやソーシャルメディアのことを指して使っています。

まず、**SNS**とは、ソーシャル・ネットワーキング・サービスの略で、人と人とのコミュニケーションを主目的としたサービスの総称です。Facebook、Twitter、LINE、そして、ソーシャル・ゲームもその仲間なので、GREE、モバゲーなどがそれにあたります。ユーザー同士のリンク、メッセージの送受信ができることなどが特徴です。広義には、トラックバックやコメント機能などを持つ、ブログや掲示板も含む場合もあります。

ソーシャルメディアはSNSの定義より広く、アメブロなどのブログや2ちゃんねるなどの掲示板はもちろん、YouTubeなどの動画や写真共有サービスや、価格コム、食べログなどのユーザー参加型サービスなどが含まれます。これらのメディアのように生活者が自発的に作り出していくコンテンツをCGM＊、またはUGM＊とも呼ばれています。

これらのサービスは、主に場を提供しているだけで、飛び交うコンテンツは生活者自身が生み出すものです。ソーシャルメディアは、スマートフォンやタブレット端末の普及により、二四時間利用され、深く人々の生活に入り込んでいます。遠方の人とも気軽に情報のやりとりができるため、見方によっては、昔よりも人と人とのコミュケーションが深くなったということもできます。

反面、リアル世界と同じように、他人との距離を測りながら参加しないといけないため、自分が他人からどう見られるかを気にしすぎて、これらサービスにとらわれすぎて悩む「ソーシャル疲れ」という言葉も出てきています。

エフェメラル（系）SNSの登場

新しいSNSも登場してきています。一定期間経過後に、投稿したメッセージや画像、動画などが消える特徴を持つSNSを、**エフェメラル系SNS**と呼びます。エフェメラルとは「はかない」などの意味があります。

このジャンルで代表的なサービスが「**Snapchat**」です。米国のティーン中心に人気が生まれました。日本ではなかなかこの「消える」系のアプリは根付きませんでしたが、二〇一五年にリリースされた「**SNOW**」が大きな人気を得ています。撮影した顔写真を自動認識して動物の耳や鼻などを付けて変身できる機能などが人気の秘密です。

またInstagramでも、二四時間で投稿内容が消える**ストーリーズ**という機能が人気です。従来のフィードは自分から削除しない限り、投稿として残ります。そこでインスタ映えする写真を投稿するわけですが、常にそのようなとっておきの投稿ばかりしないといけないとなると、気軽に楽しめません。そこで二四時間で消え、「いいね！」機能もないストーリーズが生まれ、特に若年層に人気となっています。

ソーシャルメディアを利用してクチコミを起こす＊

ソーシャルならではの企業からの情報発信で、最も一

用語解説

＊**CGM**　Consumer Generated Mediaの略。消費者創造型メディア。
＊**UGM**　User Generated Mediaの略。利用者創造型メディア。
＊**…を起こす**　クチコミには「WOM（ワム）」とか「Buzz（バズ）」とか「Viral（バイラル）」など、いろいろな呼び名がある。WOMは「Word Of Mouth」の略。

般的なものといえば、企業やブランドが発信元となってSNSを利用してコンテンツを提供するというやり方でしょう。Facebookページを持ったり、Twitterでつぶやいたり、LINEでクーポンを配信したりという手法で、広義のオウンドメディアとしての性格が強いものです。ただし、これらを始めるのは比較的容易ですが、魅力ある情報を発信し続けるのは、担当者の並々ならぬ苦労が必要です。

インフルエンサーを捕まえることも重要です。ネットの世界では、他の人に影響力を持つような人のことを**インフルエンサー***とか**アルファ・ブロガー**といったりします。自然発生的に読者を増やしていった一般人もいれば、タレントや文化人などの著名人もいます。

これらのインフルエンサーを企業のマーケティング活動に活用する動きを**インフルエンサーマーケティング**といいます。よく知られているのが動画投稿サイトYouTubeで人気の高いYouTuberを活用した「YouTuberタイアップ広告」です。人気が著しく高いスターYouTuberだけでなく、中堅どころのYouTuberにもその展開は広がっています。たんなるリーチを取る手段ではなく、その商品に共感してもらう人を増やすというブランディング的な要素も生まれ始めているようです。

分散型メディアの登場

ソーシャルメディアの台頭により、メディアの在り方も変わってきています。まず、ペイドメディアである媒体社が、自社でWEBサイトを持たないというケースが生まれています。わざわざ自社サイトに連れてこなくても、Facebookなどのソーシャルメディアでコンテンツを紹介してしまうというものです。このような媒体を**分散型メディア**と呼びます。

分散型メディアで代表的なものはニュースメディア「**BuzzFeed**」や女性向けメディア「**C CHANNEL**」などが挙げられます。C CHANNELは自社アプリでのサービスを二〇二〇年九月で終了しました。SNSでの動画閲覧が一般的になった昨今においてC CHANNELアプリの役割を終えたと判断した、とその理由を説明しています。

分散型メディアの配信は多くのフォロワーを持つFacebookやInstagram、YouTube、LINE、Twitter等の

用語解説

***インフルエンサー**　influenceは影響力を意味する。influencerは特にネット上で影響力を持つ人のことを指す。

公式アカウントを通じて行われます。分散型メディアのメリットは、まず、自社WEBページ維持コストがかからない、または極端に抑えることができます。そして検索エンジンのアルゴリズムの変更などを意識する必要がありません。逆にデメリットはプラットフォームに選んだソーシャルメディアに完全に依存してしまうこと、などがあります。

企業のオウンドメディアにも変化が

このような状況を受けて企業のオウンドメディアの運営方法にも変化が出てきています。従来はWEB広告でバナーを出すとき、目的は自社のWEBページにユーザーを連れてくることでした。しかし、メーカーのホームページに、ユーザーが日常的に訪れるときことは稀です。自動販売機で缶コーヒーを買うときにユーザーは検索して、メーカーページを訪れませんし、食品を買ったときも、その使い方は、クックパッドのようなレシピサイトを見ることが一般的です。メーカーの商品を買うということに対して、メーカーのオウンドメディアに連れてくることは、必ずしも必要ではないということです。

もちろん企業のオウンドページには非常にリッチなコンテンツがあります。しかしユーザーに見られなければそれは宝の持ち腐れです。近年はこれらのコンテンツをよりユーザー動線が強いメディアで露出するという、いわばサテライト版オウンドメディアというような展開も出てきています。

例えば、楽天市場のサイトにはユーザーがよく訪れます。そこで、何か買い物をしようという気持ちになっているユーザーに、メーカー商品を紹介する、そこでリッチなコンテンツで紹介する、というような流れです。このような流れはお隣の中国では加速しており、企業は自社のオウンドページを持たず、ECモールの天猫(Tmall)に自社サイトを構築しています。ユーザーがモノを買うとき、検索サイトではなく天猫のようなECモールで検索するという行動が一般的になってきているためです。

このようにソーシャルメディアの台頭により広告のコミュニケーションは変化を遂げてきています。情報が非常に多い時代、どのようにユーザーに自社製品を知ってもらうか、ますます工夫が必要になってきています。

9 注目される動き① OMO

誰もがスマホを持ち、またIoTのセンサーによって常時インターネットにつながっている時代において、企業とユーザーとの関係性も見直されてきています。いま、注目を集めている二つのキーワード、OMO、D2Cをもとにその内容を紐解いていきましょう。

「クリック&モルタル」からO2Oへ

リアルの店舗と、ユーザーをつなぐ概念として最初に登場したのが「**クリック&モルタル**」です。PCでクリックして情報を収集し、その後、実際にお店に行く、というものです。

その後、時代が進み、多くのユーザーがスマホを持ち出すと、オンラインでアプローチし、オフライン(リアル店舗)に連れてくるという概念のOnline To Offline、いわゆる**O2O**が出てきました。

当時のクリック&モルタルがユーザーの行動を指していた言葉に対し、**O2O**は店舗や施設側から積極的にユーザーに対し、インターネット上に様々な仕掛けを凝らして、お店に誘導するマーケティング活動としての色が強いといえます

また近年は、キャッシュレスの動きも加速しており、「PayPay」「楽天ペイ」「au ペイ」などスマホで決済が完了するQR決済を活用したリアル購買を促進する施策なども増えてきています。

O2Oの手法は様々ですが、まだ完全に確立された手法はなく、各社ともこのマーケットで存在感を出すべくいろいろな手を打っているのが現状です。手法のいくつかを紹介していきましょう。

LINE活用によるO2O

日本において一番実績があるO2Oといえば、LINE

を使った展開かもしれません。O2Oをする目的だけとは限りませんが、企業は公式アカウントを発行して、ユーザーとつながり、日々、様々な情報を提供してユーザーとの絆を深めていくことができます。そのときに、ユーザーに対して、クーポンを配布することができるようになっています。この機能でローソンはかなりの集客効果になったといいます。また地方自治体や飲食店などもこの機能を活用して、ユーザーとの接点を持ち、集客に役立てています。

ヤフーのPayPayリテールギフト

ヤフーが提供するPayPayリテールギフトは、Yahoo! JAPANのサービス内に掲載されるオンライン広告で、キャンペーンを告知し、ユーザーに対してキャンペーン対象の店舗での商品購入を訴求するというものです。ユーザーは、キャンペーンサイトで応募・抽選し、キャンペーン対象の店舗に来店、対象商品を購入します。購入時にスマートフォン決済サービス「PayPay」で決済すると、PayPayボーナスライトが付与されるというものです。

Yahoo! セールスプロモーション PayPayリテールギフト（図2.9.1）

※画像はイメージです。

「PayPayリテールギフト」は、Yahoo! JAPANのサービス内に掲載されるオンライン広告でキャンペーンを告知し、ユーザーに対してキャンペーン対象の店舗での商品購入を訴求します。
ユーザーは、キャンペーンサイトで応募・抽選し、キャンペーン対象の店舗に来店、対象商品を購入します。購入時にスマートフォン決済サービス「PayPay」で決済すると、PayPayボーナスライトが付与されます。

SmartNewsのクーポンチャネルの活用

ニュースキュレーションアプリSmartNewsでは、人気のタブに、クーポンチャンネルがあります。

そこで、ファーストフードやコンビニエンスストアなどのクーポンを取得することができます。多くのユーザーを抱えるSmartNewsのアプリで、またユーザー体験がよいデザインで構成されていることもあり、利用率が高い施策になっています。

また、飲食店だけでなく、メーカーも広告を出すことができ、サンプリングをしたい商品の告知を行い、やユーザーが応募・抽選し、コンビニエンスストアなどで引き換えができるというものです。

位置情報を使った楽天Super Point Screen

スマホからのGPS、位置情報を使ってアプローチする手法もあります。楽天が提供するアプリ、スーパーポイントスクリーンは、ユーザーに許諾を取って位置情報を収集しており、アプリ上に表示される広告をタップすることや、動画を視聴することで、楽天ポイントが貯まるアプリで、明確にユーザーにデータの利用許諾を取得することで、位置情報をもとにしたターゲティング広告を可能にしています。

具体的には、対象とするお店の半径一キロ以内にユーザーが近づいたときに広告を提示したり、また別途提携するビーコンと連携することで、お店に来店したことを計測することができたりします。

Googleの「来店コンバージョン」

Googleでは「来店コンバージョン」と呼ばれるサービスを展開しています。これは、ロケーション履歴をONにしているユーザーのサンプル集合を合計する手法です。ロケーション履歴をONにしているユーザーに広告を配信し、クリックした後の来店を計測します。

Facebookの位置情報を活用した広告

スマホの位置情報や登録されている居住地情報などを活用して、お店などの近くにいる人を指定して広告を表示することができます。

これまで見てきたように、このO2Oという分野は、国内外の主要インターネットプレイヤーがひしめき合って取り組みをしています。

ECはかなりの勢いで普及してきていますが、まだ多くのものは、実際のリアルの店頭で買われています。その意味で、このO2Oの市場は、まだまだ活性化していくと思われます。

そしてOMOへ

インターネットに常時接続しているのが当たり前になったいま、**OMO**という言葉が生まれています。OMOとはOnline merges with Offlineの略で、シノベーションベンチャーズの李開復（リ・カイフ）が提唱した言葉です。

O2Oが、オンラインからオフラインへの誘導をメインにし、そのオンラインチャネル、オフラインチャネルというのを意識していたのに対し、OMOは、常時インターネットにつながっているので、その境目を意識しない、融合した世界を意味します。

ユーザーは、そのとき、そのときで最適な手段で企業とつながり、また企業側もユーザーとの接点を購買時だ

楽天Super Point Screenの位置情報広告（図2.9.2）

ユーザー位置情報を活用した
効果的な広告配信を実現
Rakuten
Super Point Screen
広告ページを閲覧するだけで
楽天ポイントを獲得できる
おこづかいアプリ。
スマートフォンの待ち受け画面
ユーザー位置情報を活用した
広告配信が特徴。
お買いものパンダと学ぼう
楽天ポイント
お楽しみ図鑑
ポイントGETのヒント
Pasha
お得
キャンペーン
ポイント
貯まる
コーナー

けではなくふだんから持つことで、よりよい顧客体験を提供していこうとするものです。

ＯＭＯ先進国と呼ばれる中国の例を紹介しましょう。

アリババグループの取り組み

日本にＯＭＯの概念を浸透した書籍「アフターデジタル　藤井保文・尾原和啓著　日経ＢＰ」の中で以下のように紹介されています。

中国の巨大プラットフォーマーであるアリババグループでは、「フーマー」というＥＣ機能を持った生鮮食品スーパーマーケットを運営しています。オンラインで注文すると、店舗の三キロ圏内であれば三〇分以内に自宅に配達してもらえます。

また、実際のお店では、専用端末を持ったスタッフがオンラインで入ってくる注文を受け、荷物をどんどんピックアップしていきます。壁に備え付けられたハンガーに引っ掛けると、ベルトコンベアーが動いて、店内を通り抜けて、配送センターまであっという間にたどり着きます。

フーマーのユーザーは近所にお店があると、実際にお店にも行くことがあります。そこで、オンラインでの注文が、お店の中で動いているのを見て、実際に自分が頼んだ食品はこうやって届くのだとわかり、安心して生鮮食品などもオンラインで頼むようになるようです。

フーマーの店舗は、実際の店舗でもあり、ＥＣの倉庫でもあり、配送センターでもあり、生鮮食品の実践販売の場やレストランにもなっているのです。

また、すべての購買がアプリに集約され、ユーザーに最適化されたクーポンが提供されるようになっています。

まさにオンラインでつながっていることを前提とした中で、様々な顧客接点を、その都度都度で最適にデザインしていく、そういうことがＯＭＯ時代に求められているといえます。

10 注目される動き② D2C

二つ目のキーワードはD2Cです。ユーザーと企業（ブランド）が直接、ダイレクトにつながる世界観を指します。新しい言葉ではありますが、昔からあった直販やSPAという言葉との共通点もあります。

D2Cブランドの特徴

D2Cは、Direct To Consumerの略で、アメリカで始まった概念ではありますが、すでに日本国内でも根付きつつあります。

D2Cは狭義にはデジタル起点で始まったブランドのことを指し、アメリカの事例だと、眼鏡を扱うWarby Parkerやマットレスを扱うCasperなどが挙げられます（図2・10・1）。日本ではオーダースーツを扱うFABRIC TOKYOなどが挙げられます。

D2Cは、文字通り小売りを通さず、ブランドがユーザーにダイレクトに販売するモデルですが、いくつかその特徴を紐解いていきましょう。

まず一つにはブランドの明確なコンセプトや世界観、フィロソフィーがあることが挙げられます。プロダクトを売る、というよりもライフスタイルを売る、という言い方がしっくりくるかもしれません。

ブランドが目指すこだわりや、考え方、大事にしていることなどを直接ユーザーにコミュニケーションすることで、ユーザーにそのブランドのファン、支持者、応援者になってもらうことを大事にします。

小売などを通さないことで、自分たちの商品を自分たちが語りたい文脈でしっかりと伝える。ECを販売チャネルとしてスタートすることで、店舗を持つ必要がなく、また細かにターゲティングできるインターネット広告を活用したり、ブランドの公式アカウントを使ったSNSを使って情報を発信したりすることで、ファンの数を増やしていきます。これも、インターネット広告が発展し、ECが普及していることが後押しをしています。

　また他の特徴として、ユーザーを顧客というよりも、その世界観を共にする同志、コミュニティとして扱うというのがあります。例えば、新

D2Cブランドの例（図2.10.1）

▼WARBY PARKER

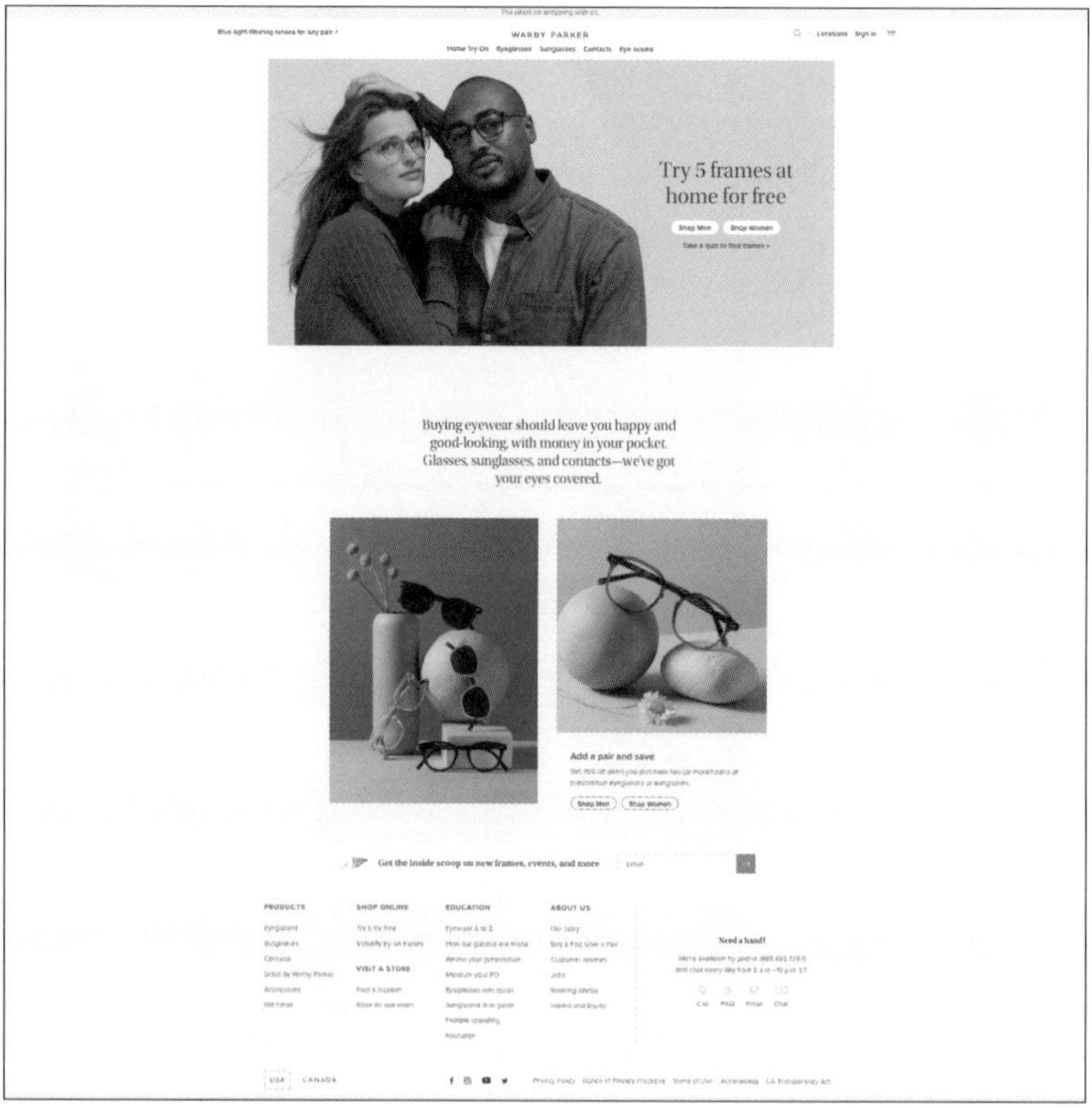

商品の発売前にユーザーから意見を言うことができたり、また商品を買って終わりではなく、買ってから始まるブランドとの関係性を作り出したりします。

直販、という言葉だけだと、小売を介さない、という意味合いが強く、SPAというとメーカーと小売が一体になったという意味合いで、どちらも販売業態やビジネスモデルに主眼を置いた言葉に対してD2Cは顧客との関係に重きを置いた言葉だといえます。

その証左として、最初はECで始まったD2Cブランドもより顧客接点を持ち、顧客体験を豊かにしようとすると、実店舗を持ち出すことが多くあります。

広義では、AppleはD2Cブランドということもできると思います。ブランドのフィロソフィーを持ち、その世界観に基づいてプロダクトを展開していく様は、先ほどの述べたD2Cの特徴をすべて持っています。またAppleも、Apple Storeを持ったことで、そのブランドはより強固になったといわれています。やはりリアルの接点というのは、この時代においても顧客体験として欠かせないことが、よくわかります。

日本では、無印良品(MUJI)も、D2Cブランドと呼ぶことができるでしょう。明確なコンセプト、世界観は、ぶれることなく多くのファンの心をとらえています。

D2Cブランドの課題

ではこれから新しくD2Cブランドを立ち上げる場合、またはすでにスタートしているにも関わらずうまくいかない場合、どんな課題があるのでしょうか。

一つには、そのコンセプトや世界観を知ってもらうにも、それに興味を持ってくれるユーザーにアプローチする必要があります。そこには、ビッグデータを持つプラットフォームでの広告を効果的に使う必要も出てくるかもしれません。

もう一つの方法は、楽天のようなすでに市場に浸透しているプラットフォームと組むことが考えられます。楽天のようなプラットフォーマーは多くのユーザーの購買データを持ち、多くのユーザーが訪れる場所です。その利点を生かすことでD2Cブランドの課題を解決し、その強みをさらに大きくしてくことができるかもしれません。

11 存在感が高まるWalled Garden

成長著しいインターネット広告ですが、媒体ごとの売上額でみると、ある特定の企業で大きなシェアを占めているのがわかります。いくつかの企業でマーケットの六〜七割を占めていると見られ、その傾向は加速しているといえます。その内容を見ていきましょう。

Walled Gardenとは何か?

もともとは、「壁に囲まれた庭」という意味ですが、そこから転じて、大手のプラットフォーマーが、自社サービス内に極力ユーザーを留まらせようとする施策を総称し、「クローズドプラットフォーム」と同義語となります。広告業界では、そこからさらに転じて、その在庫をアドエクスチェンジなどに流さず、DSPやアドネットワークなどを介して買えない媒体のことを指しています。

その媒体の在庫を買おうとすると、その媒体社、プラットフォーム企業の広告バイイングシステムからでしか買えない、という状態のことを指します。

Googleや、Facebook、Amazon、Twitterなどが代表的なWalled Gardenといえます。GoogleのYouTubeは、以前は他社のDSPから広告在庫を買うことができましたが、二〇一五年でこれを終了し以降は、Googleのプラットフォームからしか広告在庫をバイイングすることはできなくなりました。

Walled Gardenは、膨大なユーザーのデータを持ち、広告の配信の最適化を行うことができます。それがさらにそのプラットフォームを強くするというサイクルができ上がっています。

Open Internetの世界

Walled Gardenと対になるものがOpen Internet(Open Webとも呼ぶ)というものです。多くの媒体社はこの

Open Internetのほうに属し、アドエクスチェンジなどに在庫を提供しています。

広告媒体の価値は、そのユーザーの接触時間に比例することはよく知られていることですが、興味深いことにWalled GardenとOpen Internet媒体のユーザーのメディア接触時間を比較すると、Walled Gadenが五〇%、Open Internetも五〇%となっていました。しかし、広告費収入は、Walled Gardenが七〇%、Open Internetは三〇%と、大きくバランスを欠いた状態だったとのことです(図2・11・1)。

これはユーザーの接触時間から考えるとWalled Gardenが過大評価されているといえるかもしれません。しかし、Walled Gardenは多くのユーザーを抱え、多くのデータを持っており、その広告配信のテクノロジー、AIなどが進んでおり、広告主や広告代理店にとって非常に使い勝手がよい存在です。広告代理店もリソースの限界もあり、広告を運用するトレーディングデスクが扱うプラットフォームを絞る傾向にあります。日本においては、Google、Yahoo! JAPAN、FacebookおよびInstagram、LINE、Twitterという五つのプラットフォームでインターネットを利用するほぼすべてのユーザーにリーチができるため、その存在感が非常に大きくなっています。

インターネット媒体社の今後の課題

一方で、Open Internetは新聞社サイトなど、一次情報(自ら取材した情報)を多く発信してくれており、その制作費などコストが掛かっていることを考えると、Open Internetに正当な収益が配分される構造を作らないと、各媒体社は、非常に苦しい状況になってくるといえます。

いま、多くの媒体社にとってGoogleのアドエクスチェンジからの収益が大きなものになっています。自分たちの在庫をGDNという巨大なデマンドによってマネタイズしてもらえることは非常にありがたい反面、頼りすぎる怖さも出てきます。

アメリカの新聞業界ではニューヨークタイムスが紙の新聞の購読者をデジタルの購読者が上回り、成功している媒体社も出てきています。自社ユーザーを会員化し、定期購読のサブスクリプションモデルなど幅広いビジネスモデルの検討や、広告の受注方法もアドエクスチェンジに頼らない方法を模索していくことが必要になってき

Walled Gardenによる支配（図2.11.1）

ユーザーの全デジタル・メディアにおける1日の利用時間の比率に比べ、デジタル広告費の大部分がGoogleやFacebookといった大手のプラットフォーム（Walled Garden）で使用されています。

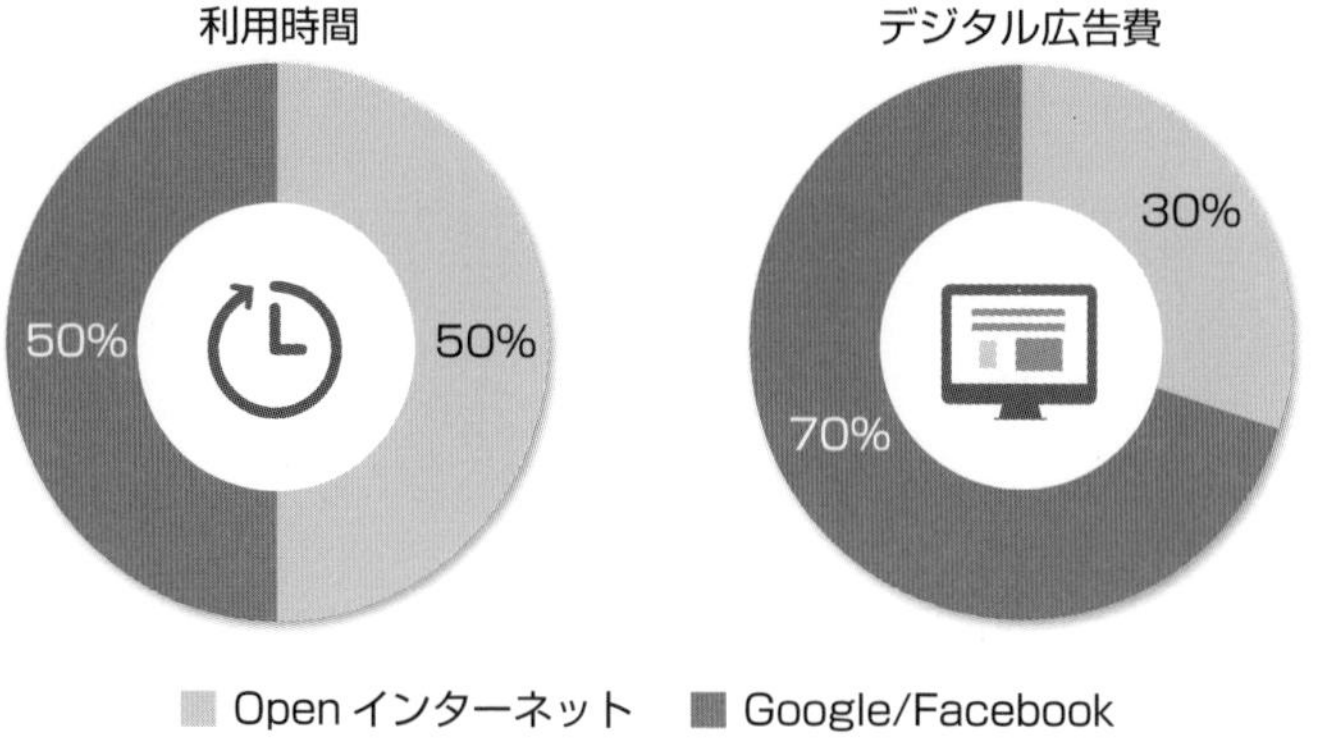

出典：Time Spent, Nielsen US DCR trends (June-Sept 2018): Google (34%), Facebook (15%)
出典：Digital Ad Spend, eMarketer, 2019 (34.2% non-duopoly in 2018), ExchangeWire, Europe non-duopoly 24.4%
出典：https://www.exchangewire.com/blog/2018/03/29/20-percenters-survive-duopoly/

2019年　日本におけるトータルデジタルリーチTOP10（図2.11.2）

ランク	サービス名	平均月間リーチ
1	Google	56%
2	Yahoo! JAPAN	54%
3	YouTube	50%
4	LINE	48%
5	Rakuten	41%
6	Facebook	41%
7	Amazon	38%
8	Twitter	36%
9	Instagram	30%
10	Apple	27%

ソース：ニールセンデジタルコンテンツ視聴率　PCは2歳以上、スマートフォンは18歳以上の男女
※Brandレベルを使用　※リーチは日本の2歳以上の人口をベースに算出
※2019年1月から10月までのデータ：平均月間リーチ
※モバイルキャリア系サービスを除いて集計
※AppleはiTunes Radio/iCloud含む
出典：ニールセン2019年日本のインターネットサービス利用者数／利用時間ランキング

ているといえます。

サードパーティークッキー、IDFA

多くの媒体社にとって、もう一つ大きな問題が出てきています。**サードパーティークッキー**の規制やIDFAの利用にあたってのオプトインなど、プラットフォーマーが作り出していく新たなルールや規制などです。

Googleは、二〇二〇年一月、自社のブラウザ「Chrome」において二年以内にサードパーティークッキーの利用サポートをやめる方針を発表しました。

クッキーは、サイトを訪れた訪問者のブラウザに記録を紐づけるキーのようなものです。ファーストパーティークッキーとサードパーティークッキーがあり、ファーストパーティークッキーは、その当該サイトのドメインから発行されているクッキーで、例えばユーザーのログイン情報を保持し、前回見たサイト履歴を表示するために使用されるなど、ユーザーの利便性向上に使われるため、規制の対象ではありません。

一方でサードパーティークッキーは、そのサイトのドメインとは違う第三者のドメインから発行されており、広告の配信や計測など、複数のサイトをまたぐときに利用をされています。利用者にとっては直接的には利便性にあまり関係がありません。昨今のユーザーのプライバシー意識の高まりを背景に、Googleはそのような発表をしたという流れです。

広告における影響としては、DSPやアドネットワークで広告を配信するときにユーザーのセグメンテーションをするときに使っていたクッキーが使えなくなること、また広告の効果を計測するCVなどが配信媒体と紐づかなくなることなどが考えられます。このままだとアドネットワークやアドエクスチェンジに依存しているOpen Internetの媒体社にとっては大きく収益が下がる可能性があります。

なお、AppleのブラウザSafariでは同様の規制はすでに始まっていてITP（Intelligent Tracking Prevention）と呼ばれています。

またIDFAというのはiOSの端末に振られる広告識別子、Identifier For Advertisingの略称です。Androidの端末の場合はADID（Advertising ID）といいます。もともと、広告用の識別子だったため、利用規制は入らないのではないかと広告業界関係者は考えていましたが、二〇二〇年六月、Appleはｉ ＯＳ14から、ＩＤＦＡの取得をこれまでの**オプトアウト**形式（同意前提がデフォルト、拒絶したい人は個別申請する形式）から、**オプトイン**形式（明確な同意を最初に必要とする形式）に変更することを発表しました。これによりＩＤＦＡ取得の同意をアプリごとに取る必要が生まれ、同意がないユーザーの広告計測や広告配信のターゲティングはできなくなりました。

サードパーティークッキーの規制は広告を生業としているGoogleが発表したという衝撃、ＩＤＦＡのオプトインは広告識別子としてそもそも作られていたものがオプトインになるということで、それぞれ広告業界に大きなインパクトを与えました。その後、ｉＯＳ14での導入はいったん見送られましたが、二〇二一年には導入される予定です。

どちらもユーザーのプライバシー意識の高まりを受けた動きですが、媒体社にとっても、広告主にとっても大きなインパクトを与えるものです。

ファーストパーティークッキーやID、そしてコンテンツが重要に

こうした一連の流れを受けて、クッキーやＡＤＩＤ、ＩＤＦＡを使わない動きもあります。

例えば新しい広告識別子（Identityfier）として、ユーザーからの同意を基に媒体社が発行するＰＰＩＤ（Publisher Provided ID）や、メールアドレスなどのＰＩＩ＊を暗号化した情報などがあります。

また、コンテンツのジャンルによるターゲティング手法は、広告とコンテンツとの親和性を高めることができるため、改めてコンテンツの重要性も指摘されています。

何よりも、ユーザーのプライバシー保護に注視し、ユーザー体験を阻害しない形での広告価値の最大化を行うことが重要になっています。

用語解説

＊PII　Personally Identifiable Informationの略。個人を識別することができる情報。

12

インターネット広告の品質課題

爆発的な成長を続けるインターネット広告ですが、一方でその特性から生まれてしまった課題もあります。インターネット広告が抱える品質の課題についてここでは解説していきます。

アドフラウドの衝撃

二〇一七年一月、世界的なデジタルマーケティングの業界団体であるIABが主催するセミナーにおいて、非常に大きなインパクトを広告業界に与えたスピーチがありました。

世界最大の広告主の一つであるP&Gの最高ブランド責任者のマーク・プリチャード氏が示した「透明性の担保された媒体としか取引をしない」というものです。

これは、インターネットの広告インプレッションやクリックは、人間ではない機械、「bot」と呼ばれるものによってされているケースがあるというものでした。広告の課金は、クリック課金のものも多く、そのクリックがユーザーのものではなく悪意をもったプログラマーによって開発されたbotによって不正に行われていたとすると、広告主にとっては、広告費の無駄打ちになるだけでなく、そのような資金は反社会勢力に流れる可能性も大きく、決して看過することができない問題です。これら一連の不正な行為を**アドフラウド（広告詐欺）**と呼びます。

このスピーチをきっかけに世界中で広告不正インプレッション、不正クリックなどに対する意識が一気に高まりました。

ブランドセーフティ

　また企業の広告が、思わぬ広告面に掲載されることがあります。例えば違法ダウンロードサイトや、麻薬密売のような完全に違法のサイトに表示されるケースや、違法ではないものの、アダルトサイトや特定の主義思想に偏ったサイトなどに表示されるケースです。

　また逆に、非常に優良なサイトにも関わらず、そこに配信される広告が、信用性の低い怪しい広告主のようなケースもあります。

　まともな広告主の広告と、怪しい広告が同時に掲載されると、まともな広告主も、怪しい広告主と同列のように見え、ブランド毀損のリスクが高まります。

　これらは、インターネット広告が予約型で行われていたときには基本的に起きなかった問題です。広告主が一つひとつの媒体を審議し、意思を持って媒体を選んでいるので、広告主にとって不適切な媒体に広告が掲載されることは起こらない問題でした。また、媒体社も、広告主や広告表現などをしっかりと審査、考査するので、怪しい広告主や広告表現はユーザーの目に触れる前に拒絶されていたのです。

　このように、予約型の広告においては、「NG媒体」と「NG広告主」は、広告発注の過程において必ず審査され、健全な媒体や健全な広告主とは一線を画すことができていました。

　ところが、2-6節で見てきましたようにインターネット広告において運用型広告が中心になり、アドエクスチェンジで様々な広告主、広告媒体が交じり合う、まさに玉石混交の状況が作り出されました。そのため、根本の対策としては、この「NG媒体」「NG広告主」と一線を画することが重要になってきます。この一連の取り組みを**ブランドセーフティ**と呼びます。しかし、実際にはクリック数やCV件数を重視するあまり、掲載媒体を特に制限なく発注するケースなども散見されます。ここに対しては「NG媒体」に広告が出れば広告主のブランド毀損、「NG広告主」が自社媒体に出れば、媒体社のブランド毀損になりますし、またそのようなNGな企業は反社会勢力につながっている可能性もあり、しっかりとした対策を講じることが必要になります。

ビューアビリティ

広告主、媒体社両者にとって重要な課題に**ビューアビリティ**があります。

これは、広告が配信されたときに、人が視認できる状態になっていたかどうか、というもので、視認できる状態というのは基準があります。デジタル広告の業界団体である**日本インタラクティブ広告協会**（ＪＩＡＡ）では、ディスプレイ広告の場合は連続一秒以上、かつ広告バナーの面積の五〇％以上が視認可能な状態にあること、動画広告（インストリーム）の場合は連続二秒以上、かつ五〇％が視認可能な状態であることとされています。

この基準を下回ったから、すなわち効果ゼロというわけではありませんし、広告の体験の問題であって、違法性や反社会勢力との関連性があるアドフラウドやブランドセーフティとは違う次元の課題となります。

これに関連して**アドエクスペリエンス**という言葉もあります。これはユーザーの広告体験のことを指しており、例えばいくら目立つからといって、スマホのスクリーン全面に広告は出てきて、閉じるボタンがわかりにくいものや、同じ掲載面に、同じ広告内容が複数、または大量にある状態などは、決して広告体験としてよいものとはいえません。たとえクリックされたとしても、それは広告を閉じるボタンを押そうとして間違ってＬＰに遷移しただけかもしれません。

そのような広告で広告体験が悪いものになってくると、ユーザーが広告そのものを表示させない、**アドブロック**のようなツールを使いだすことも考えられます。広告が表示されないわけですから、広告によるマネタイズができず、いままで無料で成り立っていたインターネットサービスが立ち行かなくなり、サービス終了などとなれば、結果的にユーザーに不利益となりえます。

このように広告体験をきちんとユーザーに寄り添って設計することは、インターネットサービスのエコシステムを維持、拡大していく上で必要不可欠といえます。

デジタル広告の課題に対するアドバタイザー宣言

このような課題を受け、広告主の団体である**日本アドバタイザーズ協会**（ＪＡＡ）は二〇一九年一一月「デジタル広告の課題に対するアドバタイザー宣言」を出しました（図2・12・1）。この中で、業界を構成するすべてのステークホルダーが、「宣言」に掲げた八原則に基づく行動となることを望んでいる、と述べられています。

また、同時にアドバタイザーが持つべき倫理観についても触れています。出稿した広告の行き先への責任や広告の社会環境に対する営業への責任について言及されており、デジタル広告にかかわる一人一人が担っていることを自覚すべき、とまとめられています。

またこの宣言を受けて、日本アドバタイザーズ協会（JAA）と**日本広告業協会（JAAA）**、日本インタラクティブ広告協会（JIAA）の広告業界三団体は共同で、「デジタル広告の課題解決に向けた共同宣言」を二〇二〇年二月に発表し、その後、十二月には、三団体による「デジタル広告品質認証機構（JICDAQ）」の設立することが発表されました。

まさに広告主、広告代理店、媒体社、アドテクロノジーベンダー、広告プラットフォームなどの関連会社が業界を横断して、デジタル広告の品質問題の解決に取り組もうとしています。

JAAによる「デジタル広告の課題に対するアドバタイザー宣言」（図2.12.1）

デジタル広告の課題に対するアドバタイザー宣言
生活者のよりよいデジタル体験と、健全な業界発展のために

1. アドフラウドへの断固たる対応
2. 厳格なブランドセーフティの担保
3. 高いビューアビリティの確保
4. 第三者によるメディアの検証と測定の推奨
5. サプライチェーンの透明化
6. ウォールドガーデンへの対応
7. データの透明性の向上
8. ユーザーエクスペリエンスの向上

http://www.jaa.or.jp/wp-content/uploads/2019/11/JAA_proclamation.pdf

13 データ活用と個人情報保護のせめぎ合い

インターネット上の検索履歴や行動履歴、購買履歴がログとして蓄積される現在、これらのデータがターゲティング広告に利用されています。その一方で、基本的人権の立場から、個人情報保護の強化が進展しています。GDPRやCCPRはその典型です。

GDPRとは何か

デジタル広告では、個人を特定しない範囲で、検索履歴や行動履歴、購買履歴を蓄積できます。これらのログは広告をはじめとしたマーケティング活動にとって極めて重要です。

例えば、私がある人物の評伝を書いている際に、その人物の死後一年の法要について書く必要があったとします。その際、この一年後の法要が、一周忌なのか一回忌なのかうろ覚えだったため、ネットで検索しました。するとその後、いろいろなサイトに行くたびに、お葬式に関する広告が頻繁に出るようになりました。

実はこれは筆者が実際に体験したことであり、検索履歴がログとし残り、その情報にマッチする広告が、筆者の利用するウェブ・ブラウザに送られてきたということです。このようなことが続けば、どこか監視されているようで、誰しも気味の悪さを感じるに違いありません。しかもこうした個人に関わる情報が、大手IT企業にガッチリと補足されているのが現代です。

このような背景もあり、企業による個人情報の利用が厳格化されてきています。二〇一八年からEUで施行された**一般データ保護規則**（GDPR＊）もその一つです。同

第2章　最新の広告技術を理解する

用語解説
＊GDPR　General Data Protection Regulationの略。

ルールでは、EU域内の消費者や労働者の個人データの使用やプライバシー保護を厳格化するもので、違反すると莫大な制裁金が課せられます。またこのルールは、EU域外の企業が、EU域内の個人データを収集使用する際にも適用されます。

実際、一九年には、フランスのデータ保護規制当局が、Googleに対してGDPR違反の廉として五〇〇〇万ユーロ(約六二億三二〇〇万円)もの制裁金を科すことを決定しました。違反の理由の一つとして、集められたデータがターゲティング広告に使用されるにもかかわらず、利用者への説明があいまいで、データ利用に対する利用者の明確な同意があったとはいえない、という点がありました。

しかしながら、個人データの使用・プライバシー保護に対する日本企業の意識は、決して高いといえないのが現状のようです。NRIセキュアテクノロジーズが行ったGDPRへの対応状況に関する調査によると、「対応済み」「対応中・検討中」と回答した米国企業は前者が二一・三%、後者が五一・二%で、合わせて**七二・五%**になりました(図2・13・1)。

これに対して日本企業は、「対応済み」が八・五%、「対応中・検討中」が一六・三%と、両者を合わせてわずか**二四・八%**にしか過ぎませんでした。日本企業の関心の低さが明瞭になる結果です。

Appleの個人情報保護強化

GDPR以外にも同様の動きが見られます。**カリフォルニア州消費者プライバシー法(CCPA＊)**もその一つです。こちらは名称が示すように、米カリフォルニア州が設けたプライバシー保護規制で、五万人以上のカリフォルニア州民のデータを販売し、その売上が総売上の半分以上を占める企業を対象にしたものです。

このような背景からでしょうか。Appleでは二〇年秋に投入するiOS14から、自社の製品上でターゲティング広告を制限する機能を追加すると表明しました。これにより、アプリ向けにターゲティング広告を配信しているFacebookなどは大きな影響を受けると予想されています。なお、Appleの新措置は、影響の大きさからか二一年まで延期されました。しかし早晩導入されることは必至でしょう。

用語解説

＊**CCPA**　California Consumer Privacy Actの略。

GDPRへの対応状況（アメリカ企業と日本企業）（図2.13.1）

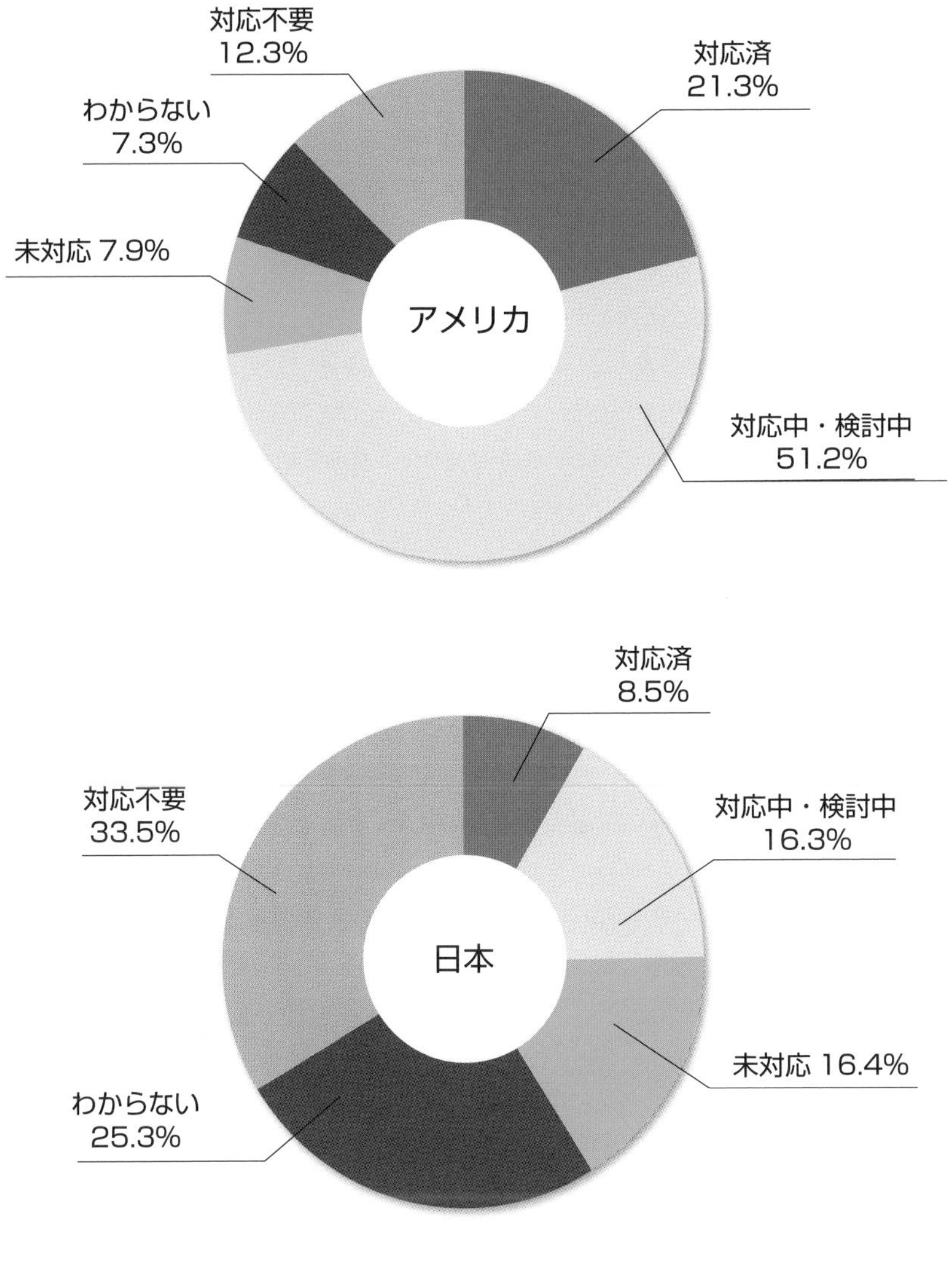

出典：野村総合研究所『ITナビゲーター2020年版』

column

バーチャル世界とバーチャルヒューマン

かつて2000年代に一世を風靡したセカンドライフというウェブサイトがありました。ユーザーによって創られた、インターネット最大の3D仮想世界という触れ込みで、そこにはリアル世界とは別の世界が拡がっていました。企業はリアル世界と同様に、店舗を出したり、看板を出したりしたものです。ところが、思うようにユーザーが集まらず、広告効果が上がらず、企業は撤退していきました。

バーチャル世界を創る試みは、その後も続いていますが、2020年、コロナウィルスという思わぬ災害で一躍脚光を浴びることになりました。日本のクラスター社の「バーチャル渋谷」はauのスポンサードで渋谷の街をアバターが自由に動き回ることができるようになっています。また、HIKKY社では、「バーチャルマーケット」というイベントを開催しており、その都度、バーチャル世界を構築し、出品者などを募っています。バーチャルマーケット４ではアウディが出展しており、試乗も可能でした。これらのバーチャル世界は、アクセスするのに手間がかかるのでまだ一般に浸透しているといえませんが、これからの発展が気になります。

バーチャルヒューマンはご存じでしょうか。日本では、夫婦によるCG制作ユニットTELYUKA（テルユカ）による、フルＣＧの女子高生キャラクターSayaが有名です。静止画や動画で、本当に存在している女子高生のように見えるリアルさが話題です。また、Aww（アウ）社ではバーチャルモデルを複数人抱えています。中でもimmaはSNSで多くのフォロワーを持ち、ファッションやコスメのスポンサーを抱え、綾瀬はるかさんとも共演、雑誌の表紙にもなりました。刃物メーカーの貝印は、MEME（メメ）というバーチャルヒューマンを広告に起用しました。アパレルのGUは、独自にYU（ユウ）というバーチャルモデルを登場させ、水川あさみさんや中条あやみさんと共演させています。

海外でも、SNSのファンの多いリル・ミケーラや、企業独自のものとしては、KFCでイケメンのカーネル・サンダースがバーチャルヒューマンとして活躍しています。

インフルエンサーという意味では、バーチャルYouTuber、通称Vtuberも見逃せません。例えば、2006年にデビューしたキズナアイはローソンや日清食品など多くの広告にも出演しています。

これら、バーチャルヒューマンやVtuberは、実在する人物と違ってトラブルを起こしたり、炎上リスクが小さいことがメリットの一つといわれています。ネットやSNSとの相性がよいので、今後も広告シーンで活躍していくことが予想されます。

第3章

広告媒体の種類とその動向

媒体の数だけ広告がある

広告には、広告メッセージをのせる器が必要になります。この器のことを「媒体」、または「メディア」と呼びます。したがって、広告に詳しくなるには、自ずと媒体について詳しくなることが不可欠です。本章では、四大マスメディアとその他のメディアとの関係を見た上で、いまだ有力な広告媒体の一つであるテレビ、そして、ラジオ、新聞、雑誌の各メディアについて解説します。

1

そもそも媒体とは何なのか

広告業界でいう媒体とは「商品と顧客の間をとりもって、商品の情報やメッセージを伝達するもの」、いわば広告という情報をのせる器のことです。媒体には多様な種類があります。そして媒体の価値によって利用料も変わってきます。

媒体とは何か

「媒体」という言葉を広辞苑で調べると、「媒介するもの。伝達の媒介となる手段。メディア」という意味が列挙されています。媒体とは媒介するもの、すなわち**メディア**です。では、「媒介」とはどういうことでしょう。同じく広辞苑で調べると、「双方の間に立ってとりもつこと。なかだち。とりもち。きもいり」となっています。

一方、私たちが本書でテーマにしているのは広告についてです。そのため、本書で取り扱う媒体すなわちメディアは「広告媒体*（メディア）」に限定できます。となると、本書でいう媒体とは、「双方の間に立って広告をとりもつもの」ということになります。さらにかみ砕いていうと、

> 商品と顧客の間をとりもって、商品の情報やメッセージを伝達するもの

となります。このように、広告媒体とはある意味、商品情報やメッセージをのせる器といえるわけです。

ちなみに、この器（メディア）に意味ある情報が盛られていない場合、人はその器に注意を払いません（意味のない光の点滅を想起してみてください）。その一方で、意味ある情報が盛られると人はその器に注目しますが、注目するのは器自体ではなく、意味ある情報のほうです（光の点滅によるモールス信号を想起してみてください）。

したがって、マーシャル・マクルーハンが著作『メディア

用語解説

＊**広告媒体**　広告媒体のことを**ビークル**と呼ぶことがある。ご承知のようにビークル（vehicle）とは、「乗り物」という意味だ。

＊**メディアはメッセージである**　マーシャル・マクルーハン『メデイア論』（1987年、みすず書房）P7

論』で喝破したごとく、「**メディアはメッセージである***」となるわけです。

媒体社とは何か

広告媒体が「双方の間に立って広告をとりもつもの」だということがわかりました。そして、この広告媒体を自社で所有してビジネスを展開する企業が世の中には多数あります。

このような企業のことを**媒体社***と呼びます。私たちに最も身近な媒体社といえば、テレビ局、ラジオ局、新聞社、雑誌社といったマスコミ四媒体を所有する企業になるでしょう。

駅や電車も広告媒体として利用されます。したがって、鉄道会社も媒体社の一つということになります。通常、鉄道会社の場合、**ハウスエージェンシー***を別会社として作り、自社が所有する交通媒体の販売を委託しています。ジェイアール東日本企画、ジェイアール西日本コミュニケーションズなど、ＪＲ関連の広告会社は、その代表例です。

媒体の種類と価値

種類も多様な媒体には、それぞれの価値があります。需要と供給の原則どおり、媒体価値の高いものほど需要が高まり、媒体使用料も高くなります。

では媒体価値が高いということはどういうことでしょう。どの媒体についても共通していえることは、より多くの人の目に止まる媒体ほど、価値が高いということです。

媒体とは広告メッセージを顧客に届ける乗り物です。したがって、対象顧客が少ない媒体よりも、より多くの顧客に確実にメッセージが届く媒体のほうが、価値が高くなって当然です。

実際、テレビ媒体を利用して、全国ネットでスポット広告を実施する場合、最低でも一億円程度を電波使用料(媒体使用料)として支払わなければなりません*。

これは、テレビが全国の視聴者を対象に、一度にメッセージを発信できるという、広告媒体上の特長からはじき出された媒体使用料といえます。

用語解説

＊**媒体社**　媒体とはメディアを指すが、媒体社のことも「メディア」と呼ぶ。
＊**ハウスエージェンシー**　大手企業が傘下に有する広告会社を指す。一般に親会社の広告活動を手助けするのを主業務にしている。
＊**…なりません**　ゴールデンの全国ネット、30秒、6か月間の総料金。

一方、ある媒体の対象顧客のボリュームが小さい場合でも、顧客層がはっきりしていて、企業のマーケティング上、魅力的である場合、その広告媒体の価値はやはり高くなります。企業の経営層、特殊な職業（医者や弁護士）、比較的高収入な人、オピニオンリーダーらが接触する割合の高い媒体などが、その例です。このような媒体では、少々料金が高くなっても利用したいという広告主が現れるのが常です。

このようなことから、媒体の価値は「**量×質**」で決まるものといえるでしょう。

逆にいうと、量と質をフォローできる広告媒体を開発できたら、一定の広告主を集めることも十分可能というわけです。

媒体とは何か（図3.1.1）

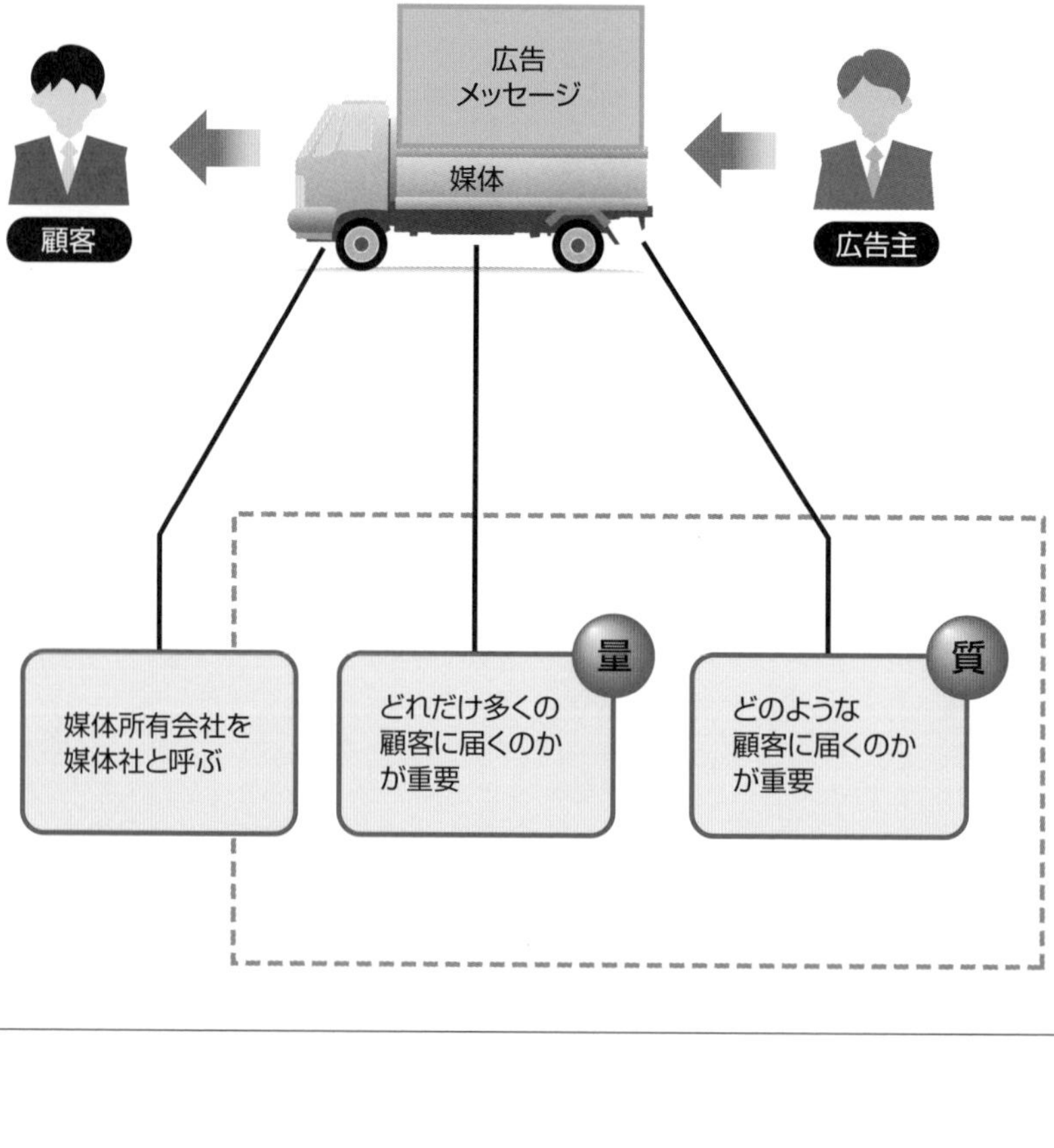

2 極めて多様な広告の種類

広告には様々な種類があります。また、分類方法も様々です。その中で、よく利用されるのが、媒体別に広告を分類する手法です。その代表は大手広告会社のメインの収入源であるテレビであり、またインターネットを中心とした新たな媒体が台頭してきています。

マスコミ四媒体・SP媒体

情報をのせる器、それが**メディア**、すなわち**媒体**です（3-1節参照）。広告媒体には様々な種類がありますが、従来テレビ、ラジオ、新聞、雑誌がその代表でした。これら四つを**マスコミ四媒体**または**四大マス媒体**と呼びます。古くは明治時代から、広告業界はこれらの媒体の隆盛と共に発展してきたといっても過言ではない、広告会社にとっては大事な媒体です。

一方、これらマスコミ四媒体以外のメディアをまとめて**SP媒体**と呼んできました。また最近では、**プロモーション・メディア**とも呼びます。

SP媒体の代表例としては、屋外媒体、交通広告、折込チラシ、ダイレクトメール*などがあります。屋外の看板や交通広告など屋外で接するものすべてを**OOH***という言葉で括ることもあります。

また、フリーペーパー・フリーマガジン、スーパーなどの売り場でよく見かけるディスプレイやサインボードなどのPOP広告、電話帳広告やファーストフード店のトレイマット、ショッピングバッグなどなど、これらもすべてSP媒体の仲間です。さらには博覧会や展示会、イベントなどもSP媒体のカテゴリーに入ります。このように

用語解説

＊**ダイレクトメール**　略してDMという。
＊**OOH**　Out of Home の略。

SP媒体は種類が多彩なのが大きな特徴です。

一方、その存在感を日増しに高めているのが**インターネット広告**です。インターネット広告は二〇〇四年にラジオ広告を抜き、〇六年には雑誌広告、〇九年には新聞広告を抜き去りました。さらに、直近の一九年にはインターネット広告がとうとうテレビ広告を追い抜き、マスコミ四媒体のいずれよりも大きな市場規模に成長しました。本書の旧版ではインターネット広告がテレビ広告を抜くのは二〇年頃と予想していました。しかし、結果はそれよりも一年早まった格好です。

一方、右肩上がりで推移していた衛星メディアは、インターネットの高速大容量化で動画を快適に視聴できるようになったためか、ここにきて停滞から下降に転じています。

このように媒体別に見ると、マスコミ四媒体、SP媒体、インターネット、衛星メディア関連で広告は成り立っているといえます。さらにそれぞれの内訳には、多種多様な広告が存在します。

多種多様な広告媒体（図3.2.1）

マスコミ4媒体	テレビ
	ラジオ
	新聞
	雑誌
SP媒体	DM
	折込み
	屋外
	交通
	POP
	電話帳
	展示・映像他
ネット・衛星	インターネット
	衛星メディア

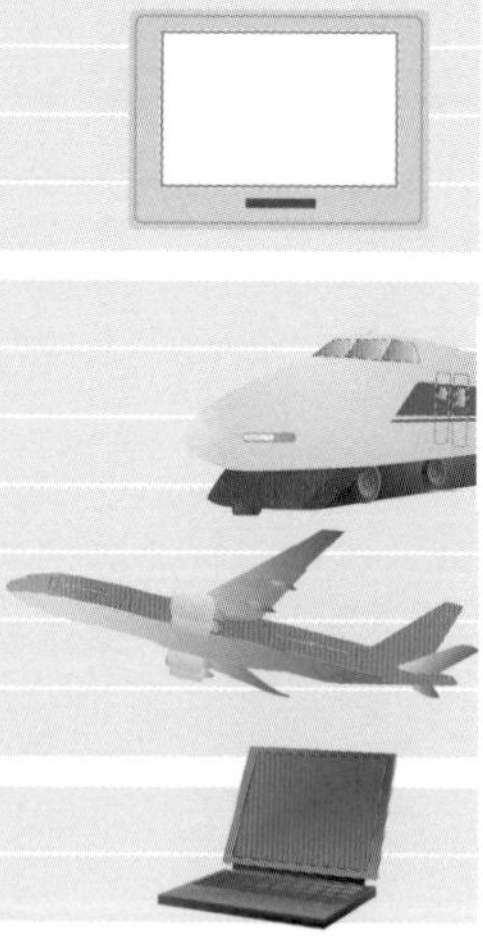

媒体別広告費の推移

次に、従来の花形だったマスコミ四媒体とそれ以外の広告費が総広告費に占める割合を確認しましょう。

電通の「日本の広告費」によると、総広告費に占めるマスコミ四媒体のシェアは、〇五年から連続して前年を下回り、一一年を底にいったん回復しましたが、再び下降に転じました。一一年に四八・九％あったマスコミ四媒体のシェアは、いまや**三七・六％**（一九年）に落ちています（図3・2・2）。マスコミ四媒体における広告費の伸びが総じて低迷していること、これに対してインターネット広告費が上向き傾向にあること、これらがマスコミ四媒体のシェア低下の要因になっていると考えてよいでしょう。

マスコミ四媒体の停滞は、従来のようにマス媒体で広告をすればモノが売れる時代は終わったことを意味しています。

次に図3・2・3は、一六年と一九年について、総広告費に占める各媒体の広告費とその割合を見たものです。目に付くのはやはりインターネット広告の伸びで、一兆三一〇〇億円（一六年）から**二兆一〇四八億円**（一九年）と、三年間で**約八〇〇〇億円**の積み増しになっています。これにより広告費全体に占める割合は二〇・八％から三〇・三％に跳ね上がっています。

一方マスコミ四媒体では、テレビ広告がシェアを四ポイント以上も落とし、新聞・雑誌も市場規模の縮小に歯止めがかかりません。わずかにラジオ広告費が上昇に転じています。このようなことから、一六年から一九年にかけて日本の総広告費の上積みは、インターネット広告費の積み増しよりも少ない**六五〇一億円**になりました。インターネット広告が広告市場全体を牽引していたことがわかります。

多様な広告の手法

なお、広告は媒体の種類ばかりでなく手法も極めて多様です。それもそのはずで、いかにすれば顧客に訴えかけることができるかという模索が、新たな広告手法を次々生み出す結果になるからです。

特にマス媒体に比べて制約の少ないＳＰ媒体やインターネットの世界では、ありとあらゆる手法が試されています。

マスコミ４媒体とそれ以外の広告費推移（図3.2.2）

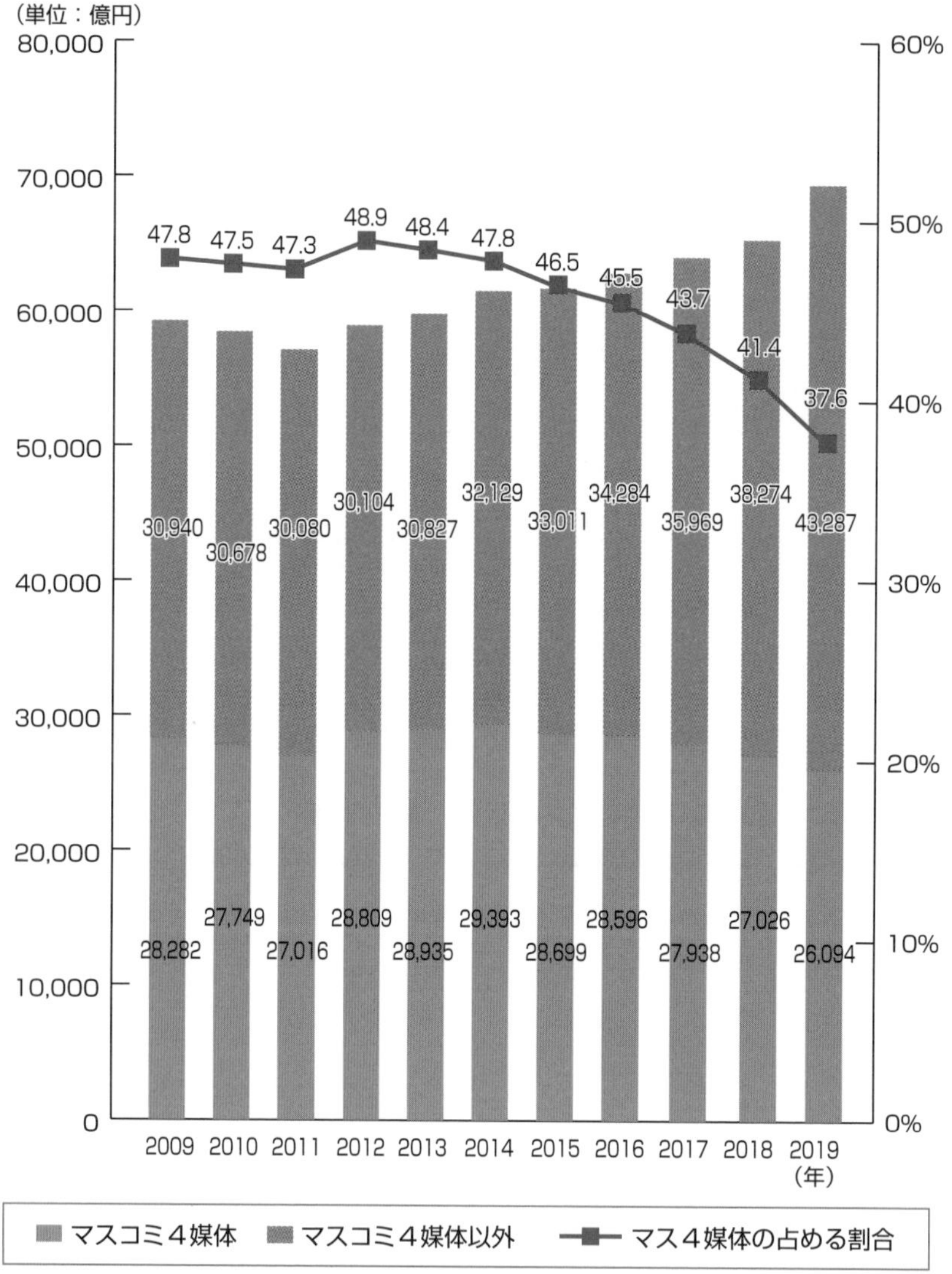

※2014年より、テレビメディア広告費は「地上波テレビ＋衛星メディア関連」と区分し、2012年に遡及して集計した。

出典：電通「日本の広告費」をもとに作成

媒体別広告費の推移（図3.2.3）

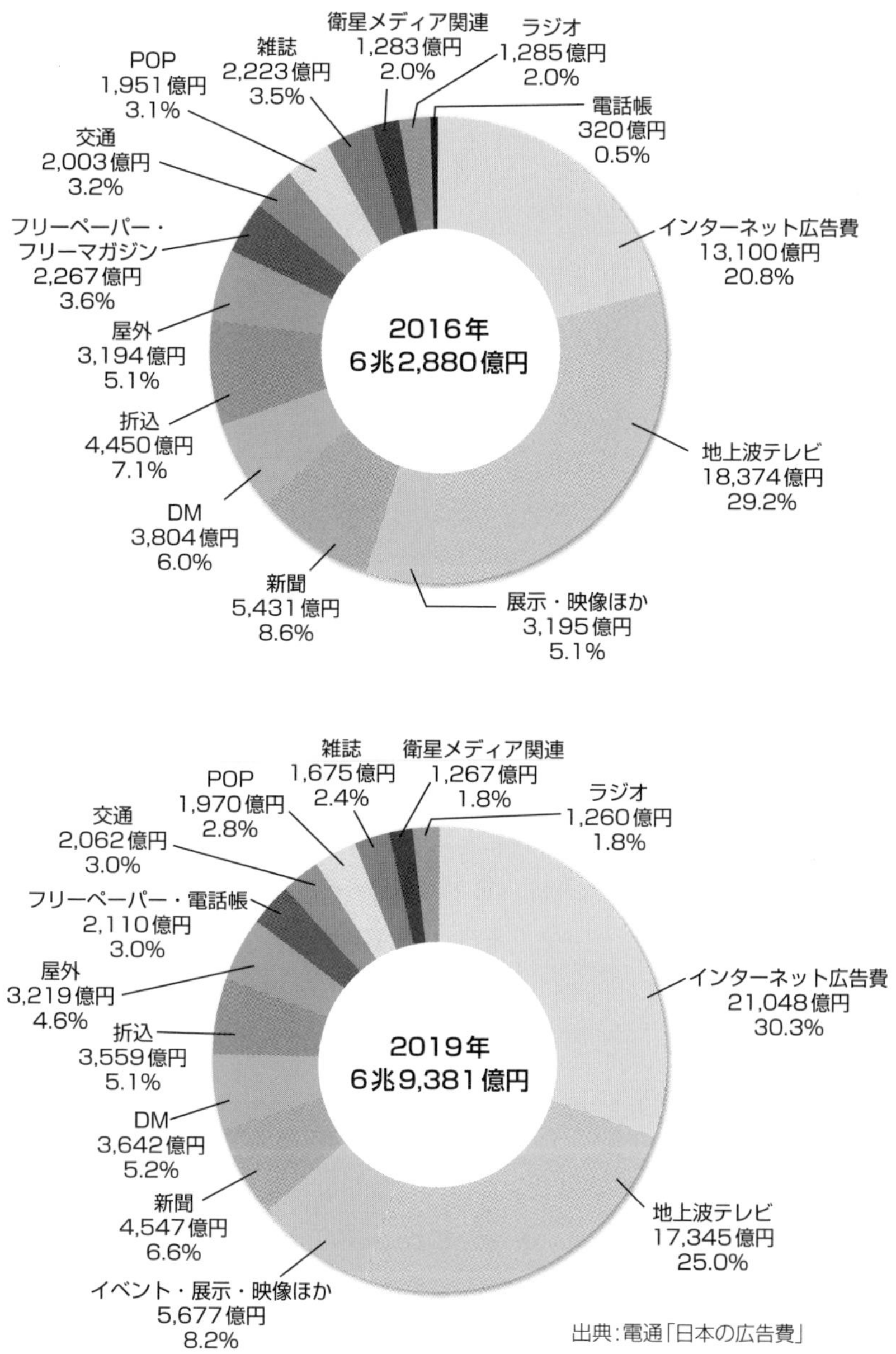
衛星メディア関連
1,283億円
2.0%
ラジオ
1,285億円
2.0%
雑誌
2,223億円
3.5%
POP
1,951億円
3.1%
電話帳
320億円
0.5%
交通
2,003億円
3.2%
インターネット広告費
13,100億円
20.8%
フリーペーパー・
フリーマガジン
2,267億円
3.6%
屋外
3,194億円
5.1%
2016年
6兆2,880億円
折込
4,450億円
7.1%
地上波テレビ
18,374億円
29.2%
DM
3,804億円
6.0%
新聞
5,431億円
8.6%
展示・映像ほか
3,195億円
5.1%
雑誌
1,675億円
2.4%
衛星メディア関連
1,267億円
1.8%
POP
1,970億円
2.8%
ラジオ
1,260億円
1.8%
交通
2,062億円
3.0%
フリーペーパー・電話帳
2,110億円
3.0%
屋外
3,219億円
4.6%
インターネット広告費
21,048億円
30.3%
折込
3,559億円
5.1%
2019年
6兆9,381億円
DM
3,642億円
5.2%
新聞
4,547億円
6.6%
地上波テレビ
17,345億円
25.0%
イベント・展示・映像ほか
5,677億円
8.2%

出典：電通「日本の広告費」

第3章　広告媒体の種類とその動向

3 マーケティングファネルからのメディアプランニング

二〇〇〇年代前半は広告メディアのプランニングとしては、間違いなくTV広告を中心に組まれていました。現在でもTV広告は他メディアを寄せ付けない圧倒的なリーチ力、瞬発力があります。しかし、近年では他のメディアの役割も十分に考えて、総合的な広告出稿プランニングがされています。

テレビCMだけ売れる時代は終わった

かつてはテレビCMを実施すれば、必ず売れる、といったテレビCM神話のようなものがありました。ただし、その頃は、供給よりも需要が多かった高度経済成長期で、「新しい商品が発売される」ことそのものがニュースであり、新商品は何か新しい機能を持っていました。そのため、商品特徴をメインに広告展開をすれば売れる、という図式が成り立ったのです。そして、その先頭に立っていたのがテレビCMだったのです。

しかしながら、近年は、どの会社の商品特徴も、ある程度似通ってきたり、消費者のニーズも多様化してきていたりするため、ただ単純にテレビCMをするだけで売れる時代では通用した「まずテレビCMありき」という考え方を改める風潮が生まれてきました。

テレビ至上主義からの脱却、メディア・ニュートラルへ

このような状況を踏まえ、現在では、その広告を出稿する際に考えられるすべてのメディア（テレビ・ラジオ・新聞・雑誌・インターネット・SPメディア・その他）の中から、公平に、中立にプランニングをすることが求められています。限られた広告予算で、最大限の効果を発揮できるメディア出稿プランを検討するわけです。

このように、かつての「まずテレビCMありき」「広告の王様はテレビCM」といったテレビ至上主義、偏重主義

から脱却し、メディアを中立（ニュートラル）にプランニングする現状を指して、**メディア・ニュートラル**と呼んだりします。現在の広告業界は、テレビCM至上主義の時代は終わり、メディア・ニュートラルで考えることがスタンダードになっています。

マーケティングファネル

またマーケティングファネルからメディアプランを考えるケースもあります。これは、企業がマーケティングを行う際に、ユーザーを「潜在層」「認知層」「興味関心層」「購入検討層」「購買層」などといくつかの層に分け、自社のマーケティング課題から考えると、どのユーザー層に力を入れるべきかを考えていく手法です。

一般的に、この層は上から下に流れていき、そこで少しずつユーザーが減るので、漏斗（ファネル）のように見えることから、**マーケティングファネル**と呼ばれます（図3・2・1）。

例えば、認知は十分にされているベストセラー、ロングセラー商品のマーケティングを考えるとき、認知拡大施策を行っても、あまり意味がありません。それよりも、すでにファンになっている購入層がなぜそこまで、その製品を好きになっているのかの理由を発見し、それを拡散するような施策がうまくいくかもしれません。

または、まったく認知がされていない商品の場合、流通の棚を確保することも難しいため、その場合はもっと認知施策を強化したほうがいいかもしれません。

認知を取る施策は、広くユーザーへのリーチができるTV広告などが向いています。また購入検討層を購入に促すのは、一度自社サイトを訪れたことのあるユーザーに、もう一度、バナー広告を出すリターゲティングが有効かもしれません。

「潜在層」に対して認知をとる施策をアッパーファネル、より購入に近いところをローワーファネルという場合もあります。このアッパーファネルとローワーファネルは組み合わせも重要になります。ローワーファネルで代表的な施策は、「リターゲティング」や「検索連動型広告」などですが、この施策だけしかやっていないと、ファネルの下部のため、人数そのものは少ないため、いずれユーザーはいなくなってしまいます。そのためにしっかりと、アッパーファネルで「認知層」を増やす必要がある

用語解説
＊ATL　Above The Line の略。マス広告的なアプローチを指す。
＊BTL　Below The Line の略。プロモーション活動、店頭展開などのアプローチを指す。

のです。

このような施策を考えるとき、実際に動かしたいユーザーの人数をより正確にイメージすると、使うべきメディアプランが見えてくることがあります。

例えば、多くのユーザーが対象になる飲料の場合、動かしたいユーザーは数百万人規模になります。そうなると、より多くのユーザーにリーチすることができるメディアが必要になってきます。一方で、高級外車は、購入できる年収がある人、その自動車の価値観に共感してもらえる人などがターゲットなので、動かしたい人は数万人や数十万人かもしれません。そうなると、そのターゲット層の中での認知や興味を持ってもらえるような施策を行う必要があります。

カスタマージャーニーで考える

ユーザーはもちろん、一回の広告接触だけで商品を気に入るような単純な行動になるわけではありません。そこで、ユーザーがその商品を気に入ったきっかけをいくつも探し、今度はそれのきっかけとなった事象を探し、そして、さらにそのきっかけとなった事象を探すというような試みも進んできています。

ユーザーが、どのようなイベントや情報接触を経て商品を好きになるか、購入するかということに取り組んだアプローチで、このようなユーザーが商品を好きになっていく過程を**カスタマージャーニー**と呼んでいます（図3・3・2）。

実際にユーザーに対して深くインタビューをしたり、WEBログデータを持つ会社が、どのようなサイトを訪れて購入するかを解析したり、様々な手法でカスタマージャーニーを明らかにしていこうという試みが進んでいます。ただし、同じカテゴリーの商品でも、ブランドAとブランドBはまったく違うカスタマージャーニーになっていることがあるので、自社オリジナルで作っていく必要があります。ただし、解明できると、ブランドのコミュニケーション方法やクリエイティブなどに大きな貢献をする手法といえます。

マーケティングファネル（図3.3.1）

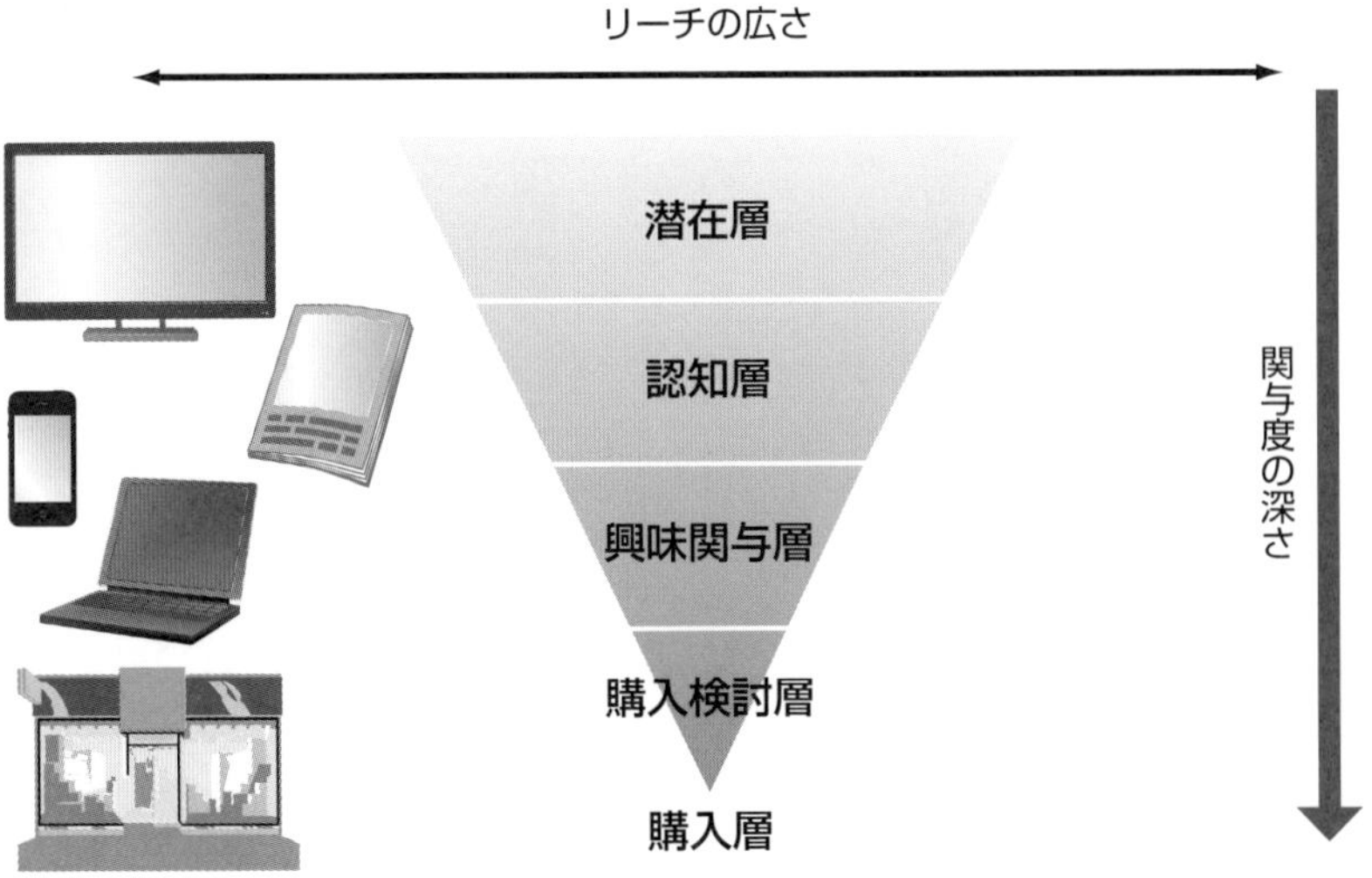

カスタマージャーニーのイメージ（図3.3.2）

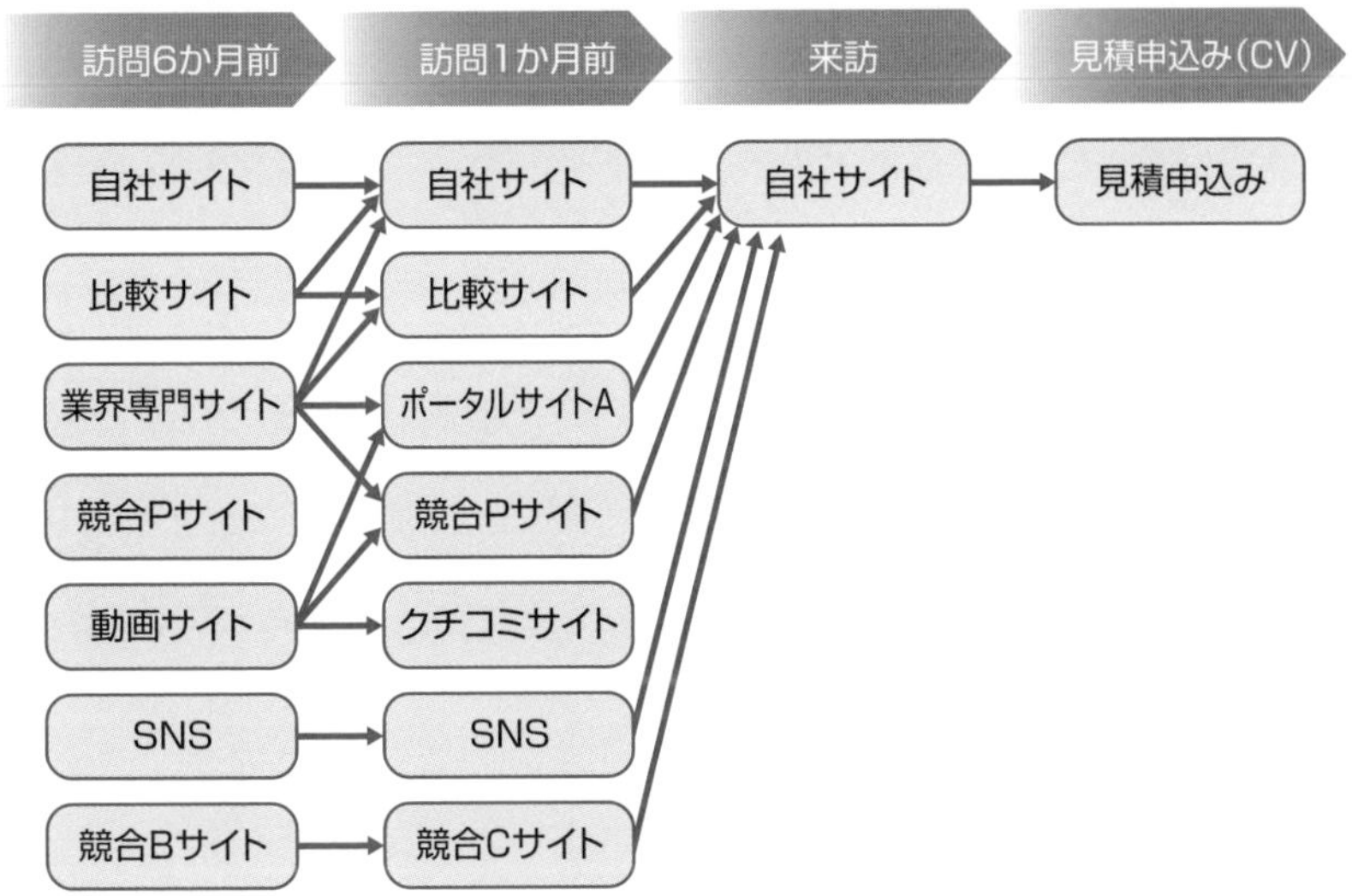

4 存在感を維持するテレビ広告

前節で見たように「先ずテレビ広告ありき」という考え方は修正されつつあります。実際、かつて広告の王様として総広告費の三割以上を占めたテレビ広告は、そのシェアをじわじわと下げ、二〇一九年には二六・八%になりました。それでもテレビ広告の強さはいまも健在です。

日本の広告とテレビ広告の現状

図3・4・1は〇九年から一九年のテレビ広告費と広告費全体に占めるテレビ広告費の割合の推移について見たものです。テレビ広告費の市場規模を見ると、〇九年の一兆七八四八億円から緩やかに拡大し、一六年には一兆九六五七億円と早晩二兆円を突破するかに見えました。しかし、一七年以降は前年割れとなり、一九年は**一兆八六一二億円**となりました。

一方、広告費全体に占める割合を見ると、〇九年以降九年連続で**三〇%**を超えていました。ところが、一八年には三〇%を割り込み、一九年には**二六・八%**＊にまで落ち込みました。同年のインターネット広告の市場規模は二兆一〇四八億円で、シェアは三〇・三%とポジションが入れ替わりました(3・2節)。しかし、インターネットに訪れる入り口はテレビの場合が多く、テレビ広告の強さは健在です＊。

テレビ局の本分は報道機関

ところで、テレビ局にとって一番重要な業務は何でしょうか? 通常の企業だと売上拡大・利益拡大が重要な目的です。テレビ局も、営利企業なので基本は同じなのですが、公共的な要素が大きく、マス・メディアという特性から、一番の重要な業務は報道ということになります。

テレビ局各局は、新聞社と密接な関係を持っています。具体的にいうと、**日本テレビ**は読売新聞、**フジテレビ**

用語解説

＊**26.8%**　地上波テレビ広告と衛星メディア広告の合計。地上波テレビ広告単体だと25.0%になる。

＊…**健在です**　「やっぱなんやかんや言ってもテレビは強いよね」というのが広告業界一般の見方になっている。

テレビ広告費と広告費全体に占める割合の推移（図3.4.1）

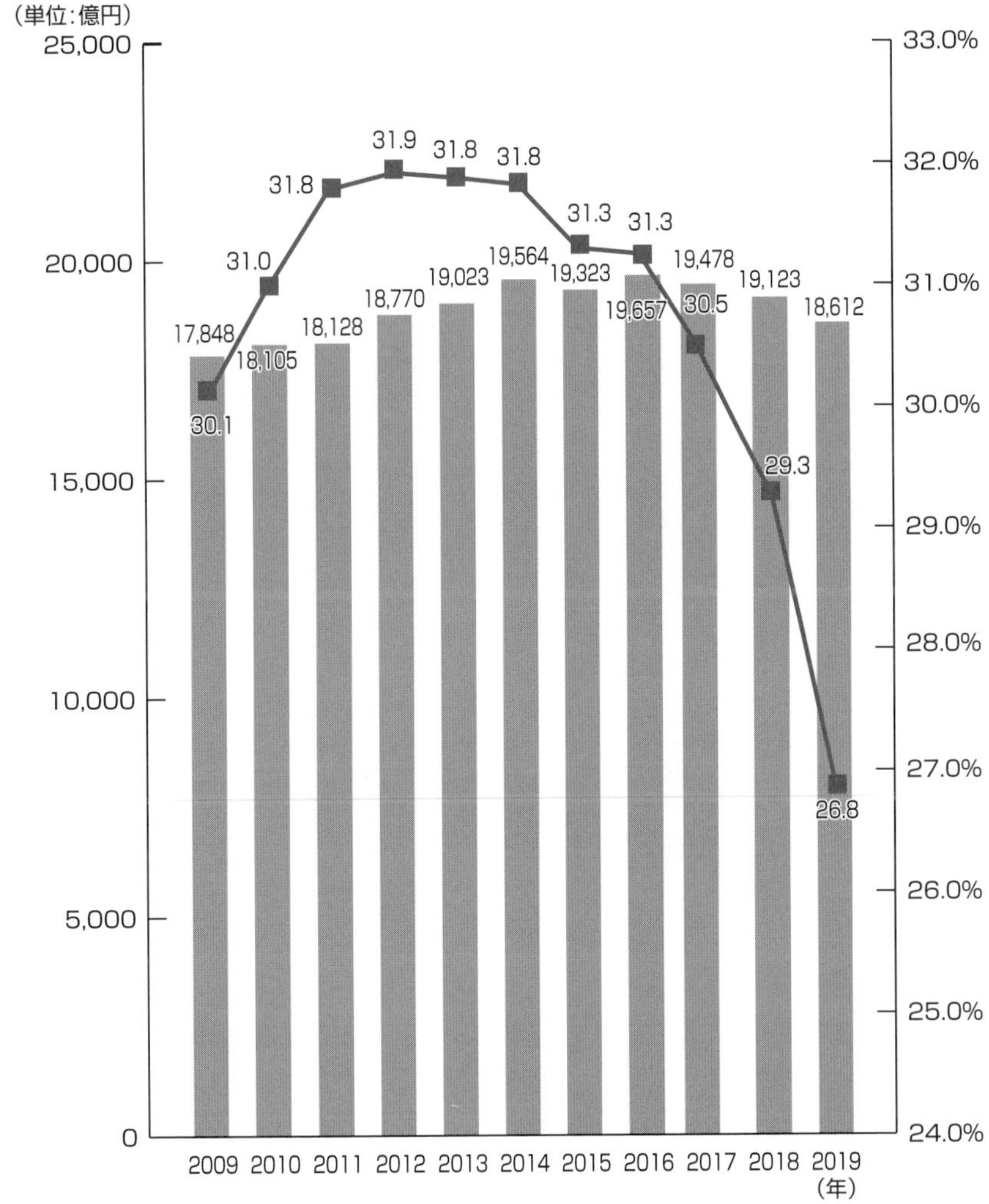

出典：電通「日本の広告費」をもとに作成

は産経新聞、**TBS**は毎日新聞、**テレビ朝日**は朝日新聞、**テレビ東京**は日本経済新聞、という具合です。

テレビ局が報道機関というのは、災害などの非常事態が起こったときによく理解できます。どんな番組を放送していても、緊急事態が起こると、すぐさま報道特別番組が放送されます。場合によっては、CM放送がなくなることもあります。災害時は、**マスターカット**といって、報道特別番組を優先して組む仕組みがあります*。

そもそもは報道のためのネットワーク

一三年に行われた地上波の完全デジタル化により、東京にあるテレビ局の電波塔は、かつての東京タワーから東京スカイツリーに変わりました。もっとも地上波がデジタル化になっても全国をカバーすることはできません。一方、全国各地で起こった事件をすべての局で個別対応するのは、あまりに非効率で速報性を欠きます。そこで全国の放送局を系列化して、全国エリアをカバーしています。これが**ネットワーク**です。

テレビのネットワークは現在五系列です（図3・4・2）。東京にある日本テレビ、フジテレビ、テレビ朝日、TBS、テレビ東京が、それぞれのネットワークの中心（これを**キー局**と呼ぶ）に位置しています。また大阪にあるテレビ局、読売テレビ、関西テレビ、朝日放送、毎日放送、テレビ大阪の五局は、東京のキー局ほどではないですが、番組制作力や規模などが大きいため、**準キー局***と呼ばれています。この東京のキー局、大阪の準キー局以外の地方の放送局を、**ローカル局***と呼びます。

先ほどのキー局、準キー局と似た言葉でネット局という言葉があります。この言葉は、一見、似ていそうですが、意味合いはまったく異なります。

キー局は東京にある放送局、準キー局は大阪にある放送局という定義付けですが、ネット局は、全国の系列局で番組を放送しているときの、番組制作・番組送出局のことを指します。

また全国の系列局で放送しておらず、そのエリアだけで放送している番組を**ローカル番組**といいます。この場合のローカルは、全国に放送していないという意味でのローカルなので、ある都道府県だけで放送している番組はすべてローカル番組となります。したがって、東京だけで放送している番組も**東京ローカル**といいます。

用語解説

*…**仕組みがあります**　そんなとき、テレビ局は広告主に、CMを流すのをやめて報道特別番組を放送しますといちいち許可を求めたりしない。テレビ局が報道機関であることは、広告主にとって周知の事実だからだ。

***準キー局**　テレビ大阪を含めない場合もある。

民間テレビ局のネットワーク（図3.4.2）

	JNN(28局)	NNN(30社)	FNN(28社)	ANN(26社	TXN(6社)	独立協(13社)
北海道	北海道放送 HBC	札幌テレビ放送 STV	北海道文化放送 UHB	北海道テレビ放送 HTB	テレビ北海道 TVH	
青森	青森テレビ ATV	青森放送 RAB		青森朝日放送 ABA		
岩手	IBC岩手放送 IBC	テレビ岩手 TVI	岩手めんこいテレビ MIT	岩手朝日テレビ IAT		
宮城	東北放送 TBC	宮城テレビ放送 MMT	仙台放送	東日本放送 KHB		
秋田		秋田放送 ABS	秋田テレビ AKT	秋田朝日放送 AAB		
山形	テレビユー山形 TUY	山形放送 YBC	さくらんぼテレビジョン SAY	山形テレビ YTS		
福島	テレビユー福島 TUF	福島中央テレビ FCT	福島テレビ FTV	福島放送 KFB		
東京	TBSテレビ TBS	日本テレビ放送網 NTV	フジテレビジョン	テレビ朝日	テレビ東京	東京メトロポリタンテレビジョン TOKYO MX
群馬						群馬テレビ GTV
栃木						とちぎテレビ GYT
茨城						
埼玉						テレビ埼玉 TVS
千葉						千葉テレビ放送 CTC
神奈川						テレビ神奈川 TVK
新潟	新潟放送 BSN	テレビ新潟放送網 TeNY	新潟総合テレビ NST	新潟テレビ21 UX		
長野	信越放送 SBC	テレビ信州 TSB	長野放送 NBS	長野朝日放送 ABN		
山梨	テレビ山梨 UTY	山梨放送 YBS				
静岡	静岡放送 SBS	静岡第一テレビ SDT	テレビ静岡 SUT	静岡朝日テレビ SATV		
富山	チューリップテレビ TUT	北日本放送 KNB	富山テレビ放送 BBT			
石川	北陸放送 MRO	テレビ金沢 KTK	石川テレビ放送 ITC	北陸朝日放送 HAB		
福井		福井放送 FBC	福井テレビジョン放送 FTB	福井放送 FBC		
愛知	CBCテレビ	中京テレビ放送 CTV	東海テレビ放送 THK	名古屋テレビ放送	テレビ愛知 TVA	
岐阜						岐阜放送 GBS
三重						三重テレビ放送 MTV
大阪	毎日放送 MBS	読売テレビ YTV	関西テレビ放送 KTV	朝日放送テレビ ABC	テレビ大阪 TVO	
滋賀						びわ湖放送 BBC
京都						京都放送 KBS
奈良						奈良テレビ放送 TVN
兵庫						サンテレビジョン SUN
和歌山						テレビ和歌山 WTV
鳥取	山陰放送 BSS	日本海テレビ NKT				
島根			山陰中央テレビ TSK			
岡山	RSK山陽放送 RSK		岡山放送 OHK		テレビせとうち TSC	
香川		西日本放送 RNC		瀬戸内海放送 KSB		
徳島		四国放送 JRT				
愛媛	あいテレビ ITV	南海放送 RNB	テレビ愛媛 EBC	愛媛朝日テレビ EAT		
高知	テレビ高知 KUTV	高知放送 RKC	高知さんさんテレビ KSS			
広島	中国放送 RCC	広島テレビ放送 HTV	テレビ新広島 TSS	広島ホームテレビ HOME		
山口	テレビ山口 TYS	山口放送 KRY		山口朝日放送 YAB		
福岡	RKB毎日放送 RKB	福岡放送 FBS	テレビ西日本 TNC	九州朝日放送 KBC	TVQ九州放送 TVQ	
佐賀			サガテレビ STS			
長崎	長崎放送 NBC	長崎国際テレビ NIB	テレビ長崎 KTN	長崎文化放送 NCC		
熊本	熊本放送 RKK	熊本県民テレビ KKT	テレビ熊本 TKU	熊本朝日放送 KAB		
大分	大分放送 OBS	テレビ大分 TOS	テレビ大分 TOS	大分朝日放送 OAB		
宮崎	宮崎放送 MRT	テレビ宮崎 UMK	テレビ宮崎 UMK	テレビ宮崎 UMK		
鹿児島	南日本放送 MBC	鹿児島讀賣テレビ KYT	鹿児島テレビ放送 KTS	鹿児島放送 KKB		
沖縄	琉球放送 RBC		沖縄テレビ放送 OTV	琉球朝日放送 QAB		

（点線枠）クロスネット社

（2020年10月1日現在）

出典：日本民間放送連盟

用語解説

＊**ローカル局**　例外として、市場規模の関係から名古屋地区は、微妙にローカル局というニュアンスからは外れている。そのため**中京局**と呼ぶことがある。

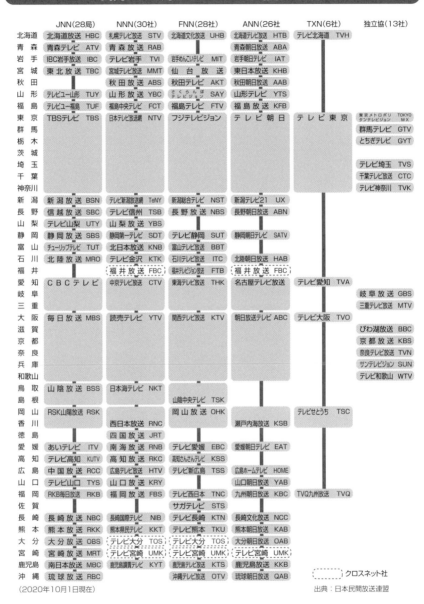

5

テレビCMの種類①　番組CM

テレビCMは大きく分けて番組CMとスポットCMの二つがあります。番組CMとは、ある番組を決めて、その番組の中でCMを放送するものをいいます。番組提供やタイムとも呼びます。ここでは、その仕組みを解説します。

番組CMとは

番組CMは、よくテレビを見ていると、「この番組は、ご覧のスポンサーの提供でお送りします」といっている、アレです。呼び方としては、番組CMのほか、**番組提供**とか、**タイム**といったりもします。

全国に放送している番組の提供の場合は、**ネット番組提供**、その地区だけで放送されている番組提供の場合は、**ローカル番組提供**と呼びます。番組CMは六カ月単位契約が基本になります。（一部例外はもちろんあります）。CMは基本三〇秒以上のCMとなり、三〇秒以上であれば、一五秒単位で、購入ができます。

ただし、番組の広告枠が空いていることが条件です。人気番組は、複数の広告主からのオファーがあり、その人気番組内のCM枠を確保できるかどうかは、かなりの調整を必要とします。人気番組によっては、その人気番組以外の番組をセットで購入することが条件になっている場合もあります。

ちなみに三〇秒の番組提供の場合は、企業名の紹介はなく、番組開始・終了時の提供クレジットで、「ご覧のスポンサーが・・・」とアナウンスされます。六〇秒提供で、企業名や商品名のアナウンスが入り、九〇秒以上で、コメント紹介ありで企業名の紹介が可能になります。

番組CMのメリット・デメリット

全国にネットしている番組を提供するメリットは、コストが安くなることが一番です。全国二〇局あまりの系列放送局のスポットを、それぞれスポットCMで購入するよりも、ネット提供番組を買う方がターゲットを考えたコストは安くなるのが通常です。全国に商品を展開している広告主にとっては効率的といえます。

またどこにCMが放送されるかが購入時点から明確なので、商品のターゲットに合わせた展開ができます。

最近では、減少していますが、一社のみの提供番組、例えば、TBSでは日立による「世界ふしぎ発見」や、日本テレビではキユーピーによる「3分クッキング」、テレビ朝日では富士通による「世界の車窓から」などもあり、番組のイメージを自社のイメージに転用できるというメリットもあります。

まだあまり名前を知られていない企業では、企業の営業マンが、お客さんに「○○の番組の提供をしている会社ですよ」と会社そのものに安心感をもってもらうための役割として番組提供を実施したりもします。

ただし前述のように番組提供は、六カ月単位での購入が原則なので、やや柔軟性に欠けます。一方でコスト効率はよいので、広告商品に季節性があまりない場合や、広告対象商品を多く持っていて、CMの素材を差し替えできる場合はオススメといえます。

専門用語「リーチ」と「フリークエンシー」

ところで、テレビCMの出稿をプランニングする際に、よく耳にするワードがあります。リーチとフリークエンシーというワードです。

リーチは、到達率と訳され、そのCMに一度でも接触した人の割合となります。リーチが六〇%というと、そのCM出稿期間中に、そのCMを見た人の割合が六〇%いる、ということになります。

また、**フリークエンシー**は、そのCMを見た人が何回見ているかという接触回数のことです。平均接触回数は**アベレージ・フリークエンシー**と呼び、後述の**GRP**（3-6節参照）は、リーチ×アベレージ・フリークエンシーと等しくなります。

番組CMのメリット・デメリット（図3.5.1）

メリット

- 各エリアごとにスポットCMを購入するより、全国換算の場合、コストが安くなる場合がある
- 番組ごとの視聴者層を的確につかめる
- 特定ターゲットへ繰り返しのメッセージ伝達ができる
- 提供クレジットが出るため、社名や商品名を印象に残せる

デメリット

- 6か月単位の購入が基本なため、柔軟性に欠ける
- 多くの視聴者を獲得するのには向いていない

column

CXとかTXとは何？

タレントさんなどがテレビ番組内で、フジテレビのことをCXと呼ぶのは、総務省によって割り振られたフジテレビのコールサインが「JOCX-TV」だからです。頭のJはJAPANの意味です。同様に、TXはテレビ東京のことで、テレビ局、ラジオ局には、必ずこのコールサインがあります。ちなみにNHKでは、東京のNHKをAK、大阪のNHKをBKと業界内では呼びますが、これもそれぞれのコールサインが「JOAK」と「JOBK」だからです。

なお、余談ながら、大阪のNHKのJOBKは、「ジャパン・オオサカ・ばんばちょう・かど」の略という説もあります。

6 テレビCMの種類② スポットCM

テレビCMのもう一つの種類である、スポットCM。番組CMとは違い、放送するCMの時間帯（タイムゾーン）を決めて、CMを放送するやり方をいいます。

スポットCMとは

スポットCMとは、各エリアでの放送局単位（ネットワークはしておらず、その地区のみでの放送）でCMを放送する方式です。エリア単位なので、フジテレビでスポットCMを発注すると関東エリアのみをカバーしていることになります。基本のCM秒数は一五秒となり、多くのCMが一五秒で放送されています。

テレビCMの放送時間は制限されている

テレビ局のCM事業で、よくいわれるのが**枠数が決まっている**ということです。一日は二四時間しかなく、年間三六五日と限定されています。そんな中、一週間の中でCMが放送できる時間というのが放送業界の自主規制によって、全放送の一八％以内と規制されています。また、それとは別に、六〇分番組ならCMは六分以内、一〇分番組なら二分以内といった規制もあります。

視聴率はやはりゴールデンタイムと呼ばれる時間帯が高く、各広告主もそのゴールデンタイムでのCM放送を希望します。しかしながら、先ほどの規制でゴールデンタイムに放送できるCM時間は限定されています。例えば、三時間番組を放送した場合、CM枠は、わずか一八分しかありません（図3・6・1参照）。

テレビ局としては、視聴率が低い時間帯にもCMを放送し、収入を得たいので、このゴールデンタイムとの抱き合わせでスポットCMを販売しています。

そのため、視聴率が低い時間帯も含めて、CM放送に、幅広い時間帯(タイムゾーン)を選択してくれる広告主ほど、安いコストをテレビ局は提示します。

つまり、図3・6・2で見られる、CMのゾーンで、多くの面積でCMを出稿してくれる企業に安いコストを提示し、狭い面積で出稿する企業には高いコストを提示する仕組みになっています。

広告主にとっては、CM対象商品が、ビジネスマン向けであれば、昼時間や夕方にCMを流してもビジネスマンは見ていないので、逆Lゾーンで流したほうが効率的といえます。また主婦がターゲットなら、全日で購入しても、まったく問題なく、むしろお得、ということになります。

同時期にCMの対象商品が多い企業の場合は、全日型で購入しておいて、それぞれの時間帯で放送するCMの商品を変更する、という方法もとっています。そうすることで、CM放送する時間帯面積が多い状態で発注で

一週間でのCM枠制限(図3.6.1)

週間のコマーシャルの総量は、総放送時間の18%以内とする。

プライムタイムにおけるCM(**SB***を除く)の時間量は、下記の限度を超えないものとする。その他の時間帯においては、この時間量を標準とする。ただし、スポーツ番組および特別行事番組については各放送局の定めるところによる。

5分以内の番組		1分00秒
10分	〃	2:00
20分	〃	2:30
30分	〃	3:00
40分	〃	4:00
50分	〃	5:00
60分	〃	6:00

(60分以上の番組は上記の時間量を準用する)

出典:日本民間放送連盟「放送基準」

用語解説

＊**SB**　ステーション・ブレイク(Station Break)の略で、番組と番組との間に入るスポットCMのこと。これに対し、番組内に入るスポットCMは**PT**(Participating Announcement)と呼ぶ。

スポットCMの代表的な購入タイムゾーン（図3.6.2）

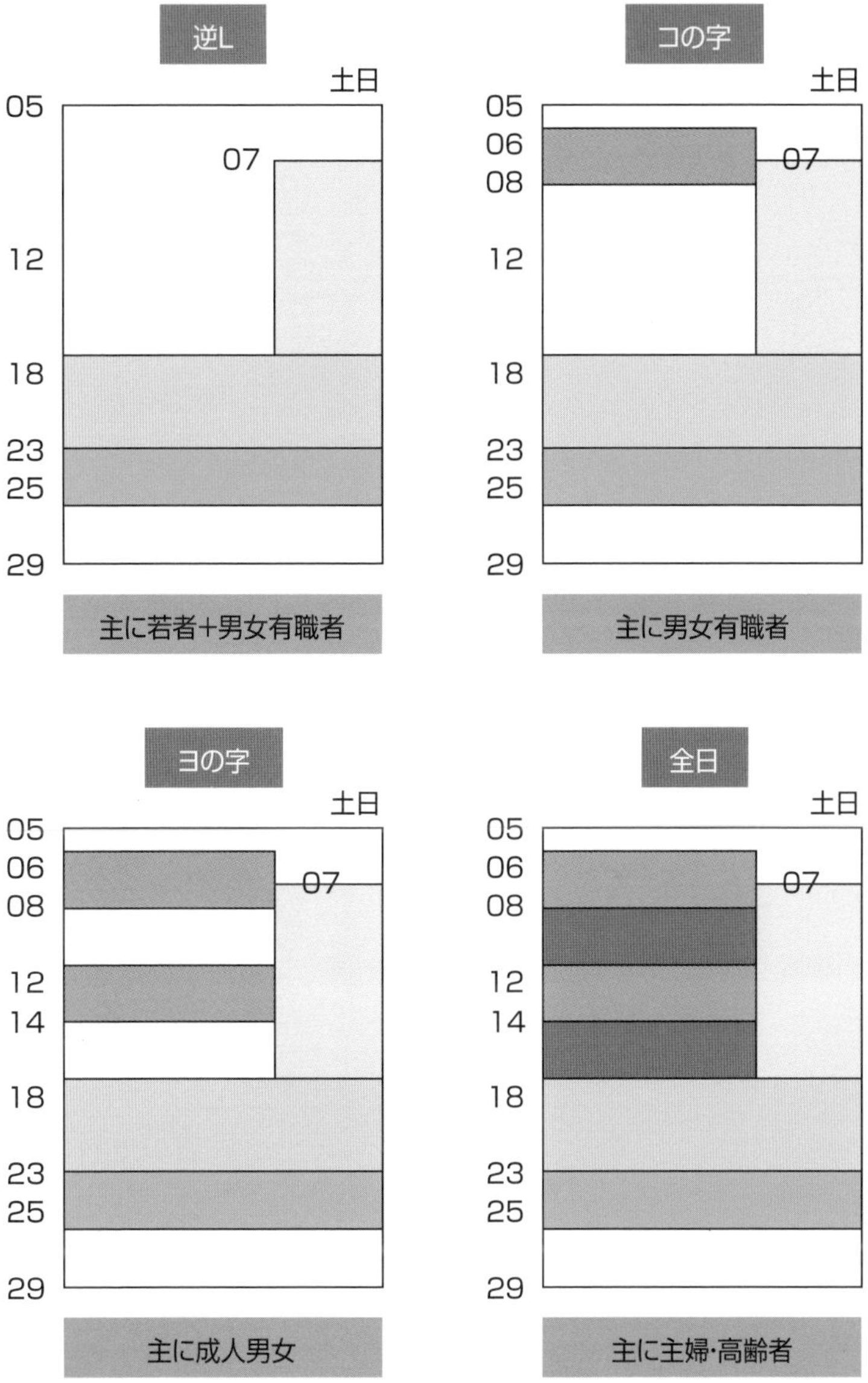

きるのでコストが抑えられることに加え、時間帯によってCM商品をわけることで効率よく出稿できる（**バルク購入**）といえます。

スポットCMの料金の計算方法

番組CMは番組ごとに購入しますが、スポットCMは視聴率単位で購入します。視聴率一％に対してのコストを提示するというやり方です。これを**パーコスト**と呼びます。

つまり、二〇％の視聴率の番組に一本、一〇％の視聴率の番組に五本、五％の視聴率の番組に一〇本CMを流したとしましょう。この場合の総視聴率を計算すると、二〇％×一本＋一〇％×五本＋五％×一〇本＝一二〇％となります。このように放送するCM枠の視聴率を足しこんだものを**GRP**＊と呼びます。

例えば、東京キー局で、逆L字型のパーコストが仮に一〇万円だったとします。そこで三〇〇〇GRPのCMを出稿しようと思えば、一〇万円×三〇〇〇＝三億円の費用がかかることになります。

このパーコストは、スポットCMの需要時期・閑散期という季節性や、購入パターン、広告主の業種や、レギュラー出稿があるかどうか、などが加味され決定するので、一概にいくら、ということはできません。

視聴率競争に陥るワケ

このようにスポットCMは視聴率が基準になるため、単に番組を見ている人が何％という数字だけではなく、実際にテレビ局の売上を左右する重要な数字ということになります。視聴率競争などといわれる訳はここにあります。

一日二四時間という制限された広告枠での産業のため、パーコストは一〇万円で同じテレビ局が二局あったとしても、A局の視聴率がB局よりも高いと、売れる商品が多いということになります。わかりやすく説明すると、一カ月の総CMの枠の視聴率を足しこんでいくと、A局は一〇万GRP、B局は視聴率が悪く、五万GRPとします。そうすると、同じ一〇万円のパーコストでも、A局の方が二倍多くスポットCMを売ることができる、という訳です。

用語解説
＊**GRP**　Gross Rating Point の略。

スポットCMのメリット・デメリット（図3.6.3）

メリット ◦地域、期間、予算、局などの柔軟性がある ◦集中的な投下ができる ◦複数のテレビ局を使用することで、認知率がアップする
デメリット ◦需要と供給のバランスにより、コストが不安定 ◦30秒以上のCMの効率的な購入が難しい

スポットCMのメリット・デメリット

CMを流す時間帯（タイムゾーン）を決めて放送する利点には、次のようなことがあげられます。

①予算や時期にあったCM出稿ができる。
②CMを出稿したいエリアを選定できる。
③複数のテレビ局でCMを流すことで、CMの認知が高まる。

番組CMは、原則的に六カ月契約という制約がありましたが、スポットCMでは、文字どおりスポット（点）で購入するCMですので、予算や期間に融通が利き、フレキシブルな対応が可能です。また、ある期間に集中的にスポットCMを行うことで、CMの認知度は飛躍的に高まり、即効性のある効果も期待できます。

テレビCMの今後

詳細は次節、3‐7節でも触れていますが、長らく同じ方法を取っていた視聴率の計測方法が変わりました。またリアルタイムに視聴動向がわかる第三者のTV視聴率調査会社も出てきました。

またインターネットでつながっているＴＶも多く出てきて、そこではユーザーの同意を得て、細かな視聴動向が見て取れます。従来、視聴率が一％のような番組の場合、調査対象人数が少なく番組の盛り上がりなど細かくできなかったものが、細かく分析できるようになり、ＴＶ局も番組制作にそれを活かし始めています。

全米では約七割の世帯が、地上波を直接放送で受信するのではなく、ＣＡＴＶの回線を通じて受信をするようになっており、その意味で、インターネット広告とＴＶ広告は非常に近いものになってきています。

現在はＴＶというと、ＴＶ機器とＴＶ放送は同じようなものとして語られています。しかし、通信の５Ｇ化により、放送ではなく通信でＴＶを見る時代になるとＴＶは地上波というコンテンツを指す言葉と、受像機という言葉に分けて考えられるようになるでしょう。その意味ではスマホも受像機の一つとなります。

いま、テレビを取り巻く環境は大きく変わってきています。様々なデータが取れるようになったことで、新たなテレビ広告の使い方やプランニングがされるようになってきています。詳しくは３‐９節で触れていきます。

column

テレビCMは、いろいろなメディアの中で選択肢の一つ

近年は広告を出稿する広告主も様々であれば、その商品やサービスも多様化してきているため、広告の目的が、告知だけに留まらなくなってきました。

もちろん、「新商品が発売になった」ということだけを消費者にいいたいのであれば、不特定多数に告知できるテレビCMは、まだまだ大きな力を持っています。

しかし、広告の目的が、告知だけではなく、今すぐ販売に結び付けたい、という販売促進であったり、商品のブランド化を目指したものだったりすると、その目的にあった広告メディアは、必ずしもテレビCMとは限らないわけです。また、告知を目的とした広告であったとしても、その商品が、ある特定の層を狙ったブランド商品やエリアを限定した商品の場合も必ずしもテレビCMが有用といえるわけではありません。

7 テレビ視聴率を取り巻く変化

民間テレビ放送の基本となる視聴率。その数字でテレビ局の売上が大きく変わることを前節で解説しました。ここでは、その視聴率がどのように調べられているかをご紹介します。そもそもひと言で、視聴率といっても、世帯視聴率と個人視聴率の2つが存在します。

世帯視聴率と個人視聴率

視聴率は、視聴率調査の専門会社、株式会社ビデオリサーチによって、無作為に選ばれた世帯をサンプルとし、数値化しています。調査エリアは、放送のエリア単位で実施しています。エリアによって、サンプル数が違いますが、これはそのエリアにおける人口規模にあわせています。

視聴率には大きく分けて二種類あります。一つは世帯視聴率で、テレビ所有世帯のうち、どのくらいの世帯がＴＶをつけていたかを示す割合です。世間一般的にいう視聴率とはこの世帯視聴率のことです。

もう一つが、個人視聴率です。これは世帯内の四歳以上の家族全員の中で、誰かどのくらいＴＶを視聴したかを示す割合です。視聴者を性別、年齢別、職業別などに分けて、どのくらい見られていたかを示しています。

調査では**PM**（ピープルメーター）システムと呼ばれる機器をモニター世帯に置いてもらい、世帯と個人を同時に測定しています。具体的には、個人視聴率については「お父さんのボタン」「お母さんのボタン」「お兄ちゃんのボタン」などとボタンを割り振り、テレビを見ているときに、そのボタンを押してもらうという手法です。これにより、各個人単位での視聴率が測定できます。

新たな視聴率、タイムシフト視聴率、総合視聴率

二〇一六年一〇月から、ビデオリサーチは関東地区において、タイムシフト測定を行うことになり、それに伴い、視聴率に新たな指標が追加されました。これはＴＶを必ずしもリアルタイムで見るわけではなく、ＨＤレコーダーなどの録画視聴なども増えてきている実態から生まれたものです。以下、ビデオリサーチ「TV Rating Guide Book」に従って、新たな定義を確認しておきます。

・**視聴率**　地上波放送、ＢＳ放送、ＣＳ放送、ＣＡＴＶなどのテレビ放送のリアルタイム視聴を示す指標（従来どおり）

・**タイムシフト視聴率**　タイムシフトでの視聴を表す指標。リアルタイム視聴の有無に関わらず、七日内（一六八時間内）でのタイム視聴の実態を示します。

・**総合視聴率**　リアルタイム視聴とタイムシフト視聴のいずれかでの視聴を示す指標。リアルタイムでも視聴し、タイムシフトでも視聴した場合は一カウント（複数回視聴としてカウントしない）として集計しています。

この総合視聴率の考え方により、ＨＤで録画される傾向にあるドラマなどの価値が改めて見直されています。

視聴率調査の刷新

先にもふれたように、従来視聴率といえば、世帯視聴率を指していました。しかし、より厳密に視聴率を調査しようとするならば、個人視聴率に軸足を移す必要があります。

従来、ビデオリサーチ社では個人視聴率の調査に注力してきました。その結果、二〇年三月三〇日から視聴率の調査方法を大幅に刷新しています。リニューアルのポイントは以下のとおりです。

まず、調査対象になる世帯数が大幅に増えました（図3・7・2）。関東地区では三倍の二七〇〇世帯、関西地区と札幌地区は二倍になり、それぞれ一二〇〇世帯と四〇〇世帯になりました。これにより全国三二区、一万世帯が調査対象になります＊。

また、二七地区においてピープルメーター方式による個人視聴率調査が実施されるとともに、個人化、三六五

用語解説

＊…**になります**　そのうち山梨、福井、徳島、佐賀、宮崎の五地区は全国データ算出のために調査を実施している。

タイムシフト測定の考え方(図3.7.1)

**リアルタイム＋タイムシフトから
重複視聴を除いて総合視聴率を算出**

リアルタイムでも視聴し、タイムシフト(7日内再生)でも視聴した場合は
総合視聴率では重複カウントせず、集計されます。

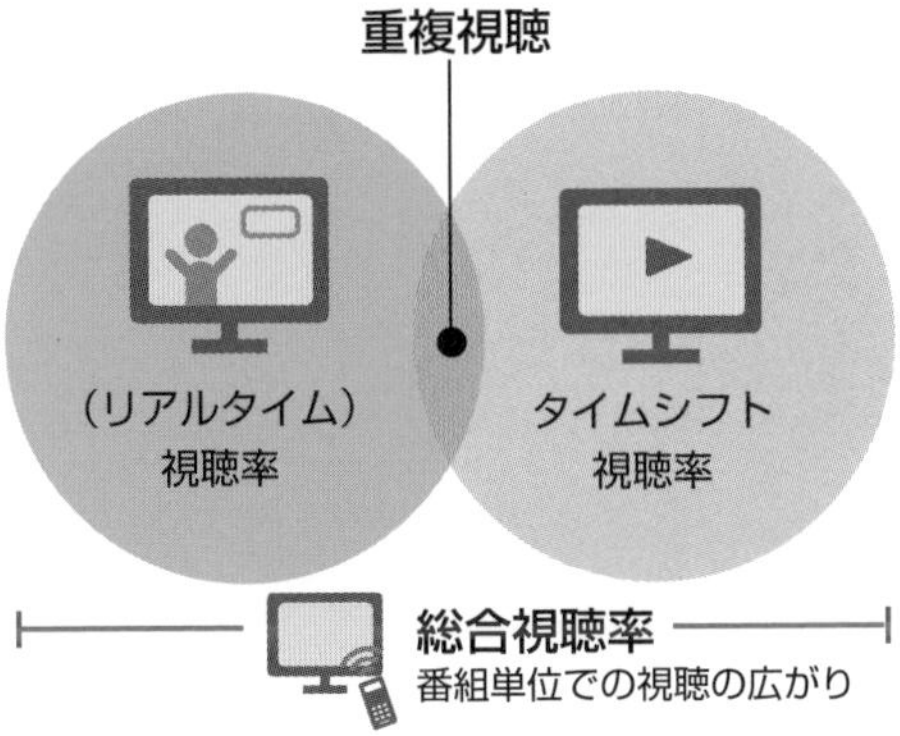

	視聴の実態		カウントの方法		
	リアルタイムでの視聴	タイムシフトでの視聴 ( )内に視聴回数	(リアルタイム)視聴率	タイムシフト視聴率	総合視聴率
世帯001	○	×	1	0	1
世帯002	○	×	1	0	1
世帯003	○	×	1	0	1
世帯004	○	○(1)	1※	1※	1※
世帯005	×	○(2)	0	1※	1※
世帯006	×	○(1)	0	1	1
世帯007	×	×	0	0	0
		カウント数 →	4	3	6

※同じ番組を2回見たとしても「1」とカウントします。

出典:ビデオリサーチ「TV RATING GUIDE BOOK」(2020年4月版)(ビデオリサーチ許諾済)無断禁転載

日化、タイムシフト対応になりました。さらに、調査設計が統一されたことで、「全国」を単位としたデータの提供が可能となっています。

テレビスポットCMの新取引指標

視聴率調査法の刷新とは別に、スポットCM取引の見直しも行われました。

関東地区では**一八年四月**より、スポット広告取引において、従来の**GRP**に代えて「**ALL(P+C7)**」という新たな指標を導入しました。

従来のGRPでは、世帯におけるリアルタイム視聴率を算出の基礎に置いていました。

一方、新指標であるALL(P+C7)では、対象は個人全体(ALL)とし、従来の番組リアルタイム視聴率(P)に、CM枠分のタイムシフト視聴率延べ七日分(C7)を加える(+)ことになりました。だから、ALL(P+C7)というわけです。

テレビドラマなどでは**タイムシフト視聴**されるケースが高まっています。今回の新指標では、こうした新たなテレビの視聴実態に合致するように改定されたわけです。

このALL(P+C7)は、**一九年一〇月**より、関西地区と名古屋地区にも導入されています。

世代の区分の仕方

個人視聴率の区分は、一歳ごとに取れるので、かなり詳細に統計が取れますが、あまり多くの世代の分け方をすると、広告主・広告会社・テレビ局での共通認識を持ちにくいため、一般的には、ビデオリサーチが定める標準ターゲット区分を使用することが多くなっています。

これは、**チャイルド、ティーン、M1**(エムワン)、**M2**(エムツー)、**M3**(エムスリー)、**F1**(エフワン)、**F2**(エフツー)、**F3**(エフスリー)といった基本八区分に世帯主、主婦が加わった分け方です。

チャイルドは四歳～一二歳までの男女、ティーンは一三歳～一九歳までの男女、M1は二〇～三四歳の男性、M2は三五歳～四九歳までの男性、M3は五〇歳以上の男性で、F1は二〇～三四歳の女性、F2は三五歳～四九歳までの女性、F3は五〇歳以上の女性のことを指します。(ちなみにM1のMはMale、F1のFはFemaleの意味です。)

2020年3月30日以降の視聴率調査（図3.7.2）

<table>
<tr><th>地区</th><th>対象世帯数</th><th>調査方法</th><th>調査頻度</th></tr>
<tr><td>関東</td><td>2,700</td><td rowspan="4">機械式個人視聴率調査
（PM調査）</td><td rowspan="8">毎日</td></tr>
<tr><td>関西</td><td>1,200</td></tr>
<tr><td>名古屋</td><td>600</td></tr>
<tr><td>北部九州</td><td>400</td></tr>
<tr><td>札幌</td><td>400</td><td rowspan="23">機械式＋日記式から
PM調査に変更</td></tr>
<tr><td>仙台</td><td>200</td></tr>
<tr><td>広島</td><td>200</td></tr>
<tr><td>静岡</td><td>200</td></tr>
<tr><td>長野</td><td>200</td><td rowspan="19">毎月特定2週間から
毎日に変更</td></tr>
<tr><td>福島</td><td>200</td></tr>
<tr><td>新潟</td><td>200</td></tr>
<tr><td>岡山・香川</td><td>200</td></tr>
<tr><td>熊本</td><td>200</td></tr>
<tr><td>鹿児島</td><td>200</td></tr>
<tr><td>長崎</td><td>200</td></tr>
<tr><td>金沢</td><td>200</td></tr>
<tr><td>山形</td><td>200</td></tr>
<tr><td>岩手</td><td>200</td></tr>
<tr><td>鳥取・島根</td><td>200</td></tr>
<tr><td>愛媛</td><td>200</td></tr>
<tr><td>富山</td><td>200</td></tr>
<tr><td>山口</td><td>200</td></tr>
<tr><td>秋田</td><td>200</td></tr>
<tr><td>青森</td><td>200</td></tr>
<tr><td>大分</td><td>200</td></tr>
<tr><td>沖縄</td><td>200</td></tr>
<tr><td>高知</td><td>200</td></tr>
<tr><td>山梨・福井・徳島・
佐賀・宮崎</td><td colspan="3">各50〜100世帯※</td></tr>
<tr><td>全32地区</td><td colspan="3">10,000世帯</td></tr>
</table>

※なお山梨、福井、徳島、佐賀、宮崎の５地区は全国データ参出のためにPM調査を実施している。
出典：ビデオリサーチ「TV RATING GUIDE BOOK」（2020年４月版）（ビデオリサーチ許諾済　無断禁転載）

ゴールデンタイムって

視聴率という言葉と同じぐらい耳にする言葉として、ゴールデンタイムというものがあります。

ゴールデンタイムは、一九時～二二時までの時間帯を指します。最もテレビを見ている人が多い時間帯で、各テレビ局共に予算をかけた看板番組をもってきています。

ゴールデンタイムとは別に**プライムタイム**と呼ばれる時間帯もあり、これは一九時～二三時までの時間帯を指します。ゴールデンタイムがバラエティ番組やドラマなどが中心の構成に対して、プライムタイムは、ゴールデンタイムの番組＋ニュース番組、ということになります。やはり各局共に二二時以降のニュース番組も、テレビ局の顔といった番組をもってきています。

またテレビの時間帯を示す言葉として、**全日**（ゼンジツ）というものもあります。これは六時～二四時を指します。テレビ局では、このゴールデンタイム、プライムタイム、全日のすべての視聴率でトップをとることを、**視聴率三冠王**と呼んでいます。

視聴率測定の新たな会社が成立。今後、プランニングの機軸となるか？

視聴率はかつてビデオリサーチとニールセン・ジャパンの二社がそれぞれで調査をしていましたが、二〇〇〇年にニールセン・ジャパンが日本における視聴率調査から撤退し、そこからビデオリサーチ一社となっていました。

いま、スイッチ・メディア・ラボという会社が、SMARTという新たな視聴率測定のサービスを提供しています。

SMARTはメディアプランニングのためのツールと位置づけられています。データがほぼリアルタイムに集計ができること、調査対象者は関東だけですが、世帯で二〇〇〇世帯、個人で、五〇〇〇人と、また視聴者へのアンケート項目も多岐に渡るという、かなり大きなパネルになっていることが特徴です。

そのため、案件ごとに詳細な分析をしても、分析として必要な調査のサンプル数をしっかりと出すことができ、信頼性の高い結果を得ることができます。このように、長らく変化がなかったTVの視聴率測定についても、時代の変化とともに大きな動きが出始めています。

大きく変わるテレビ広告の環境

8

３－４節で見たように、テレビ広告はいまだ存在感を維持するものの、過去に比べると薄れてきているのが現状です。その一因にテレビ広告を取り巻く環境の変化があります。特に若年層のテレビ離れ、定額動画配信の台頭など、放送としてのテレビはいま大きな変化を余儀なくされています。

テレビを見ない若者

テレビ広告を取り巻く状況が大きく変化してきています。図3・8・1は二〇一九年におけるメディア総接触時間を性別・年代別に見たものです*。

全体では一日あたりのメディア接触の総時間は**四一一・七分（六時間五一・七分）**でした。そのうちテレビが一四四・二分（二時間二四・二分）、携帯電話・スマートフォンが一二一・二分（二時間一・二分）、タブレット端末が二六・四分でした。

注目すべきは性別および年代別に見たメディア接触の状況です。男性では一五～一九才から四〇代まで、女性では一五～一九才から三〇代までにおいて、テレビの接触時間よりもスマホ・携帯電話の接触時間のほうが長くなっています。

例えば、男性一五～一九才を見ると、テレビの視聴時間が**九四・一分（一時間三四・一分）**だったのに対して、スマホ・携帯電話の接触時間は**二〇一・二分（三時間二一・二分）**と倍以上になっています。

また、女性一五～一九才では、テレビの視聴時間が**一〇九・四分（一時間四九・四分）**、スマホ・携帯電話の接触時間は男子より長い**二一一・二分（三時間三一・二分）**となり

用語解説

＊見たものです　博報堂ＤＹメディアパートナーズ「メディア定点観測2020」。

ました。

これに対してテレビを長時間見る層は年齢が高い傾向にあり、男性六〇代で**二二七・二分**(**三時間三七・二分**)、女性六〇代では**二三八・五分**(**三時間五八・五分**)と、ほぼ四時間になっています。

このようにテレビの視聴者は高齢化が進んでおり、若者にリーチしたい広告主にとっては、広告効果が期待できるのか、悩ましい傾向にあります。

定額動画配信の台頭

こうした若い世代は、テレビを見ないからといって動画のコンテンツを見ないわけではありません。インターネット上には無料の動画コンテンツがあふれています。また移動体通信の**5G***が今後普及すれば、超高精細の映像も超高速でダウンロードできます。ですからテレビ放送はこうしたネット上の動画コンテンツと視聴者の取り合いをしなければなりません。

さらにテレビ放送にとって深刻なのは**定額動画配信サービス**(**SVOD***)、いわゆる**サブスクリプション型の動画配信サービス**の台頭です。これは月ぎめ定額の廉価な料金で映画やテレビドラマが見放題になるサービスです。対象となる端末は、スマホ、タブレット、PC、テレビの**4スクリーン**で場所を選びません。

震源はアメリカで、まず一一年に定額動画配信大手の**Hulu**が日本上陸を果たしました。一五年には最大手**Netflix**、さらには**Amazon***がサービスをスタートさせました。そのため一五年は日本における**定額動画配信サービス元年**とさえいわれたものです。

総務省『情報通信白書2020』によると、世界の定額動画配信サービスの一九年の売上高は**四九八・四億ドル**、契約数は**一五・七億契約**に上ったと推定しています(図3・8・2)。

見逃し配信TVer

このような環境の変化に対してテレビ局では、インターネットを敵視するのではなく、積極的に取り込む傾向が強くなってきています。その一つに一五年一〇月に在京キー局五社が共同で始めた**TVer**(**ティーバー**)があります。

TVerは見逃したテレビ番組を、スマホやタブレッ

用語解説

***5G**　5th Generation。第5世代移動通信。現在普及しているLTEは第4世代に属する。

***SVOD**　Subscription Video on Demandの略。

***Amazon**　翌日配送サービスが受けられるAmazonプライム会員(年額4900円)になると、Amazonプライム・ビデオが見放題になる。

メディア総接触時間の性年代別比較（1日あたり、週平均、2020年、東京地区）（図3.8.1）

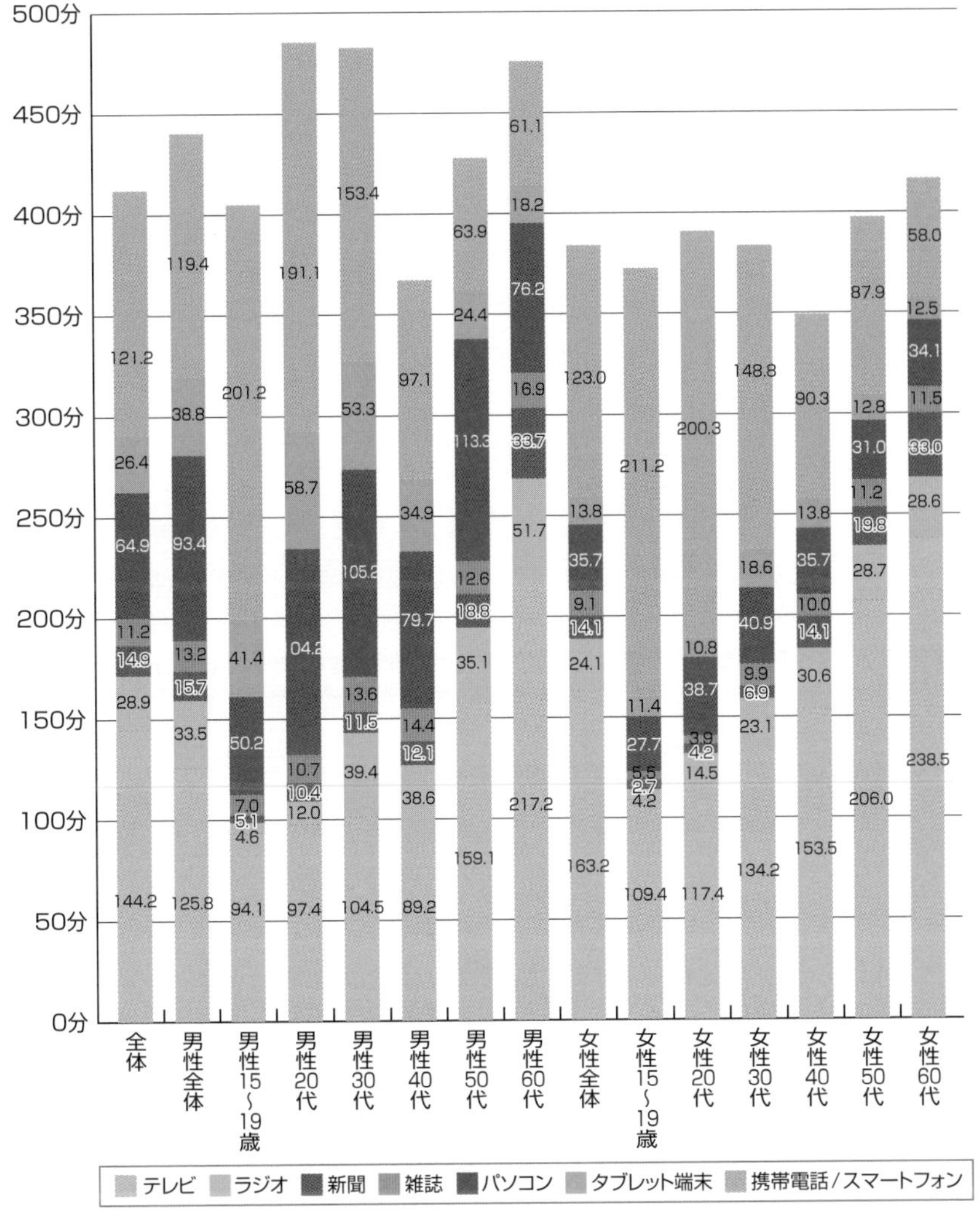

※1　メディア総接触時間は、各メディアの接触時間の合計値、各メディアの接触時間は不明を除く有効回答から算出

※2　2014年より「パソコンからのインターネット」を「パソコン」に、「携帯電話（スマートフォン含む）からのインターネット」を「携帯電話・スマートフォン」に表記を変更

※3　タブレット端末は、2014年より調査

出典：博報堂DYメディアパートナーズ「メディア定点調査2020」時系列分析

トであとから視聴できる、いわゆる**キャッチアップ・サービス**を提供しています。現在では参加する放送局も在京キー局だけではなく、在阪の準キー局からの番組も視聴できるようになりました。

さらに、一九年八月にはNHKの人気番組「チコちゃんに叱られる！」「ハートネットTV」なども加わり、充実した内容になっています。

しかも、配信する番組には広告が掲載され、まだまだ規模は小さいものの、テレビ局にとっては新たな収益源になってきています。また、TVerで配信される番組はテレビ局が制作した信頼できるコンテンツであるため、広告主の**ブランドセーフティ**＊を確保できる利点もあります。

視聴者の人気も上々で、二〇年九月時点で、全国一五～六九歳の男女におけるTVerの認知度は六三・二％となり、女性のティーン層では七四・五％という非常に高い数字になっています。また七月には月間動画再生数が**一億二〇六五万回**と過去最高を記録しました＊。TVerが呼び水となって、テレビとネットの融合はさらに加速しそうな模様です。

世界の動画配信売上高・契約数の推移および予測（図3.8.2）

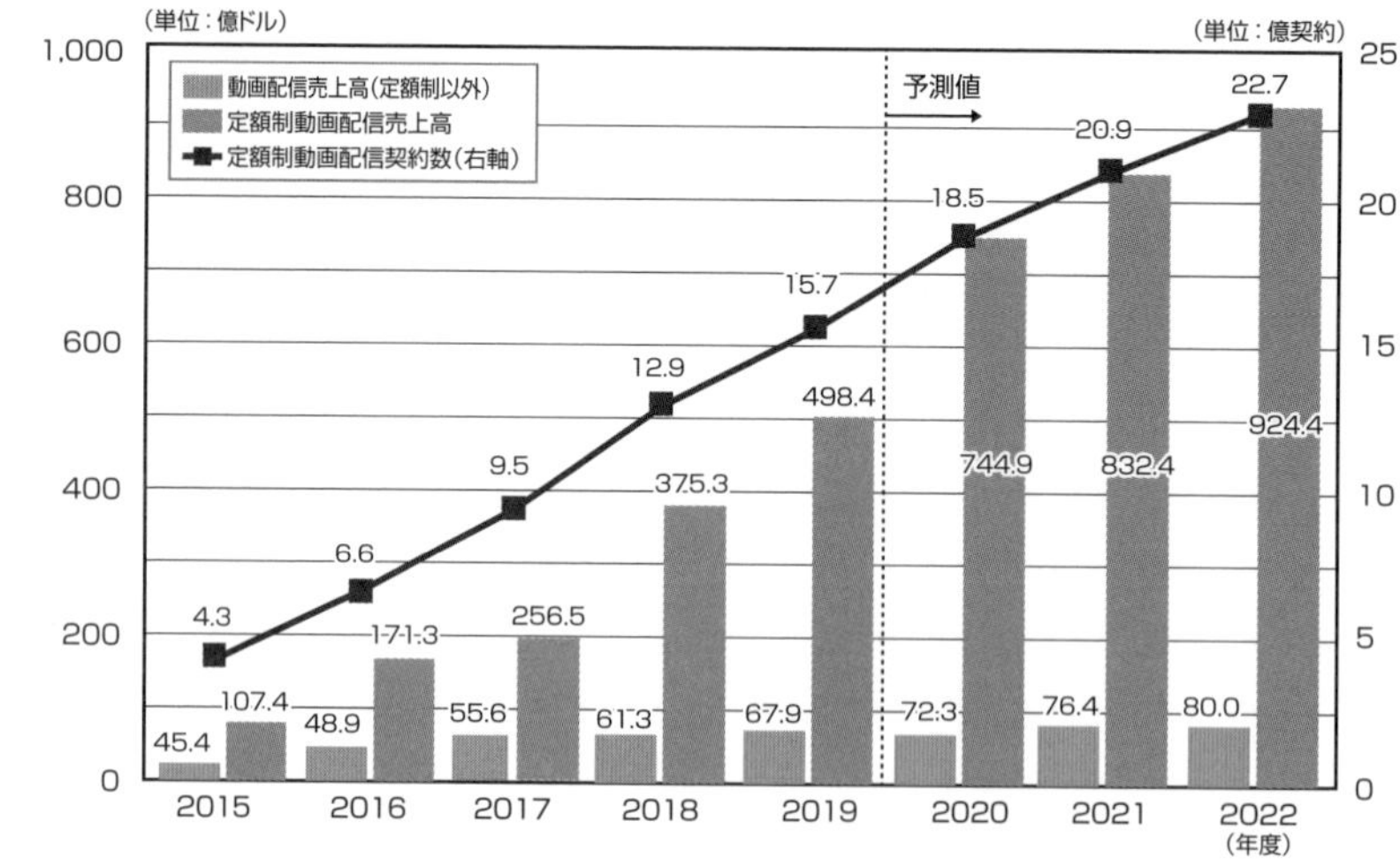

出典：総務省『情報通信白書2020』

用語解説

＊**ブランドセーフティ**　不適切なコンテンツに広告が表示されるリスクからブランドを守ること。

＊…**記録しました**　「TVer News Release」(2020年10月30日)

9　データを活用したテレビ広告

近年、テレビ広告の手法に、スポットCMでも番組CMでもない新たな手法が登場しています。そこでは、データを活用した新しいテレビプランニングが行われています。

新しいテレビCM手法SAS

テレビ広告はスポットCMと番組CMがあると、3-7節にてご紹介しましたが、近年新たに**SAS（スマート・アド・セールス）**という販売手法が登場しました。

従来のスポットCMは、キャンペーン期間を柔軟に設定できる一方で、どの番組にCMが流れるかは、発注時には分からず、また希望番組に必ずしも流れるとは限りませんでした。番組CMは、指定した番組の広告枠を購入するのでどの番組にCMが流れるかはわかっているが、購入単位は二クール（六か月）が基本でした。長らくこの二つの形態が続いたわけですが、新た登場したSASは、この二つの間のような販売形態をとっています。

SASは、CMを放送する番組を指定し一本単位で買うことができます。またCM一本あたりの単価は、番組ごとに決められ、事前に、金額と枠が決まっているという非常にわかりやすい形態をとっています。広告主は各放送局が用意する「**枠ファインダ**」（図3・9・1）というサイトで、購入することができる番組、金額を確認することができます。そして「枠ファインダ」には通常のビデオリサーチの視聴率だけでなく、ビデオリサーチインタラクティブや、インテージなどの他の調査会社のデータなども参照することができ、そのまま番組枠の購入をすることができます。もともとは日本テレビが始めたＡＳＳ（Advence Spot Sale）がきっかけですが、いまや、他の関東局、関西局などにも広がってきています。

　これはテレビ局、広告主の双方にとって意義のある取り組みといえます。まずテレビ局にとっては、従来の視聴率偏重型からの脱却のきっかけになるかもしれません。従来のスポットＣＭだと、番組の内容、質というよりも結果、視聴率がどうだったかのかが一番重要な指標になります。購入単位がＧＲＰという視聴率を基準にしたものなので、当然といえば当然です。しかし、若年層のテレビ離れがあることから視聴率を取ろうと思うと、ボリュームゾーンである中高年の視聴率が高くなるような番組作りになったり、またいくらコアなファン層がいる番組だったとしても視聴率が低ければその番組は認められなかったりし、結果的に同じような番組のラインナップに陥り、結果的にテレビ離れをさらに助長してしまうことにつながりかねません。

　また全体的な視聴率が落ちていくと、テレビ局としては広告在庫が減ってしまい、従来の視聴率を基軸にした

1本単位で番組が買えるＳＡＳの購入画面「枠ファインダ」（図3.9.1）

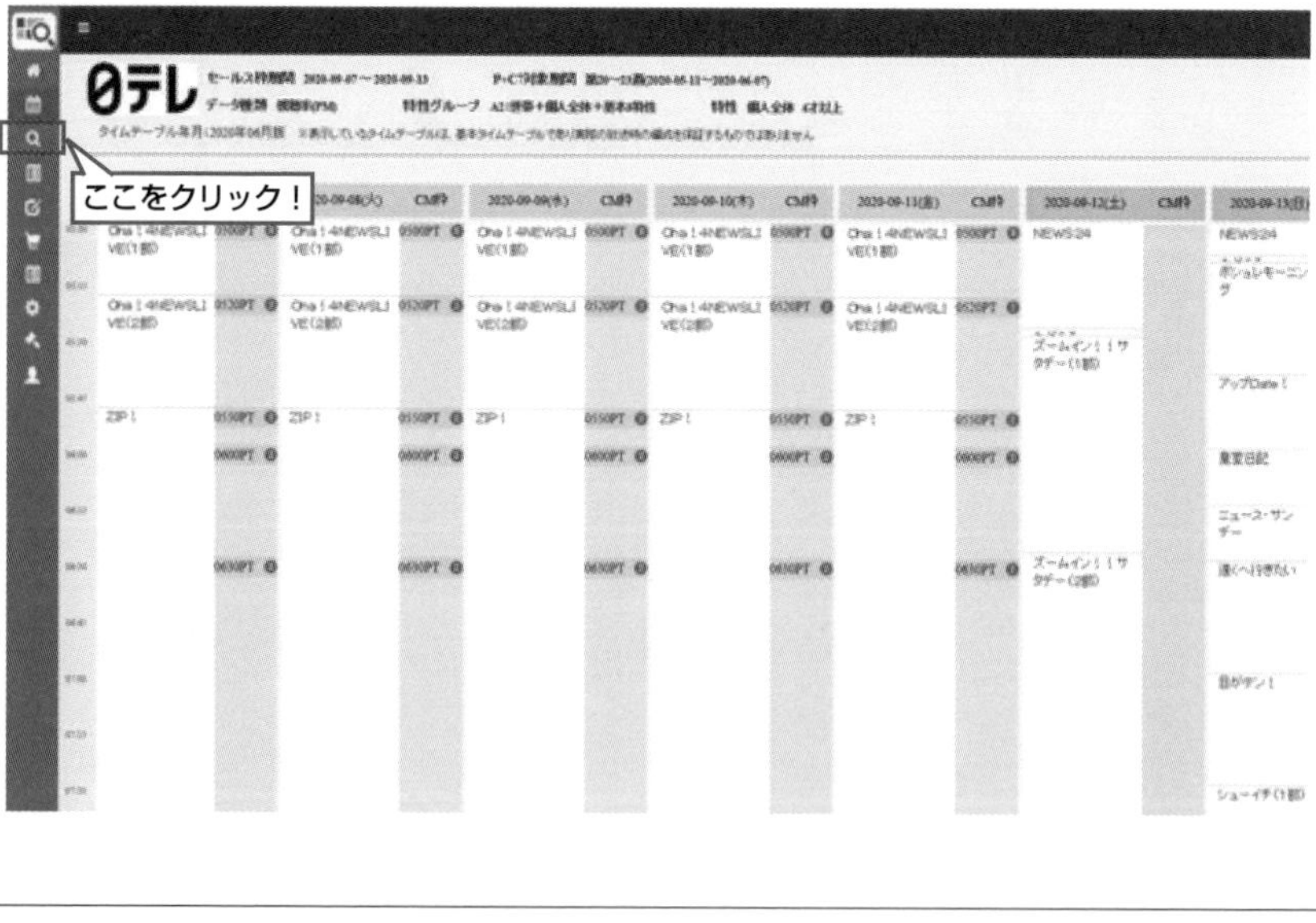

ビジネスのみでは収益増が見込めなくなってしまいます。

ＳＡＳは番組単位での購入のため、番組の視聴者の中身にまで目が行きます。また、「枠ファインダ」に多くのデータが入っているので、通常のデモグラフィックな視聴傾向外にも、様々なターゲット軸での視聴傾向を把握することができます。番組単位での購入のため、視聴率以外の番組の価値に目を向けることができるようになります。

広告主にとっては、広告を出稿したい番組を一本単位で購入できる非常に柔軟な買い方といえます。もちろん、従来のデモグラフィックターゲティングだけでよい場合は、スポットＣＭのほうが効率的なこともありますが、いままではスポットＣＭを出稿するほど予算がなかったブランドや、ある特定のターゲット層を狙った商品でもテレビＣＭが選択肢の一つとなり得ました。

視聴率ではなくＣＰＭでテレビＣＭを買う

一本単位で買えるようになったこと、様々なデータで分析できるようになったことから、テレビＣＭもインターネットと同じようなプランニングができるようになりました。

例えば、インターネット広告で動画広告を実施しようとすると、筆頭にあがるのがYouTubeですが、あるターゲット層、例えば子育て中のお母さんをターゲットにした場合のＣＰＭ（千人あたりのリーチコスト）を出します。一方で、テレビ広告も、様々なデータである番組の子育て中のお母さんをターゲットにした場合のＣＰＭを出すことができます。このようにいままでは比較が難しかったテレビＣＭとインターネット広告ですが、データを用いることでリーチ観点で比較することができるようになってきています。

テレビ広告は、やはり大画面で音声付きで見ること、そして何よりも番組コンテンツのクオリティが確かなことなどの特徴があり、この点でも改めてテレビ広告が見直されてきています。

様々なテレビ関連のデータホルダー

テレビ広告も従来の視聴率はビデオリサーチが提供していますが、そのほかにも様々なデータをもったプレイヤーが生まれてきています。

テレビ視聴パネルデータ

スイッチ・メディア・ラボという会社が「SMART」という視聴パネルのサービスを提供しています。関東二〇〇〇世帯（個人約五〇〇〇人）、関西二〇〇〇世帯（個人約五〇〇〇人）の独自パネルを設置しています。パネル数が多いこと、リアルタイムに視聴率が分析できること、パネル数が多いため、独自の詳細セグメントに分解して分析することができるのが特徴です。

インテージの**i-SSP（インテージシングルソースパネル）**では同じパネルにTVやデジタル等のメディア接触ログ、属性、意識などのアンケート調査、消費財の購買履歴ログを収集しています。これらを活用することでクロスメディアを含めた「情報接触」と「消費者心理・行動」の因果関係をとらえていきます。

テレビ視聴実数データ

テレビ機器メーカーの実数ログもその一つです。テレビ機器メーカーでは、インターネットにつないでいるテレビの視聴ログを記録しています。どの機器でどの番組が見られているかを記録しているもので、インターネットにつないでいるため、IPアドレスも取得されています。

広告会社などでは、そのIPアドレスと、個人が持っているスマホやPCなどのIPアドレスを照合することでテレビとスマホやPCなどを紐づけたDMPを所有しています。

全国のCM放送データ

PTPの「Madison」やインテージの「**全国CMマスタ**」というサービスでは、全国で放送されたCMの放送局と放送時点をCMクリエイティブごとにデータベース化しています。スポットCMは地域ごとに購入するので、企業によって地方戦略が違います。このサービスを活用することで全国四七都道府県での競合企業のテレビCM出稿実態を時間差なく把握することができます。

テレビ番組情報のメタ化

エム・データという会社はテレビ番組やテレビCMの内容をタグ付けやテキスト等でデータベース化した「TVメタデータ」を構築しています。どの番組でどんなお店がし紹介されたのかの情報や、どの会社のCMがどの番組で何回放送されたか、タレントさんのテレビ番組出演量なども把握することができるサービスです。

視聴質のデータ

番組を見ている人のボリュームを図るのが視聴率ですが、一方でどのような態度で番組やCMを見ているのかを図る、いわゆる視聴質を計測するサービスを提供している会社もあります。TVISION INSIGHTSではパネルのご自宅のテレビの前にセンサーと機器を設置し、「テレビがついているのか」「テレビの前に人がいるのか」「テレビへ人の顔が向いているのか」を数値化しています。これによってメディアプランニングでは、より番組の滞在度が高い番組を選択したり、クリエイティブの分析、どれだけ視聴者の注意を引き付けられたかなどに用いられたりしています。

テレビ広告でもABテスト

インターネット広告ではスタンダードなABテスト(二つのクリエイティブを配信し、反応がいいほうを残していく手法)を近年ではテレビ広告でも活用する事例も増えてきています。その代表的な例がラクスルが提供する「**ノバセル**」というサービスです。ラクスルはまずテレビ広告を複数パターン作成し、テレビ局で小規模でテストをし、結果をチューニングしながら、成功させていくという手法を取っています。

近年では大手広告会社のADKと提携し、成果に応じて両者が受け取る報酬が増減するテレビCM活用支援サービス「**運用型成果連動CM**」の提供を始めました。

この運用型テレビ広告の動きは業界全体としても加速しています。VOYAGE GROUPでも新会社を立ちあげ、「テレシー」という運用型テレビ広告サービスを開始しており、博報堂グループのアイレップでも、統合型の広告プランニング・クリエイティブを開発するプロジェクト「TEAM JAZZ(チーム　ジャズ)」を発足しています。このようにテレビ広告についても昨今は多くのデータを取得し、より効率的にテレビ広告を運用することが求められてきています。このテレビデータに関する動きは、当のテレビ局でも計測できる視聴ログの利用について現在、法律的な観点などに即した議論が続いており、ますます活発になってきそうです。

10 「ながらメディア」としてのラジオ広告

ラジオ放送はテレビ放送より歴史が古く、電波系メディアとしてはテレビの先輩格にあたります。しかし、民放のラジオ放送が開始された翌々年にはテレビ局が開設されたため、テレビの普及につれて徐々に存在感が薄くなり現在に至っています。

ラジオ局の種類

ラジオの種類は大きく分けて3つあります。AM放送、FM放送、短波放送です。加えて近年、パソコンや携帯電話で聴ける「インターネットラジオ」といわれるものが増えています。

まず、**AM放送**は、NHKの前身ともいえる社団法人東京放送局が一九二五年に、民放では一九五一年に名古屋の中部日本放送が最初に放送を開始しました。民放は現在、都道府県に一局に近い割合で、全国に四七局あります。

首都圏から全国に拡がるネットワークはおおまかに二つあり、その一つがニッポン放送と文化放送をキー局とした**NRN系列**です。ニッポン放送は、二〇〇五年のライブドア騒動を経て、資本のねじれを解消し、フジテレビの筆頭株主から子会社へ移行しました。番組では「オールナイトニッポン」が有名です。文化放送は、いまもフジテレビの大株主の一つである伝統ある局です。

もう一つがTBSラジオをキー局とした**JRN系列**です。TBSラジオは、TBSの一〇〇%子会社です。聴取率は常にトップクラスを堅持しています。

また、大阪の民放ラジオ局では首都圏に先行して設立されており、毎日放送、朝日放送がともに一九五一年に開設されています。首都圏以外のエリアではラジオ局とテレビ局は分離せず、ラジオ放送に次いで免許を取得したテレビ放送を同じ一つの企業で行っています。

民放ラジオネットワーク系列図（図3.10.1）

	JRN（34社）	NRN（40社）	JFN（38社）	JFL（5社）	MEGA-NET（4社）	その他
北海道	北海道放送	北海道放送/STVラジオ	エフエム北海道	エフエム・ノースウェーブ		
青森	青森放送	青森放送	エフエム青森			
岩手	IBC岩手放送	IBC岩手放送	エフエム岩手			
宮城	東北放送	東北放送	エフエム仙台			
秋田	秋田放送	秋田放送	エフエム秋田			
山形	山形放送	山形放送	エフエム山形			
福島	ラジオ福島	ラジオ福島	エフエム福島			
東京	TBSラジオ	文化放送/ニッポン放送	エフエム東京	J-WAVE	InterFM897※	日経ラジオ社
群馬			エフエム群馬			
栃木		栃木放送	エフエム栃木			
茨城		茨城放送				
埼玉						FM NACK5
千葉						ベイエフエム
神奈川						RFラジオ日本　横浜エフエム放送
新潟	新潟放送	新潟放送	エフエムラジオ新潟			
長野	信越放送	信越放送	長野エフエム放送			
山梨	山梨放送	山梨放送				エフエム富士
静岡	静岡放送	静岡放送	静岡エフエム放送			
富山	北日本放送	北日本放送	富山エフエム放送			
石川	北陸放送	北陸放送	エフエム石川			
福井	福井放送	福井放送	福井エフエム放送			
愛知	CBCラジオ	東海ラジオ放送	エフエム愛知	ZIP-FM		
岐阜			エフエム岐阜			岐阜放送
三重			三重エフエム放送			
大阪	毎日放送/朝日放送	毎日放送/朝日放送/大阪放送	エフエム大阪	FM802※	FM COCOLO※	
滋賀		京都放送	エフエム滋賀			
京都						エフエム京都
奈良						
兵庫			兵庫エフエム放送			ラジオ関西
和歌山	和歌山放送	和歌山放送				
鳥取	山陰放送	山陰放送	エフエム山陰			
島根						
岡山	RSK山陽放送	RSK山陽放送	岡山エフエム放送			
香川	西日本放送	西日本放送	エフエム香川			
徳島	四国放送	四国放送	エフエム徳島			
愛媛	南海放送	南海放送	エフエム愛媛			
高知	高知放送	高知放送	エフエム高知			
広島	中国放送	中国放送	広島エフエム放送			
山口	山口放送	山口放送	エフエム山口			
福岡	RKB毎日放送	九州朝日放送	エフエム福岡	CROSS FM	ラブエフエム国際放送	
佐賀			エフエム佐賀			
長崎	長崎放送	長崎放送	エフエム長崎			
熊本	熊本放送	熊本放送	エフエム熊本			
大分	大分放送	大分放送	エフエム大分			
宮崎	宮崎放送	宮崎放送	エフエム宮崎			
鹿児島	南日本放送	南日本放送	エフエム鹿児島			
沖縄	琉球放送	ラジオ沖縄	エフエム沖縄			

（2017年10月1日現在）

※InterFM897は、JFNの特別加盟社。
※(株)FM802は、FM802とFM COCOLOを運営。

AM
（全国）
FM

出典：日本民間放送連盟HPを基に作成

FM放送は、NHKが一九五七年に試験放送、一九六九年に本放送、民放では現エフエム愛知が一九六九年に放送を開始しました。民放は、都道府県に一局に近い割合で全国に五一局あります。古くからの局は、**JFN**＊というネットワークを全三八局で組んでいます。

これに加えて一九八〇年代後半から設立され、札・東・名・阪・福の五局でネットワークしているJFLと三局でネットワークしているメガネットがある他、独立局といわれる局が数局あります。

この他、地域密着型の小規模なFM局であるコミュニティ放送局が二〇一九年現在で三三一局あります。

短波放送は、NHKワールド・ラジオ日本の他には、ラジオNIKKEIと民間団体が北朝鮮の日本人拉致被害者向けに放送している「しおかぜ」しかありません。ラジオNIKKEIは、競馬実況、経済番組の放送がメインです。

ラジオのDX（デジタルトランスフォーメーション）と言えるのが**radiko（ラジコ）**でしょう。ラジコはスマホやパソコンでラジオが無料で聴くことができるサービスです。インターネットさえ繋がれば、国内のどこでも聴くことができます。AMとFMのラジオ局はラジコを二〇一〇年に設立し、二〇二〇年には全都道府県の全民放ラジオ九九局の参加を達成しました。月間のユニークユーザー数は九〇〇万人です。

ただし、無料で聞くことができるのはその地域で放送されているラジオ局のみで、それは、リスナーのGPS情報やIP情報をもとに地域判定が行われます。制限されている理由は、例えば番組や広告が全国放送を想定して制作しているわけではないため、出演料などに問題が起こってくるからです。三五〇円払ってプレミアム会員になれば、いわゆる「エリアフリー」として地域外の放送も聞くことができ、二〇二〇年現在約八〇万人の会員を集めています。時間を遡って番組を楽しむこともできる「タイムフリー」のサービスも増え、利便性が増しています。二〇一八年より、ラジオオーディオアドという音声広告を事業化しました。ネット配信なので、番組に関係なく、性、年代、趣味嗜好等のリスナーの属性に基づいてターゲティングできるという特長があります。

用語解説

＊**JFN**　JFNはJapan FM Networkの略で、TOKYO FM（エフエム東京）をキー局、fm osaka（エフエム大阪）を準キー局としている。JFLはJapan FM Leagueの略で、特にキー局はなく、並列の関係。

ラジオ広告のメリット

ラジオ広告のメリットは、費用における到達率が比較的高いこと、地域を特定して広告できること、リスナーとの心理的距離が近いことなどです。

特に近年は、地上波系の各局ともインターネットに力を入れ、リスナーと双方向で番組を作り上げようとしています。番組への投稿もハガキからインターネット経由のものに変わりました。

また、テレビに比べて自由度が高いため、二〇秒や四〇秒のCMだけ出なく、一分を超える長尺CMや中継車をからめた番組タイアップCMなどラジオならではのCMが可能です。

反面、「ながらメディア」と呼ばれるように何かをしながら聞くものとされ、自動車の運転中や、電車での通勤・通学など、利用時間がなかなか広がりにくいという欠点があります。

ラジオの広告料

CMはテレビと同様に**タイム**と**スポット**に分かれています。CMの放映料は番組や時間帯によってかなり差があります。

また、売上低落傾向のため、料金も漸減傾向にあり、各局がしのぎを削っています。値動きが激しい中、少々強引にいうと、AMラジオのタイムの野球中継などの人気枠でも、全国ネットで一〇〇〇万円を切る時代になっています。二〇秒スポットも、時間帯、出稿ボリュームなどによって違ってきますが、一本数万円で首都圏ローカルに出稿できます。

なお、AM局とFM局では、一般的にAM局の方が聴取率は高めと言われていましたが、局によっては逆転も見られるようになりました。スポット料金もそんなに違いはありません。

ラジオ広告の現状と今後

テレビの視聴率に対して、ラジオは**聴取率**という言葉を使い、テレビと同じくビデオリサーチが定期的に聴取率の調査をしています。テレビがやっと個人視聴率を発表するようになってきましたが、ラジオの聴取率は最初から個人の聴取率です。大雑把にいって、テレビの個人視聴率が数%だとすると、ラジオの聴取率は一桁低く、〇%台がほとんどです。例えば、トップクラスの『ナインティナインのオールナイトニッポン』(毎週木曜深夜一時)が〇・九%となっています。

「ながらメディア」としてリスナーが固定しがちだったラジオにコロナ禍は一つの転機となりました。テレワークの増加により、在宅勤務中に音楽を聴きながら仕事をする人が増加しています。ニールセンの調査によると、利用者の多いサービスは前述のラジコと音楽ストリーミングサービスのSpotifyだそうです。従来、ラジオはトークなどの言語情報が多く、Spotifyは音楽中心というすみ分けでしたが、Spotifyも音楽以外の音声コンテンツを増やすと宣言し、音声コンテンツのPodcastに注力しています。Spotifyのこの動きは一見、ラジオと競合するのかと思いきや、ラジオ局との連携も進んでおり、例えばニッポン放送の人気番組「オールナイトニッポン」のPodcastはSpotifyでも人気コンテンツになっています。

このようにラジオ番組は、Podcastと相性が良く、ラジオ局はアメリカでヒットしている「オーディオドラマ」を日本でも流行らせようとしています。例えば、TBSラジオは『半沢直樹』のスピンオフドラマを配信しました。日本ではまだこれらに音声広告は入っておらず、まだ収益化されていませんが、コンテンツビジネスの方向などを模索しているようです。

Podcastがマルチプラットフォーム対応なのに対して、独自サイトやアプリでしか聴けない手法をとっているのが日本のVoicyです。ここでもラジオ局や新聞社などが音声コンテンツを提供しています。実際は音声コンテンツと呼ぶのが正確ですが、わかりやすいためか「〇〇ラジオ」というタイトルのチャンネル(番組)も多く見られます。

収益化への道筋はまだですが、ラジオ番組がオンデマンドでいつでもどこでも聴けるものになりつつあり、音声メディアへの注目が高まっています。

11 信頼性抜群の新聞広告

テレビCMに次いで、広告規模が大きいのが新聞広告です。新聞とひと口にいっても、数多くの新聞が存在しており、その配布エリアによってわける分類と、紙面の編集内容による分類があります。

配布エリアによる新聞の分類

新聞を配布エリアで分けると、①中央紙、②ブロック紙、③地方紙、となります。

①**中央紙**は、全国に配布をしている新聞で、「朝日新聞」、「読売新聞」、「毎日新聞」、「産経新聞」、「日本経済新聞」の五紙を指し、全国紙ともいいます。

②**ブロック紙**は、広域地区および同一地区の複数の都道府県をまたがっている新聞を指します。具体的には、「北海道新聞」、「東京新聞」、「中日新聞」、「西日本新聞」の四紙を指します。大きな商圏エリアをカバーする新聞であるといえます。

③**地方紙**は、県単位で発行している新聞のことを指し、具体的には、「静岡新聞」や「愛媛新聞」など、多くは本社のある県の名前がついていますが、「北日本新聞」（富山県）や、「四国新聞」（香川県）という場合もあります。また、特定の市や群単位の新聞もあります。地方新聞の特徴として、その配布エリアでの新聞のシェアが非常に高いことが上げられ、最も地域シェアが高い徳島県の「徳島新聞」では七〇％*にもなっています。

紙面の編集内容による新聞の分類

新聞を編集内容で分けると、①一般紙、②スポーツ紙、③夕刊紙、④専門紙、⑤英字紙、⑥機関紙、⑦フリーペー

用語解説

*七〇％　関東や関西に住んでいる人には意外に思うかもしれないが、地方にいけば、「朝日新聞」や「読売新聞」の部数は地方紙に比べると、ずっと落ちるものである。

新聞の種類（図3.11.1）

分類	種類	例
配布エリアによる分類	【中央紙】 全国に配布される新聞 全国紙とも言われる	朝日新聞　読売新聞 毎日新聞　産経新聞 日本経済新聞
	【ブロック紙】 広域地区および同一地区の都道府県にまたがっている新聞	北海道新聞 東京新聞／中日新聞 西日本新聞
	【地方紙】 県単位に発行されている新聞。 特定の市・郡単位の新聞もある。	静岡新聞 河北新報 中国新聞　など
編集内容による分類	【一般紙】 ニュース全般を取り扱う新聞	朝日新聞 中日新聞 静岡新聞　など
	【スポーツ紙】 スポーツ関連の記事をはじめとした芸能や娯楽中心の新聞	日刊スポーツ 報知新聞 サンケイスポーツ　など
	【夕刊紙】 大都市圏のサラリーマンを対象に午後以降に発行される新聞	日刊ゲンダイ 夕刊フジ　など
	【専門紙】 細分化された専門分野の記事を取り扱う新聞	日経産業新聞 電波新聞　など
	【英字紙】 英語の新聞	The Japan Times Asahi Evening News　など
	【機関紙】 政党や団体が出している新聞	聖教新聞 赤旗　など
	【フリーペーパー】 無料の情報紙	リビング新聞 など

パー、となります。

①**一般紙**は、ニュースを全般にわたって報道している新聞で、「朝日新聞」や「毎日新聞」、「中日新聞」、「静岡新聞」などがこれにあたります。

②**スポーツ紙**は、文字どおりスポーツ関連の記事をはじめとした娯楽情報中心の新聞で、「日刊スポーツ」や、「サンケイスポーツ」などです。

③**夕刊紙**は、サラリーマンを中心層として大都市圏で午後以降に発行されます。キヨスク売りが多いことも特徴です。具体的には、「日刊ゲンダイ」や「夕刊フジ」などが、これにあたります。

④**専門紙**は、細分化されたその業界の記事を扱う新聞で、流通関連を扱う「日経MJ」、や金融情報を扱う「日経ヴェリタス」や、電機業界を扱う「電波新聞」、アパレル関連の「繊研新聞」、などが存在します。

⑤**英字紙**は英語で書かれた新聞で、⑥**機関紙**は、政党や団体が発行している新聞で、⑦**フリーペーパー**は、「リビング新聞」や「あんふぁん」など無料で配布されている新聞です。

従来、②スポーツ紙と③夕刊紙では取り扱うテーマがよく似ていました*。ただ最近ではサッカーの試合やメジャーリーグなど、時差がある海外でのスポーツ記事なども増えてきているので、スポーツ紙が発行する時間ではわかっていなかった結果などを、報道できるようになってきました。そのため、徐々に速報性の面も出てきているようです。

新聞広告の掲載方法

新聞は、一面で、一五の段が存在します。実際には、記事の下部分は、広告で埋まるため、数えにくいのですが、**一五段**あることになっています。

そのため、一面の全面広告を**一五段広告**と呼び、その他、**七段広告**や**五段広告**などといったサイズもあります。また五段広告の左右半分サイズを**半五段広告**と呼ぶので、通常の左右いっぱいに使用した五段広告を**全五段広告**と呼んだりもします。

さらに見開き広告を**三〇段広告**、二見開きにわたると**六〇段広告**と呼びます。このような大きなスペースの広告とは逆に、小スペースでの広告(**雑報**と呼ばれる)があります。

用語解説

＊…**似ていました**　例えば、夕刊紙は、スポーツ紙に前日に起こった事件やスポーツ結果の速報記事は掲載されてしまっているので、後から出る夕刊紙としては、スポーツ紙が掲載していないような事件の裏側など、速報性よりもドラマ性が求められるところがある。

記事に囲まれている広告（**記事中**）、一面にある新聞社のロゴの下や横にある広告（**題字下・題字横**）、記事下広告の左右に乗っている広告（**突き出し**）などの広告スペースもあります。

新聞広告を掲載する場合は、出稿する新聞社のエリア（中央紙の場合）を決め、どのくらいのスペースに掲載するのかを検討します。またその際に、四色（フルカラーのこと）、一色（マゼンタ色・シアン色・イエロー色のいずれか）、モノクロ、という色を決めます。四色や一色を選ぶと、紙面掲載料のほかに、色代がかかってきます。

また日付希望（何月何日に、新会社発足なので、その日に出稿したい）や、掲載面希望（経済面やスポーツ面など）などの指定もできますが、紙面スペースに限界があることもあり、必ず実施できるとは限らないことと、通常、別途指定料金がかかります。

新聞広告の特性

新聞広告は、基本的には、「読者が購入して

新聞広告のスペースと呼称（図3.11.2）

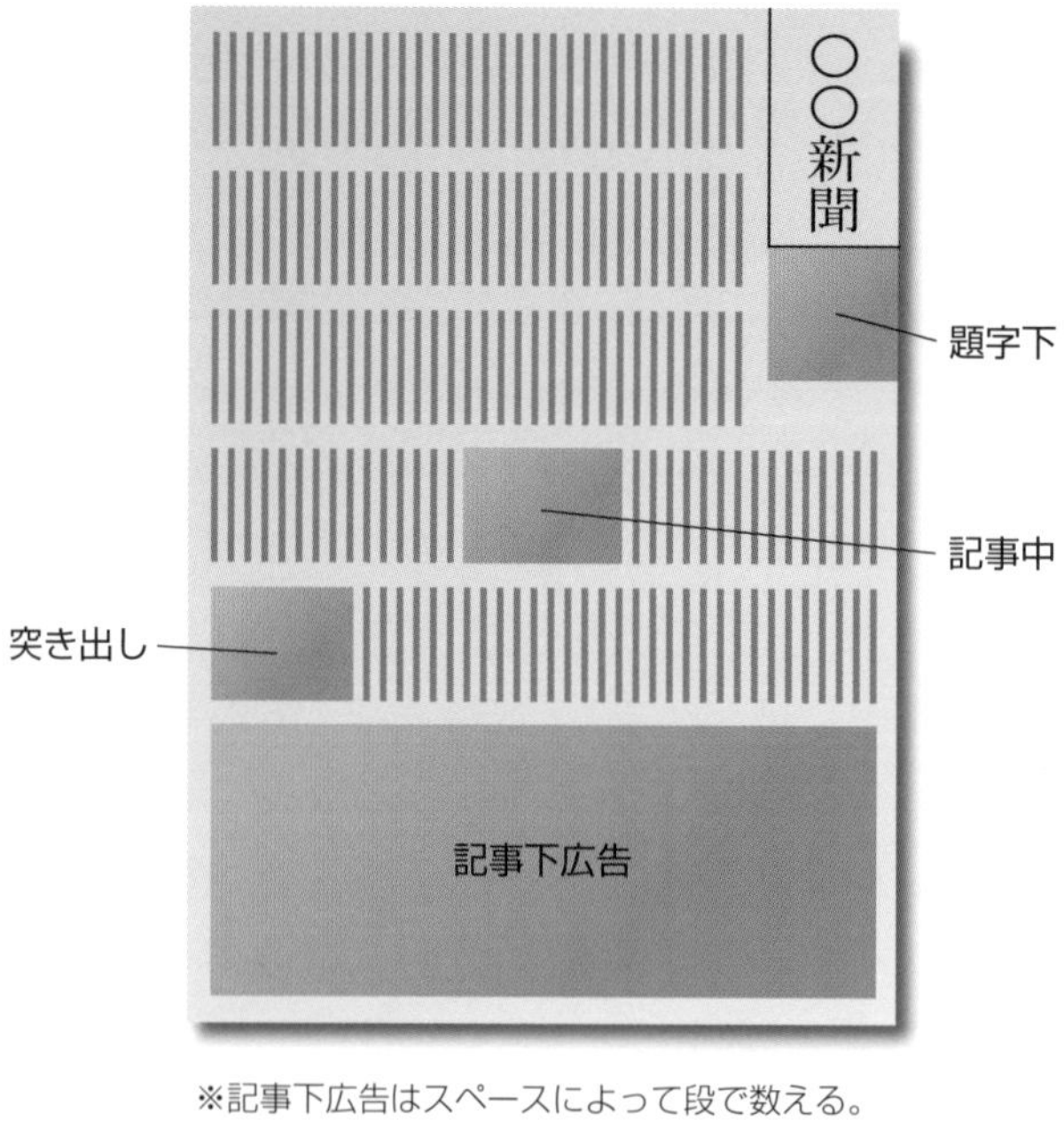

※記事下広告はスペースによって段で数える。
※記事下以外の広告をまとめて「**雑報**」と呼ぶ。

読む」、媒体であることから、読者自身も積極的に新聞を読もうとしている、**能動的メディア**といえます（逆にテレビのように、「ながら視聴」ができるようなメディアを**受動的メディア**といいます）。

能動的だからこそ、情報に対する感度が高く、自身に興味のある広告には敏感に反応する、ともいえます。

また、報道機関としての新聞の信頼は、非常に高く、NHKニュースと同等かそれ以上です（図3・10・3）。そのため、新聞に掲載されている広告の信頼度も高いと思われています。文字による活字メディアなので、テレビCMの一五秒では伝えきれない情報を掲載することができます。媒体としてニュース性が高いので、新商品の発売日や、企業の合併告知など、広告としてもニュース性が高いものもよく掲載されます。広告全体のキャンペーンの旗印としての使い方もされているようです。また企業ブランドの向上を目的として、スペースを生かした広告

各メディアの信頼度（図3.11.3）

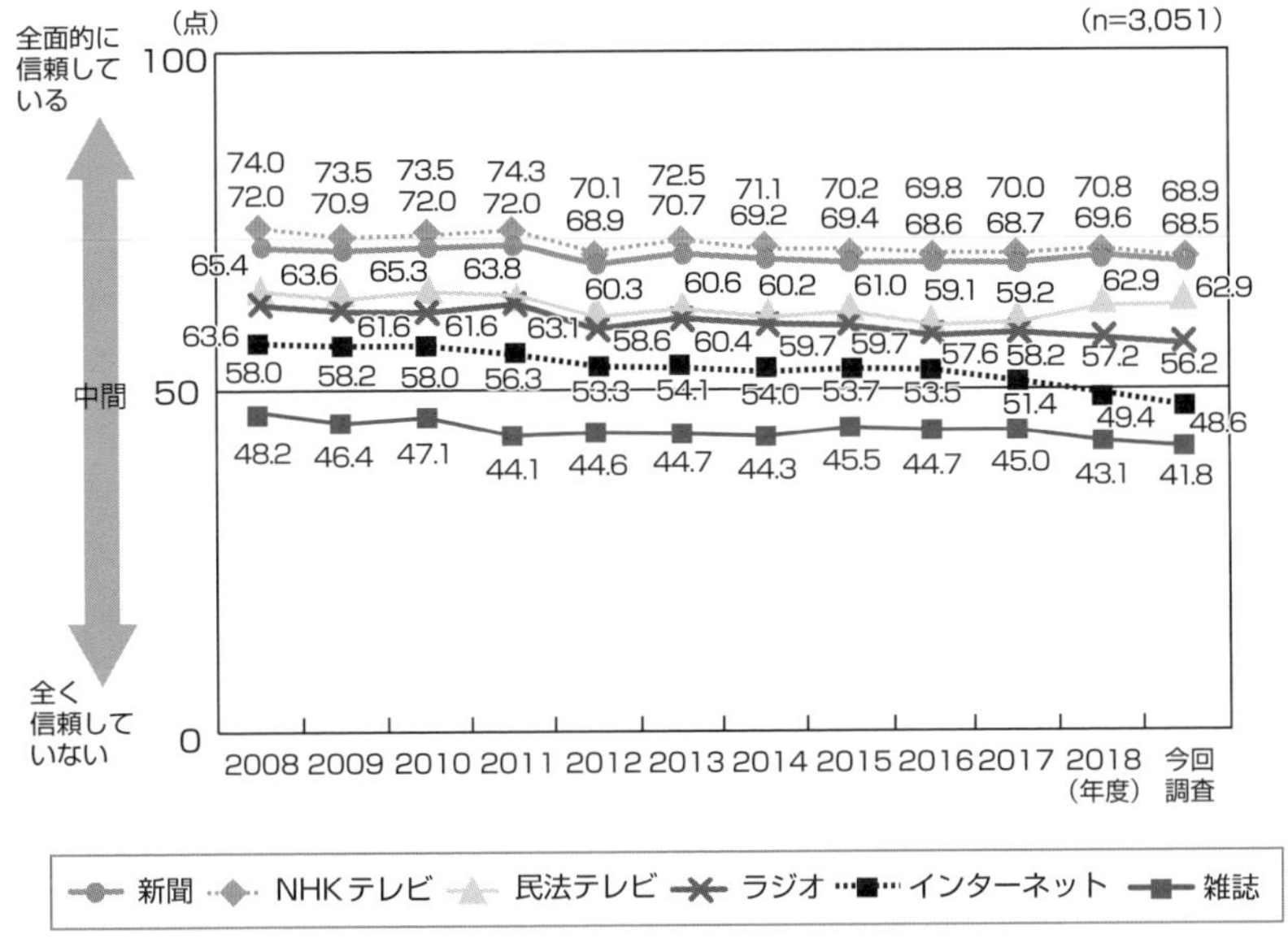

出典：新聞通信調査会「第12回メディアに関する全国世論調査（2019年）」

なども増えてきています。

最近、注目されているのは、通販ビジネスの販売チャネルとしての活用です。信頼性があり、発行部数も多く、フリーダイヤルなどの文字情報もしっかりと掲載できる新聞広告は、いまや通販ビジネスとは切っても切れないような関係にあります。

新聞社の新たな取り組み

新聞各社ともに、実際の紙の紙面だけでなく、デジタル領域にも力をいれています。

朝日新聞社は、「**朝日新聞デジタル**」を運用しています。有料会員はすべての記事が閲覧でき、無料会員は有料記事を一日に一本まで閲覧できます。

読売新聞社は無料のニュースサイト「YOMIURI ONLINE」と有料の電子新聞「**読売プレミアム**」を運営しています。また読売新聞社では独自の取り組みとして、医療、介護、健康情報の総合サイト「yomiDr.（ヨミドクター）」を運営しています。

毎日新聞社では、「**デジタル毎日**」を運営。速報ニュース以外を原則有料化しています。有料会員へのプレミアサービスとしてビジネスに役立つ「経済プレミア」などのコンテンツを提供しています。

日本経済新聞社では、「**日本経済新聞 電子版**」としてデジタル会員を多く獲得しています。日本経済新聞の本紙がデジタルで読めることに加え、自分専用にカスタマイズして記事を保存できる「Myニュース」や登録した企業の人事情報をメールで通知してくれる「日経人事ウォッチ」など日本経済新聞社ならではのサービスが充実しています。

これからの展開

新聞社ならではの企画力などがより求められています。例えば、地方の地元の情報や関連団体とのコネクションなどは新聞社が非常に得意とするところです。また信頼性あるメディアとして、国や行政を巻き込んだシンポジウムなどの展開なども、新聞社ならではです。

また先に述べた各新聞社のデジタルでの有料会員のデータも武器になります。顧客の情報とどんな記事を読んでいる人なのか、というデータは非常に価値の高いものになっていくと考えられます。

12 ターゲットが明確な雑誌広告

全国出版協会作成のデータで、約三四〇〇誌もの多種多用な雑誌が発行されています。「クラスメディア*」といわれ、読者を選別することが得意な媒体です。

雑誌社の種類――グループがあるの知ってる？

まず、大きな雑誌社を見てみましょう。雑誌を出している会社は通常の書籍も出している場合が多いので「出版社」といったほうがいいかもしれません。

講談社は売上が一三五八億円（二〇一九年一一月期）、**小学館**は売上が九七七億円（二〇二〇年二月期）、大正時代に小学館から独立した**集英社**が近年売上のトップに立っていて、売上一五二九億円（二〇二〇年五月期）です。ニコニコ動画で有名なネット企業のドワンゴを持つ**KADOKAWA**の出版事業で一一七三億円です（二〇二〇年三月期）。講談社と光文社などのグループ会社は、その所在地から**音羽グループ**と呼ばれ、小学館や集英社、プレジデント社などのグループ会社も同じくその所在地から**一ツ橋グループ**と呼ばれています。

雑誌の種類が千差万別なので、出版する雑誌社の種類も千差万別です。コミック出版社、経済誌出版社、婦人誌出版社、PC／ゲーム関連出版社、情報出版社などなど。変わったところでは、分冊スタイルでテーママガジンを刊行してテレビCMをバンバン打つデアゴスティーニ社などがあります。コロナ禍での巣ごもりでは、雑誌社でも明暗が分かれ、マンガに強い講談社や集英社は近年になり売上、利益を上げた一方、ファションに強い雑誌

用語解説

＊**クラスメディア**　雑誌やDM（ダイレクトメール）のように対象者が一定の層、集団、地域に分かれている媒体。近年では、インターネットや衛星放送もこれにあたる。

社は苦境となりました。

フリーペーパーと呼ばれる、街頭などにて無料で手に入れることのできる雑誌もあります。これらはすべて広告掲載料で制作、物流コストを賄っています。ちょっと違う話ですが、『ビッグイシュー日本版』は面白い試みで、有料分の一部は配布人に渡され、ホームレス支援の仕組みを持っています。

なお、故・江副浩正氏が創業し、人材輩出会社として有名な株式会社**リクルート**を広告会社と呼ぶのか出版社と呼ぶのか人材派遣会社と呼ぶのか、意見の分かれるところですが、売上高はなんと二兆三九九億円（二〇二〇年三月期）もあります。

雑誌広告のメリット

雑誌広告のメリットは、まず、ターゲットがセグメントされていること。これにより狙ったターゲットに効率よく到達することが可能です。また、読者はその雑誌のファンであるため、雑誌の好イメージを借りて広告主の商品やサービスをアピールすることができます。そして、回読性や保存性にも優れています。このほか、テレビなどでは説明しきれなかった商品特長やキャンペーンなどの文字情報をじっくり読ませることができる、というメリットがあります。

雑誌広告の種類と料金

雑誌の広告料に一番関係しているのは発行部数です。とは言っても広告料金も需要と供給の関係で成り立っているので、影響力のある雑誌ほど高い料金を設定しています。

料金は、雑誌のどの辺りにどんなスペースで広告が入るのか、カラー＊なのかモノクロなのかによって細かく分かれています。特に**表紙まわり**と呼ばれるものは料金が高く、表紙をめくったページを「表2」、裏表紙を「表4」、裏表紙の裏面を「表3」として区別しています。これらに対して、雑誌の途中に入ってくる広告は**中面**（なかめん）と呼ばれています。

例えば、週刊誌で比較的部数の多い『週刊文春』（文藝春秋）は二〇一九年の発行部数（ABC公査）が約二九万部、中面カラー広告一ページは一八五万円となっており、部数、出稿料金とも公表されています。広告会社のマー

用語解説

＊**カラー**　美しいカラーを表現するためには、オフセット印刷やグラビア印刷などで4色印刷を行う。4色は、4Cともいい、CMYK、つまり、シアン（青）、マゼンタ（赤）、イエロー（黄）の三原色に黒を加えたもの。

ジンはここに含まれています。

このように明らかに広告の体裁をとったものを**純広**（純広告の略）という言い方をし、対して、記事のように見える手法をとったものを**記事体広告**、あるいは**記事広告**などと呼んで区別しています。

記事体広告は、どちらかというと広告主側に主導権があり、媒体社が制作したり、広告会社が制作したりします。広告は広告主を明らかにすることが原則なので、記事体広告には、ページのどこかに「広告のページ」などの表記が入っています。

同じような体裁のものとして**編集タイアップ**があります。これは雑誌社の編集の部署が制作するため、媒体社の意向、テイストが強く反映されます。コントロールの効きにくい編集タイアップではありますが、制作費分が上乗せされ、逆に純広より高い料金を雑誌社に支払うことになります。これは、読者の心に入りやすいというメリットで相

主要出版社の売上高の推移（図3.12.1）

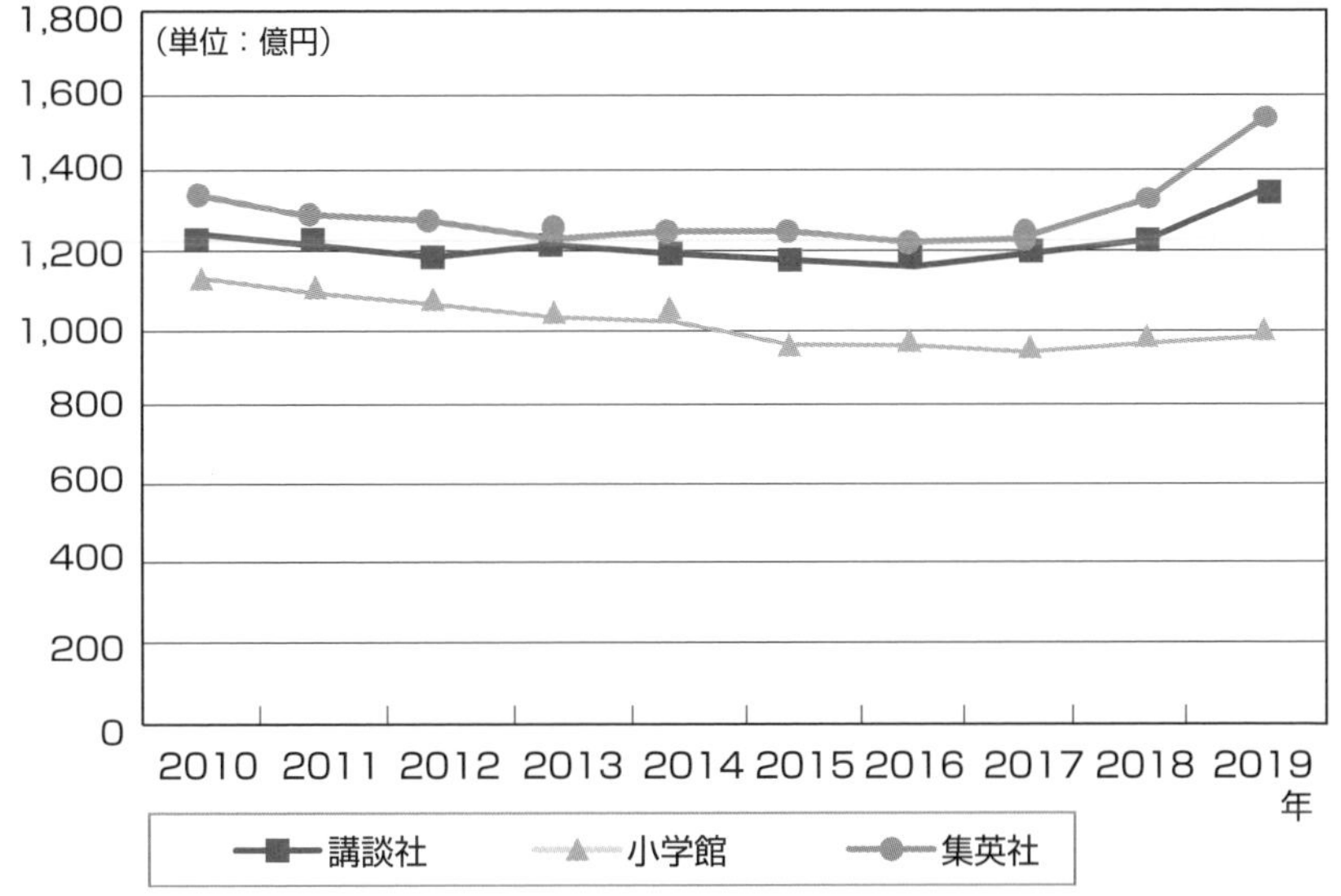

出典：各社HPおよび『Shinbunka ONLINE』を基に作成

殺されます。

なお、部数につきましては、二〇〇四年から日本雑誌協会が印刷証明付部数の公表を始めました。しかし、元々ある日本ABC協会の発表する公査部数のほうが販売実数に近いので、広告の現場では、ABCに参加している雑誌についてはそちらを参考にしています。部数の増減に対して、広告料金はすぐには反映されないので、大まかにいって部数が漸減傾向の現在は、料金が高止まりしています。

雑誌広告の現状と今後

雑誌の市場サイズを見ると、最盛期は一九九〇年代半ばで、二〇一九年は、部数でおよそ四分の一となりました。電車内などの風景を見るとわかりますが、短時間で読めるコンパクトなコンテンツ提供という雑誌の得意分野は、スマートフォンやタブレット端末などに置き換わっています。しかし、出版科学研究所の調べによりますと、日本の電子出版市場は、電子コミックが二五九三億円と牽引しており、電子書籍（文字もの）が三四九億円なのに比べ、電子雑誌は一三〇

出版市場の推移（図3.12.2）

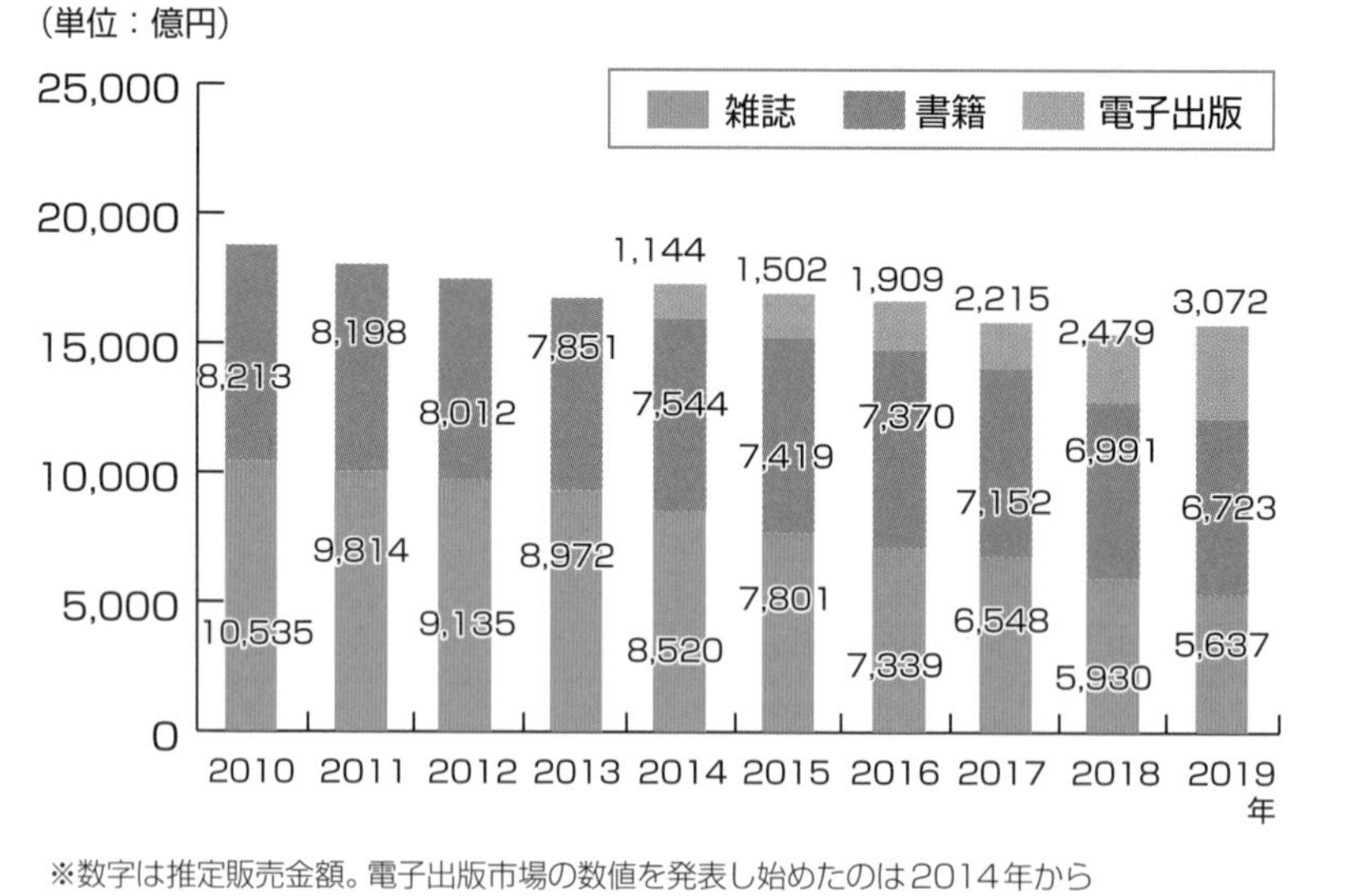

※数字は推定販売金額。電子出版市場の数値を発表し始めたのは2014年から

出典：出版科学研究所

ワンポイントコラム

【雑誌の写真とシズル感】広告マンはよく「この写真、シズル感サイコー」などといったりする。シズル感は、人間の五感を刺激して気持ちよくさせる感じを指す。なお、「この写真、なんかシズル感が足りないよね」のように、人の作品を根拠無しで否定する場合にもよく使う。

億円(いずれも二〇一九年)でしかなく、主な流通先のdマガジンも苦戦しています。雑誌をそのまま転載するだけでは読まれないことがわかってきたため、次の一手が必要となっています。

雑誌広告費も、やはり漸減傾向が見られます。二〇〇〇年をピークに現在まで連続して下降線をたどっています。ここでも、デジタル化の取り組みが重要視されており、前述の講談社は積極的に注力した結果、二〇一五年からの四年間でデジタル広告の売上が五倍以上に増えたと発表しています。

このほか、雑誌社は積極的にライツ事業などを推し進めています。原作がコミックのドラマや映画の数のなんと多いことでしょう。コンテンツの価値を高めるために雑誌主催のイベントを開催することも多いです。また、デジタル化によってコンテンツが海外まで届くようになり、主戦場が広がっています。

広告主の観点から考えると、単に記事と記事の間に純広を入れるということではなく、雑誌社の持つ、紙の媒体、デジタルの媒体、イベント、SNS、コンテンツを横断的に利用することに価値を感じています。

主要雑誌の広告掲載料と部数（図3.12.3）

雑誌名	出版社	中面カラー1P 出稿料金(円)	部数
日経ビジネス	日経BP	2,520,000	166,545
週刊文春	文藝春秋	1,850,000	287,241
週刊少年ジャンプ	集英社	3,000,000	1,572,833※
ビッグコミックオリジナル	小学館	1,800,000	425,000※
月刊ザテレビジョン	KADOKAWA	1,900,000	194,701
女性セブン	小学館	2,150,000	192,799
SEVENTEEN	集英社	1,200,000	84,653
sweet	宝島社	1,800,000	151,383
MORE	集英社	2,500,000	104,503
STORY	光文社	1,800,000	114,107
VERY	光文社	1,800,000	118,946
サンキュ！	ベネッセコーポレーション	1,700,000	178,760
ESSE	フジテレビジョン	2,400,000	191,251
オレンジページ	オレンジページ	2,500,000	204,706

料金は2020年現在。部数はABCによる2019年前期の公査部数。
※印のみJMPA2020.1-3データ。

column

テック系プロダクション集団の活躍

広告業界では、なんといってもTVCMの制作が最も華やかで、例えば、シンガタの佐々木宏さんや風とロックの箭内道彦さんなどが有名です。しかしながら、この方たちは、50歳代、60歳代で、続く世代のCMクリエイターが小粒だと思うのはいいすぎでしょうか。

広告の王道だった今までのTVCMですが、いまはそれ以外のジャンルを立ち位置としたクリエイターのほうが、元気に見えます。

伊藤直樹さんが代表のPARTYのメンバーの得意分野は様々で、手掛ける広告も、ムービーやウェブからイベントまで様々です。PARTYのNYと台北メンバーは、デジタルソリューションを得意とするdot by dotと合併し、Whateverという組織になりました。京都で創業し、東京・上海に拠点を持つワン・トゥ・テンもウェブデザインという出自から領域を広げ、カンヌをはじめ、国内外の様々な賞を獲得しています。デザインスタジオtha ltd.の中村勇吾さんの本職はウェブデザイナーかもしれませんが、TVCMも制作しますし、もっと上の視点から商品に関わったりします。三浦崇宏さん率いるGOも必ずしもTVCMを真ん中にしていません。企業名にThe Breakthrough Companyというショルダーを掲げています。

異業種から広告分野へ参入も盛んで、特にテクノロジー系の企業が元気です。猪子寿之さんが率い、ウルトラテクノロジスト集団と自称しているチームラボは、日本を代表するアート集団でありながら、「未来の遊園地」など商業的なヒットコンテンツを生み出しています。リアルとバーチャルを行き来するPerfumeの演出でも有名なライゾマティクスも、もはやなんの会社といっていいかわからないくらい、多くの体験型、ブランディング型の業務を手掛けています。また、世界的なプロダクトデザイナーのnendoの佐藤オオキさんも飲料の「ライジン」でTVCMを手掛けています。

ユーザーとの接点も多岐に渡る現在では、様々なアプローチが必要なので、異能のクリエイターたちの才能が必要とされているのかもしれません。

第4章

様々な広告の種類

あらゆるメディアが広告媒体になる

インターネット広告同様、SP広告（プロモーションメディア）にも多彩な種類があります。本章では私たちの生活のあちこちで活躍するSP広告のいろいろについて解説したいと思います。

1　ついつい見てしまう交通広告

ネット広告の伸長により、マス四媒体という言い方もあまりしなくなってきましたが、かつては、交通広告が第五のマス媒体といわれていました。マス四媒体と店頭をつなぐものとして、重要なポジションにいます。

交通媒体社＝広告会社を傘下に置く鉄道会社

3-2節で見たように広告は決してマス媒体だけで展開されているわけではなく、三割強をSP媒体が占めています。そのSP媒体の中で比較的大きな売上比率を占めているのが**交通広告**です。ここでいう交通広告とは狭義には鉄道およびバスまわりの媒体、広義には航空・船舶を含んでいると考えてよいでしょう。

これら交通広告は、利用者が多いほど媒体価値があります。よって、一日に何十万人、何百万人の利用者のある**交通機関**＊にとっては経営上のドル箱になります。

そこで、JR各社をはじめ、私鉄、航空会社などの多くは、その広告による収益をなるべくグループ内に留保するために**ハウスエージェンシー**を設立しています。

例えば、JR東日本の子会社にJR東日本企画、JR西日本の子会社にJR西日本コミュニケーションズがあります。

これらハウスエージェンシーのある鉄道では交通広告を出稿する場合は、必ずそのハウスエージェンシーを通して申し込まなければなりません。また、そうではない鉄道の媒体でも、古くからの専門広告会社が「買いきり」をもって、数社で都合し合うという、事実上の寡占状態にあるところもあります。

その場合、そのほかの広告会社は、その特定の広告会社とマージンを折半して出稿することになります。

用語解説

＊交通機関　JR東日本によると、JR新宿駅だけで1日平均78万人が乗車している(2019年)。

交通広告のメリット

交通広告では、地域によるセグメントが容易です。よって地域密着型の広告、例えば、百貨店催事や鉄道沿線の美術館、不動産などの広告などに適しています。しかし、なんといっても、駅や車内などのクローズドの空間で一定時間乗客を拘束することから、それ以外の一般的な広告も非常に有効です。毎週あるいは毎月途切れなく発刊される膨大な雑誌の広告が代表的です。また、テレビＣＭや雑誌ＣＭと連動したプロモーションでも多用されています。

交通広告の種類と料金

交通広告の王様は鉄道系の広告です。主要なものとしてポスターをそれぞれ駅構内に貼る**駅貼り広告**、車内に吊り下げる**中吊り広告**などがあります。

例えば、ＪＲ東日本がセット売りをしている、駅貼りの「新宿南口セット」は、掲出期間は一週間、新宿駅にＢ0ポスター(1030mm×1456mm)が合計一九枚貼られて一七〇万円という掲出料です。また、ＪＲ山手線などを走るＪＲ車両に八〇〇枚のＢ3中吊りポスターを七日間掲出した場合の定価は二二七万円になります。これらの定価は広告会社のマージンを含んだ額です。

交通広告の現状と今後

交通広告の市場規模は二〇一九年に二〇六二億円で、ここ数年は日本の総広告費にほぼ連動して横ばいであるといえます。ただし、クロスメディアが重視される時代にあたって、様々な試みがなされています。

駅構内の柱や床を利用した**柱広告**や**フロア広告**、また改札機、階段の手すり、階段そのものへの広告、巨大吊りバナー、キヨスクをまるごと広告媒体として利用、列車内の全ての広告媒体を占拠する**トレイン・ジャック**、さらに座席や内装・外装までも特別仕様にする、といったことはあたりまえになりました。

駅貼りポスターも、音の出るポスター、商品サンプルやプレミアム(オマケ)を貼り付けている特殊ポスター、携帯電話と連動させて、プラスアルファの情報を届けるポスターも珍しくありません。

また、**デジタルサイネージ**も進化してきました。駅構内の壁や柱、そして車両内にディスプレイを設置してきました。「人は動きながら動画を見ることはできない」という特性がわかってきて、駅構内のサイネージではほとんど静止画、一部のみ微妙に動かすというテクニックに収れんしました。

これまで安定していた交通広告ですが、コロナ禍によって人々の外出、移動が減り、その媒体価値が下がるという事態になりました。中国や韓国などに比べても変化の遅い日本の交通広告にも進化を期待したいところです。

電車内の代表的な交通広告媒体（図4.1.1）

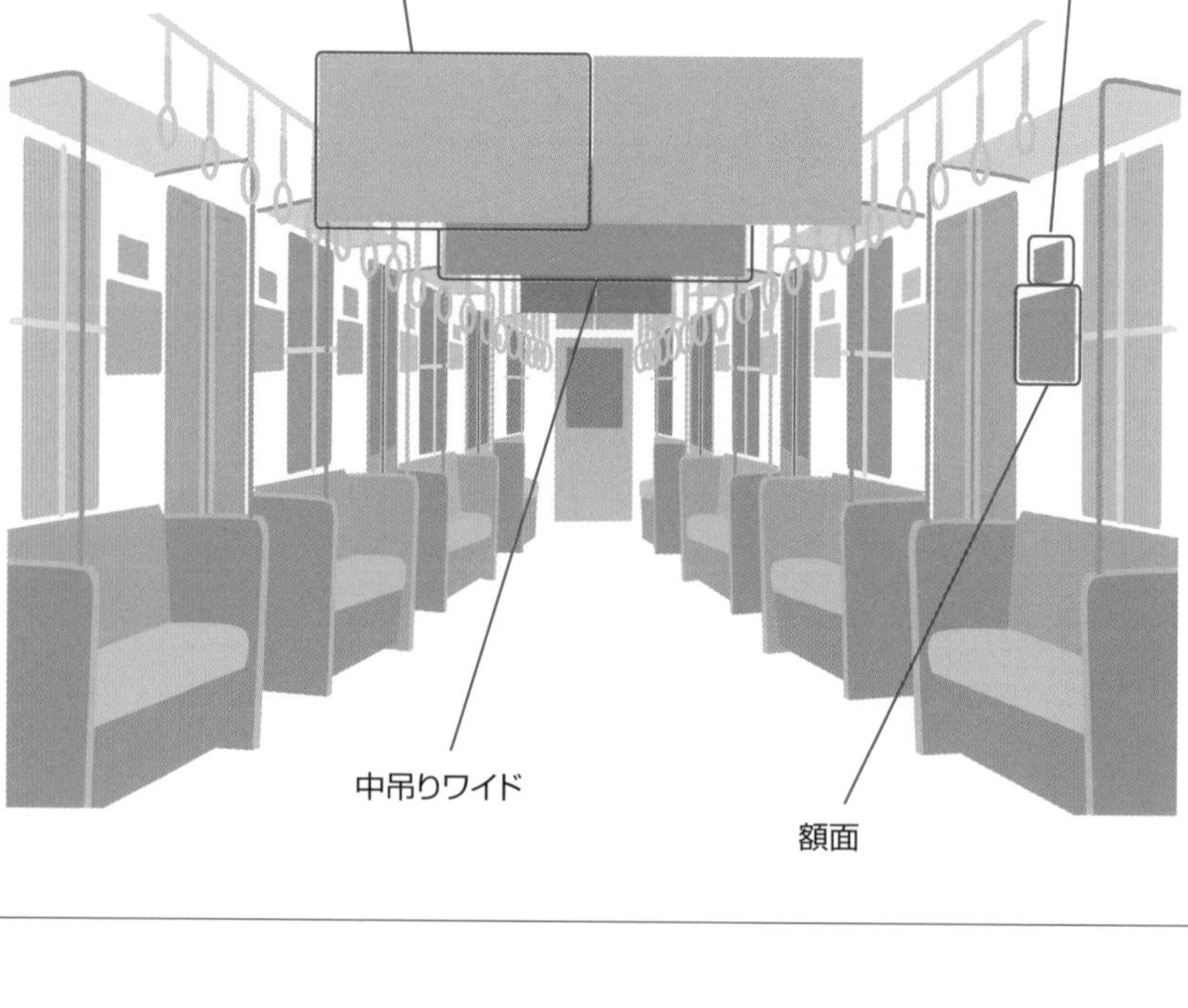

2 ふと見上げれば屋外広告

好むと好まざるとに関わらず、私たちが毎日接している広告に屋外広告があります。街を歩くと目にしないわけにはいきません。屋外広告もOOH（アウト・オブ・ホーム）メディアとして見直されています。

屋外広告とは何か

屋外に掲示されている広告にはいろいろな種類があります。

まず、個々のビルの屋上や壁面に設置されている広告があります。これらには、電気照明で光り輝く看板や、**ビルボード**ともいわれる大型ポスターのような看板があります。これらの媒体は、屋外広告を得意とする広告会社が設置に適したビルを開発して、掲出する広告主を探して実現したものです。月間契約の場合もあれば年間契約の場合もあります。

動画が放映できる**LEDヴィジョン**も多いです。ハードの性能向上により、以前より容易に設置できるようになりました。駅前、交差点など人が多く集まるところに設置されています。

市中での屋外広告の露出に関しては、各自治体による条例があり、街の景観を損なわないように業種やサイズや色に一定の制約がなされています。これらは、店舗のサイン（看板）と連動して規制されており、例えば最も厳しいといわれる京都市では赤地を使っていないマクドナルドのサインなど珍しいものを見ることができます。

この他、ビル壁面にかかる懸垂幕や新幹線から見える野立て看板、ヘリウムガスを詰めたアドバルーン、野球場などのスタジアム看板も屋外広告の一種です。

屋外広告のメリット

屋外広告のメリットとして、地域を絞った展開が可能ということが挙げられます。また、一般的に長期間掲示され、多くの人の目に触れるため到達コストは安くなり、なおかつ繰り返し接触するため見た人への刷り込み度合いも強いといえます。

テレビや新聞などの他のマス媒体のように短期間で露出が終了してしまうのを避けるための媒体だといえるでしょう。

反面、商品の細かい特性を伝えるのは苦手で、社名や製品名やサービス名とそのイメージなど、ワンポイントのみのアピールになります。

屋外広告の種類と料金

まず、商業的価値の高いビルボード系の媒体を見てみましょう。「3×4mボード：東阪一〇〇面セット」のようにパッケージ化されているものもありますが、ほとんどが個別の媒体になっています。まさに「需要と供給の関係」で成り立っているため、ビルの建設や買い手である業界の景気動向などで相場が変わってきます。

海外でも知られている大阪道頓堀のまばゆいネオン看板を例にとると、サイズに大小はありますが、年間の掲出料が一〇〇〇万円前後、制作費に一〇〇〇万円、さらに電気代などの経費がかかります。これを高いと思うでしょうか、それとも安いと思うでしょうか。

ターミナルや街頭に設置されているLEDヴィジョンはどうでしょう。テレビと同じCMを流しても総額は大きなものにはなりませんが、一人当たりのコストを比較するとやはりテレビの方が高効率になります。よって地域を絞ったプロモーションや、**クロスメディア型プロモーション**での使用が多くなります。

屋外広告の現状と今後

屋外広告は、二〇〇七年の約四〇〇〇億円をピークにここ数年は三二〇〇億円前後で推移しています。屋外広告の弱点は、効果検証を行いにくいということです。クライアントは効果の測りにくいものに広告費を出したがりません。そこで、二〇一九年、NTTドコモと電通でライブボードという会社を立ち上げ、ネット広告のようにインプレッション制を導入、ネットでの枠購入の仕組みなどを打ち出しました。今のところ、普通に購入するよりも高い料金が敬遠され、活性化していないようです。

　このように広告取引がオンラインで行え、広告コンテンツの配信がオンラインで行えるようになるのが未来の屋外広告の形とするならば、屋外広告のデジタル化が欠かせません。街頭のLEDヴィジョンや交通広告の液晶ヴィジョンと合わせて**デジタルサイネージ**という呼び方もされています。デジタルサイネージであっても、通信でネットワークされているとは限りませんが、デジタル化の次は、オンライン化が必要です。デジタルサイネージがネットワークされるとネット広告とも連動が可能になるかもしれません。例えば、スマホのデータから電車の車両内にいる乗客の属性を把握して、車内サイネージにそれに適した広告を配信するようなことです。

　デジタル化、オンライン化が進み、効果検証などの補強がなされ、顧客体験を設計する際の一要素として活用されることが期待されます。

屋外広告費の推移（図4.2.1）

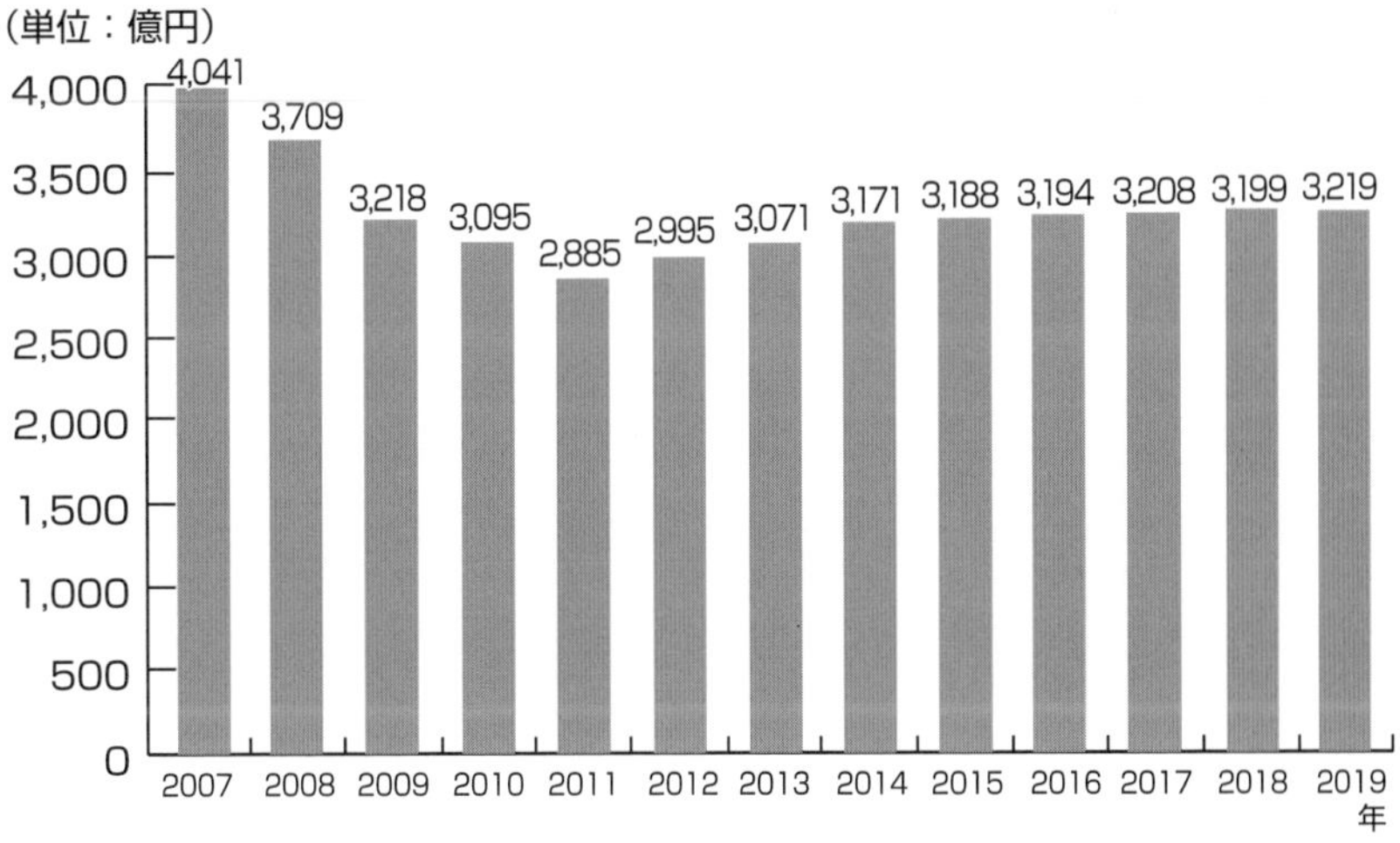

出典：　電通「2019年　日本の広告費」

3 生活に身近なSP広告

SPとはセールス・プロモーションの略です。SP広告とは統計上の言葉で、マス四媒体＋インターネットにあてはまらない広告を、強引にひとくくりにしている向きがあります。顧客体験の設計が重要になってくるとともにSP広告の重要性も高まっています。

多種多様なSP広告

SP広告のうち、交通広告と屋外広告は前節、前々節で触れましたので、ここではそれ以外の媒体について触れます。そこで、私たちはどんなシーンで広告と接するのか思い出してください。

まず、朝に新聞とともに目にするのが**折込広告（折込チラシ）**です。折込チラシはデザイン制作、印刷されたあと、新聞配達店に届けられ、新聞に折り込まれます。折込を仲介しているのは折込専門の広告会社です。折込広告は二〇一九年に三五五九億円で、依然として交通広告や屋外広告を凌駕していますが、新聞の衰退とともに急速に縮小しています。

街に出てもいたるところで広告を目にします。ファーストフード店では**トレイマット**に入っている広告を目にします。

鉄道や地下鉄のラックに置いている**フリーペーパー**は専門の広告会社が発行しているものです。何気なく見る空港ロビーのテレビはパナソニックなどのメーカーが広告費を払って置いているものです。レンタルビデオチェーンのTSUTAYAでも、フリーペーパーでの広告出稿やサンプリングなどの販促活動をすることができます。

店に入ると商品をすすめられますが、ここでもメーカーが流通支援のために**スタッフ**を送り込んでいる場合があります。百貨店、スーパーや家電量販店でよくとられる手法です。商品のまわりで**POP**が目を引きますがこれも重要な広告物です。

映画館では本編上映前にCMが流れます。**劇場CM**とか**シネアド**などと呼ばれています。

いろいろな**イベント**にも出会います。駅やショッピングセンターなどの商業施設にはイベントスペースが設けられていて、新商品のプロモーションが行われ、観光誘致のブースが出たりしています。

コロナ禍によって影響があるものの、都市の展示会場では、毎日、毎週のように展示会が催され、たくさんの人々を集めています。

自宅に帰ってポストを見ると地域のフリーペーパーや**DM**が入っています。突然かかってきた電話に出ると企業からの勧誘の電話だったことも一度や二度ではないはずです。DMも媒体別の広告費では二〇一九年で三六四二億円と巨額の広告媒体です。新規顧客開拓には郵便局やヤマト便の信用を活用してマンションなどにもDMを一斉配布できるようなサービスも利用されています。

テレビでスポーツニュースを見ると「味の素スタジアム」や「京セラドーム大阪」などの名前が出てきます。シアトル・マリナーズの「セーフコ・フィールド」もそうですが、これらは施設側が名前の権利を企業に売っている**ネーミングライツ**と呼ばれる手法です。スポーツの競技場だけでなく、「はまぎん　こども宇宙科学館」（横浜こども科学館）、「ロームシアター京都」（京都会館）など施設全般にその動きが広がっています（4－4節参照）。

また、媒体ではありませんが、**プレゼントキャンペーン**もSPの代表的な手法です。その賞品は、金券や旅行や家電製品など既存のものも多いですが、オリジナルで企業や商品のイメージを体現したものを作ることもあります。賞品をもらった人にメッセージを伝えるという意味では、**ノベルティ**もSP広告といえますね。

あまりにも私たちの生活に入り込んでいることばかりですが、これらはすべて企業の販促活動（セールス・プロモーション）であり、広告主が存在しているのです。

SP広告と文化事業、博覧会事業

生活動線に沿って、様々なSP広告の例を挙げましたが、これらはどちらかというと目に見えやすい媒体があるものでした。しかし、SP活動はそれだけではありません。

用語解説

＊**CRM**　Customer Relationship Managementの略。企業が顧客データをもとに顧客とコミュニケーションを行い、収益の拡大に努めること。

音楽、演劇などに協賛する方法もあります。特に一社で協賛して講演タイトルに広告主や商品名を入れることを**冠協賛**と呼びます。

美術館、博物館、百貨店などで行われる美術展の協賛を募ることもあります。美術展に限らず、独自のイベントを開催して、協賛を集める場合もあります。

これら、音楽、演劇、展覧会、イベントなどへの広告会社の関り方は千差万別で、もともとあるパッケージに協賛社を付けるもの、広告会社の自社の事業として立ち上げるもの、広告主の意向がはじめにあり、それに沿って新たに作り上げるものなど多様です。

ＳＰ分野の中で、特殊で、それでいて大型の案件に**博覧会事業**があります。その頂点は、国際博覧会条約に基づいて行われる国際博覧会です。日本での開催で、最も新しいところでは二〇〇五年に愛知万博*があり、ＡＤＫが担当した二つの日本館は好評を博しました。また、二〇二五年には、大阪・関西万博が予定されています。地方自治体が主体となる地方博や菓子博などのテーマ博も毎年のようにここかしこで開かれますので、広告会社の一事業になっています。

ＳＰ広告とスポーツ

広告とスポーツも切っても切れない関係です。プロ野球の中継は、低落傾向にあるというものの、いまだテレビやラジオで視聴率や聴取率の取れるコンテンツとして数多く放送されています。そして、野球やサッカーのビッグスターは常にＣＭに出演しています。

世界で最も規模の大きい**スポーツイベント**はともに四年に一度の**オリンピック**と**サッカーワールドカップ**です。

ＩＯＣ（国際オリンピック委員会）によるとオリンピックの収入源の多くが放映権収入とスポンサー協賛です。大会の成否を左右する放映権料は、年々高騰し、ＮＨＫと民放各社からなるＪＣ（ジャパン・コンソーシアムが支払うも巨額です。商業化の始まったロサンゼルス五輪で四六億円だったのが、二〇一八年の平昌（冬季）、二〇二〇年の東京（夏季）セットでなんと六六〇億円です。二〇一四年のサッカーブラジル大会でＪＣが払った放映権料は四〇〇億円、二〇一八年のロシア大会では六〇〇億円と推定されています。これだけの巨額が動いていますので、コロナ禍によってビッグイベントが実施されるか否かは

用語解説

＊愛知万博　愛知万博の時期を境に国際博覧会の規定が変わった。開催期間などの規模において、旧規定では、一般博＞特別博、新しい規定では、登録博＞認定博という関係性で、例えば、登録博は5年おきにしか開催できない。

とても大きな関心となります。

一方、スポンサー協賛料も高額で、オリンピックでは、全世界で広告活動が行えるトヨタのようなＩＯＣのワールドワイドパートナーで一〇〇〇億円から二〇〇〇億円と言われています。二〇一〇年、二〇一四年のサッカーＷ杯を含む八年間でソニーがＦＩＦＡと交わしたパートナー契約は三三〇億円と言われましたが、ソニーはその後更新をしませんでした。二〇一七年からのサッカークラブのＦＣバルセロナと楽天のパートナー契約は一説では五年間で三二〇億円と言われており、話題を呼びました。

ＳＰ広告の現状と今後

従来、日本の広告会社がメインにしていたテレビＣＭの先行きに不透明感が漂っています。マス媒体のみを頼るのではなく、人の一日の生活シーンの中の動線に沿って、適したタイミングで適したメッセージを送ることが大切になっています。

無秩序に情報発信をして逆効果に陥ることなく、広告の送り手と受け手の双方がハッピーになるような広告が望まれています。

オリンピックの全収入と放映権収入の割合（図4.3.1）

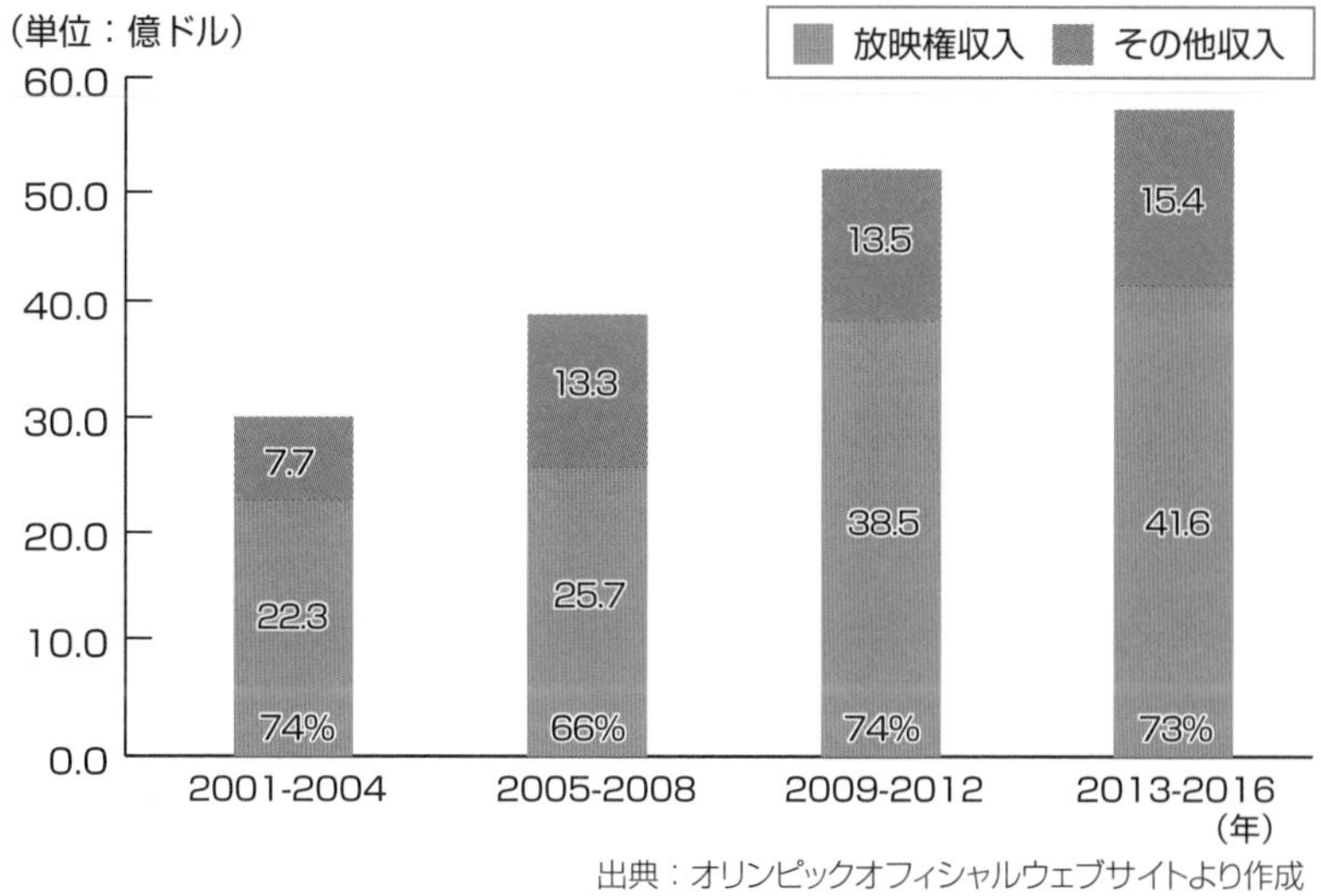

出典：オリンピックオフィシャルウェブサイトより作成

ネーミングライツとは何か

生活者の広告の興味喚起度が低くなっている中、少しでも生活者の興味のあるものを広告化する動きが見られます。ネーミングライツもその一つです。

すっかり耳なじみになったネーミングライツ

ネーミングライツとは、自治体などが所有している建物やスペースを期間限定で、その名前を企業の名前やブランド名にしてしまう広告手法で、**命名権***とも呼ばれます。

国内の施設では、一九九七年に民間で運営している「東伏見アイスアリーナ」が「サントリー東伏見アイスアリーナ」になったのが初めての事例です。公営施設としては、二〇〇三年に「東京スタジアム」が「味の素スタジアム」になりました。このときの契約金は五年間で一二億円といわれています。その後、日産スタジアム（横浜総合国際競技場）、「福岡Ｙａｈｏｏ！Ｊａｐａｎドーム」（福岡ドーム・現福岡ヤフオク！ドーム）、「京セラドーム大阪」（大阪ドーム）など、次々に生まれていきました。二〇〇九年には、国立施設で初めて、「味の素トレーニングセンター」（ナショナルトレーニングセンター）が成立しました。

ネーミングライツによる企業のメリットとしては大きく二つあります。一つはランドマーク的な施設名の名前になることで、地元はもちろん、ニュースなどで全国的にも知名度を上げるのに大いに貢献するということです。もう一つのメリットは、企業イメージアップです。スポーツや文化活動などを応援・支援している企業というイメージや、地元からも親しみやすいというイメージを持たれたりするメリットがあります。

ネーミングライツの例外

サッカーや陸上競技などの国際大会では、例外として、

用語解説

＊**命名権**　公益施設などの運営費などが苦しくなった自治体が、入場料収入や物販収入以外の収益を求めて作り出したのが施設命名権だった。広告業界ではネーミングライツと呼ぶのが一般的だ。

ネーミングライツが適用されません。例えば、サッカーでは、国際サッカー連盟（FIFA）の取り決めで、FIFA主催国際公式戦やそのパブリック・ビューイングでは、FIFA公認スポンサー以外ではスタジアムの看板露出やスタジアム名などは露出できないことになっています。

ネーミングライツの抱える課題

まず、売り手と買い手の思惑の違いが挙げられます。自治体は、魅力の乏しい施設を売りに出したり、料金設定を高額にしがちでした。試行錯誤を重ねることによって、やっと年間の料金が数十万円から数百万円で合意した施設も多く見られるようになってきました。

また、地元住民等の反対にあう場合もあります。大阪府の泉佐野市が市の名前をネーミングライツの対象として検討していることを発表し、激しい議論になりました。東京・渋谷の宮下公園はナイキ・ジャパンが権利を獲得しましたが反対運動にあい、「宮下ナイキパーク」の名前は実現しませんでした。

契約期間にも課題が残っています。地元の人や、ファンがいる施設の名前をコロコロ変えていいのかということです。アメリカのシアトルにある「セーフコ・スタジアム」は二〇年契約ですが、日本では五年契約が多いようです。神戸総合運動公園野球場は、Ｙａｈｏｏ！ＢＢからスカイマークと変遷し、現在は「ほっともっとフィールド神戸」となっています。それらの課題に対して、京都市の「ロームシアター京都」（京都会館）は五〇年間という長期の契約を結んでいます。

さらに、買い手である企業側の不祥事という突発事項があります。「宮城球場」におけるフルキャストの不祥事による契約解除、「西武ドーム」におけるグッドウィルの不祥事による契約解除、あるいは「オリンパスホール八王子」のオリンパス騒動によるイメージダウンなどが話題となりました。

このように、ネーミングライツでは、社会的な影響も充分考慮する必要があります。

新しいネーミングライツの動き

ネーミングライツの対象は、様々なものに拡がっています。二〇〇七年にはＡＤＫが関与し、日本初道路のネーミングライツ「ＴＯＹＯ　ＴＩＲＥＳターンパイク」

（箱根ターンパイク）が成立しました。歩道橋のネーミングライツは大阪府から始まり、全国に拡がっており、特に名古屋市では数十箇所で実績を上げています。大阪市では、大阪駅前の「梅田新歩道橋」をロート製薬が六（ロー）一〇（ト）万円で落札しています。ほかにも、図書館、美術館、水族館、駅、橋、トンネル、公園、森林、トイレなどまでネーミングライツが広がっています。

また、施設全体ではなく、部分的な切り売りも出てきています。例えば、甲子園球場では、球場そのもののネーミングライツは行っていませんが、「ＳＭＢＣシート（一塁、三塁側）」「東芝シート（バックネット裏）」などを設けています。変わったところでは、新体操日本代表チームのネーミングライツ「フェアリージャパンＰＯＬＡ」というものもあります。

映画のタイトルがネーミングライツになった動きもあります。映画『秘密結社 鷹の爪 THE MOVIEII ～私を愛した黒烏龍茶～』では、サブタイトルがネーミングライツされた史上初の試みでした。

どんなコンテンツでもビジネスチャンスにする、広告会社のビジネスはどこに眠っているかわからないものです。

ネーミングライツが行われている施設例（過去の例含む）（図4.4.1）

正式名称・旧称	ネーミングライツでの呼称	契約期間
東京スタジアム	味の素スタジアム	2003/3～
神戸総合運動公園野球場（グリーンスタジアム神戸）	Yahoo!BBスタジアム	2003/4～2004/12
	スカイマークスタジアム	2005/2～2011/2
	ほっともっとフィールド神戸	2011/2～
横浜国際総合競技場	日産スタジアム	2005/3～2021/2
広島市民球場	MAZDA Zoom-Zoom スタジアム広島	2009/4～2024年
福岡ドーム	福岡Yahoo!JAPANドーム	2005/3～2013/1
	福岡ヤフオク！ドーム	2013/2～2020/2
	福岡PayPayドーム	2020/3～
渋谷公会堂	渋谷C.C.Lemonホール	2006/10～2011/9
横浜こども科学館	はまぎんこども科学館	2008/4～2019/3
京都会館	ロームシアター京都	2016/1～（50年間）
京都市美術館	京都市京セラ美術館	2020/3～（50年間）

5 アニメや映画のコンテンツビジネス

バブル崩壊後の一九九〇年代の日本が唯一世界をリードできた産業はマンガ・アニメ・ゲームなどのコンテンツビジネスではないでしょうか。広告会社もコンテンツの近くにいる、あるいは保有するということを目指して動いています。

マンガ・アニメの国、日本

「なぜアメリカではマンガが発展しなかったのか？　それはアメリカには手塚治虫がいなかったから」といわれています。マンガの神様・手塚治虫の「鉄腕アトム」が雑誌に登場したのが一九五一年、日本初のアニメ放送となったのが一九六三年です。このとき手塚はこれを実現させるために一話の製作費が二五〇万円かかるのに五五万円でテレビ局に売ったと言われています。すでにこのときから期せずして、テレビ放送の赤字をメディアミックスやMD（マーチャンダイジング＝商品化）で稼ぐというビジネスモデルが包含されています。

初期は失敗を繰り返しながらノウハウを貯めていきました。いまでも根強いファンの多い一九七〇年代の「宇宙戦艦ヤマト」や「機動戦士ガンダム」も初回の放送は視聴率が低くて評判が悪かったのは有名な話です。では、原作者（コンテンツ）、テレビ局、広告会社、スポンサーという関係が成り立っていく過程を見ていきましょう。

コンテンツビジネスの代表格「ドラえもん」

子供から大人まで誰もが知る日本の国民的キャラク

用語解説

＊**コンテンツ**　広告会社で「コンテンツ」とは通常、テレビ番組や映画や音楽、アニメやミュージカルを指します。場合によっては東京ディズニーランドやユニバーサル・スタジオ・ジャパンもコンテンツと呼べます。

ター、「ドラえもん」は、コンテンツ*ビジネスの成功例です。なお、定着するかどうかわかりませんが、同様の言葉として**IP*ビジネス**という言い方も近年流行っています。

「ドラえもん」のようなコンテンツは、人気が出れば、子供市場において絶大なパワーを発揮します。キャラクターを人気のあるものにする、一番手っ取り早い方法は、テレビアニメにすることです。そのためにはテレビ局の協力が不可欠です。しかし、テレビ局にとって子供市場は必ずしも、「おいしい」マーケットとは呼べません*。

そこで登場するのが広告会社です（「ドラえもん」の例だとADK）。広告会社は、玩具メーカーや菓子メーカーのニーズをつかみ、その上で、そのアニメの放送枠を買い切ります。つまり、その広告会社一社でしかそのアニメ枠を販売できないようにします。これは独占的にそのアニメを販売できる一方で、枠が売れ残った場合も広告会社が補償をする必要があります。テレビ局にとっては、広告会社が、販売枠の責任を取ってくれるため、アニメ枠を実施しやすくなります。

玩具メーカーは、その人気キャラクターの商品を商品化して売りたい、と思っています。広告会社は、メーカーにアニメテレビ番組をスポンサー（番組提供）してもらうことで、その販売権の許諾を行います。もちろん、その際には、アニメ化したテレビ番組の提供広告料金に加えて、商品の販売価格の何割（商品カテゴリーにより一～八％程度）かを**ロイヤルティ**（版権使用料）として、テレビ局や原作者、アニメ製作会社などに支払う必要があります。ここで広告会社としても、その製作費を出資することで、版権元に入り、ロイヤルティ収入を得る、というビジネスモデルが成立しています。ロイヤルティ収入は、一〇〇％利益になるため、番組がヒットすれば莫大な利益をもたらします。もちろん、その反面、番組がヒットしなければ、商品化したいというスポンサーも現れず、アニメ枠だけが売れ残る、という事態も想定されます。

コンテンツビジネスの発展

こうして一九七〇年代のメガヒットを受け、一九八〇年代に子供をターゲットにしたアニメ番組を世に出す手法が確立していきます。一九九〇年代には、アニメは大人ターゲットにも拡張し、深夜アニメ枠、BS・CS放

用語解説

*IP　Intellectual Property、知的財産のこと。

*…呼べません　子供市場をターゲットにしている企業の広がりは小さい。加えて、テレビスポットゾーンとしてもターゲットにしている広告主は少ないため、アニメ放送枠はテレビ局にとってもリスクがある。

送のアニメ枠、さらにはテレビ放送されずに売られるOVA（オリジナル・ビデオ・アニメーション）まで作られるようになります。一気に製作作品が増えました。ここでその財源は、コンテンツホルダー、放送・配信・配給事業者（テレビ局等）、出版社、映像・音楽制作会社（スタジオ）、ライセンシー（玩具メーカー等）、そして広告会社が共同出資する**製作委員会方式**が増えてくることになりました。**コンソーシアム**（**共同事業体**）ともいいます。製作委員会方式では、ヒットするかどうかわからない作品制作のリスクを分散することが可能です。

こういった動きは、映画業界にも広がりました。この方式の初期、二〇〇〇年代の成功例として、セカチューこと、「世界の中心で愛を叫ぶ」があります。こちらは東宝、TBS、小学館、スターダストピクチャーズ、毎日放送、そして博報堂DYメディアパートナーズというメンバーで構成されています。

二〇一〇年代には日本のアニメは海外に広がります。もちろんそれまでにも世界各国で放映されていたのですが、一兆円規模という国内のアニメ市場に迫る勢いで成長したのです。

映画の製作委員会制での各社の役割（図4.5.1）

映画会社	→	映画の興行・チケット収入（収益） 映画の製作（期待されていること）
テレビ局	→	テレビドラマの映画化（収益） 関連番組の放送・番宣（期待されていること）
レコード会社	→	関連サントラ収入（収益） 有名アーティスト起用（期待されていること）
出版社	→	原作本販売（収益） 原作本提供（期待されていること）
芸能事務所	→	タレントの売り出し（収益） 有名タレントの起用（期待されていること）
広告会社	→	タイアップスポンサーの広告出稿（収益） タイアップスポンサー費用（期待されていること） 宣伝媒体の確保（期待されていること）

出資比率による収益配分

考えられる理由としてまず、世の中のデジタル化です。ネットフリックスなどの動画配信サービスの発展で優良なコンテンツを世界中でいつでも、どこでも観ることができるようになりました。

もう一つはゲームとの共闘です。日本のアニメより先に世界市場を制覇したのは任天堂をはじめとする日本のゲームです。日本のアニメはマンガ原作だけではなく、実はゲーム原作のものも多く、海外で先にゲームで地ならしをしているところにアニメが追いかけました。最大のヒット作がポケモンでしょう。もちろん、アニメが先でゲーム化されるものも多く、ゲームはアニメのメディアミックスにおける収益の一つとなっています。広告会社がリスクを持ちつつも版権元に入ろうとするのは、このような利益を享受するためです。

コンテンツメーカーから コンテンツサービス事業者へ

このようにコンテンツは、テレビ放送、DVDなどのパッケージ、動画配信サービスなどのインターネット放映、映画館での上映、玩具やゲームなどでの商品化などでファンと接点を持って収益を上げています。ただ、テレビや出版の影響力が急速に弱まり、人々との接点がネットを中心に非常に細かくなってきたいま、これまでのようにメガヒットを作り出すことが難しくなってきています。広告と同様にここでもコミュニケーションのキーは「体験」や「感情の共有」にあるのではないでしょうか。

例えば、**2・5次元ビジネス**という発明ともいうべきカテゴリーの創出があります。2・5次元とは2次元（マンガやアニメ等）と3次元（実物）の間というくらいの意味ですが、アニメを舞台化、ミュージカル化したり、コンサートを開いたりすることです。ミュージカル「テニスの王子さま」でADKが切り開いたといわれています。声優のアイドル化もその一端でしょう。

「ポケモンGO」も優れたイベント体験だといえます。コンテンツホルダーは、これまでのようにコンテンツメーカーとして作ったものを世に出すだけでなく、サービス事業者としてファンに対して様々な接点、体験の場を提供し続ける立場でなければなりません。

用語解説

＊**FSP**　Frequent Shoppers Programの略。いわゆる各小売店が顧客に渡すカード。ポイントが貯まる、値引きがあるなどの特徴があるものが多い。

第4章　様々な広告の種類

6 ダイレクトレスポンス広告

ダイレクトレスポンス広告はダイレクト・マーケティングの一種で、顧客からの注文や問い合わせを直接的に受け付けることのみを目的とした広告です。その代表例が通信販売です。様々な形態がありますが、ここでは広告会社が扱うマス媒体とインターネットを利用したものを見ていきます。

通信販売業界の概況

日本通信販売協会（ＪＡＤＭＡ）が毎年発表している通販業界全体の売上高は、毎年右肩上がりの高い伸び率で、二〇一一年に初めて推計で五兆円を突破し、二〇一九年で八兆八五〇〇億円と、過去十年間でおよそ二倍となりました（図４・６・１）。

重要な注文の入口の一つであるカタログは自社で制作、配布することがほとんどであるため、広告会社の出番はあまり多くありません。

しかし、多くの企業が、マス媒体やインターネットなどの媒体に出稿し、フリーダイヤルやハガキなどで資料やサンプルの請求を受け付けてレスポンスを測っていますので、広告としては活況で、その出稿ノウハウが大変重要になっています。

活況を呈するEC

インターネットなどを利用して行う商取引を、**電子商取引**、あるいは**eコマース**、または**EC**といいます。

マクロミルによる二〇一七年の調査によりますと、通販の利用者のうち、利用している媒体についてはECサイトがトップの八七％で、以下、が**ネットスーパー**、**カタ**

ログ販売、**テレビ通販**、そして最後に**新聞広告・折込チラシ**の通販という順位になっています。テレビ通販や新聞広告・折込チラシの利用率はそれぞれ一〇％を切っていますので、通販で利用している媒体については圧倒的にＥＣが高くなっています。総務省の「情報通信白書（平成二七年版）」によりますと、人全体におけるＥＣの利用率も七割以上で、しかも、シニアも含めたすべての年代でまんべんなく利用されています。

　経済産業省の二〇一九年の調査では物販分野のＥＣのうちスマホ経由が四三％という驚くべき高さになっています。多くの人がスマホで手軽にＥＣを利用している時代になっています（図４・

通信販売　売上高の推移（図4.6.1）

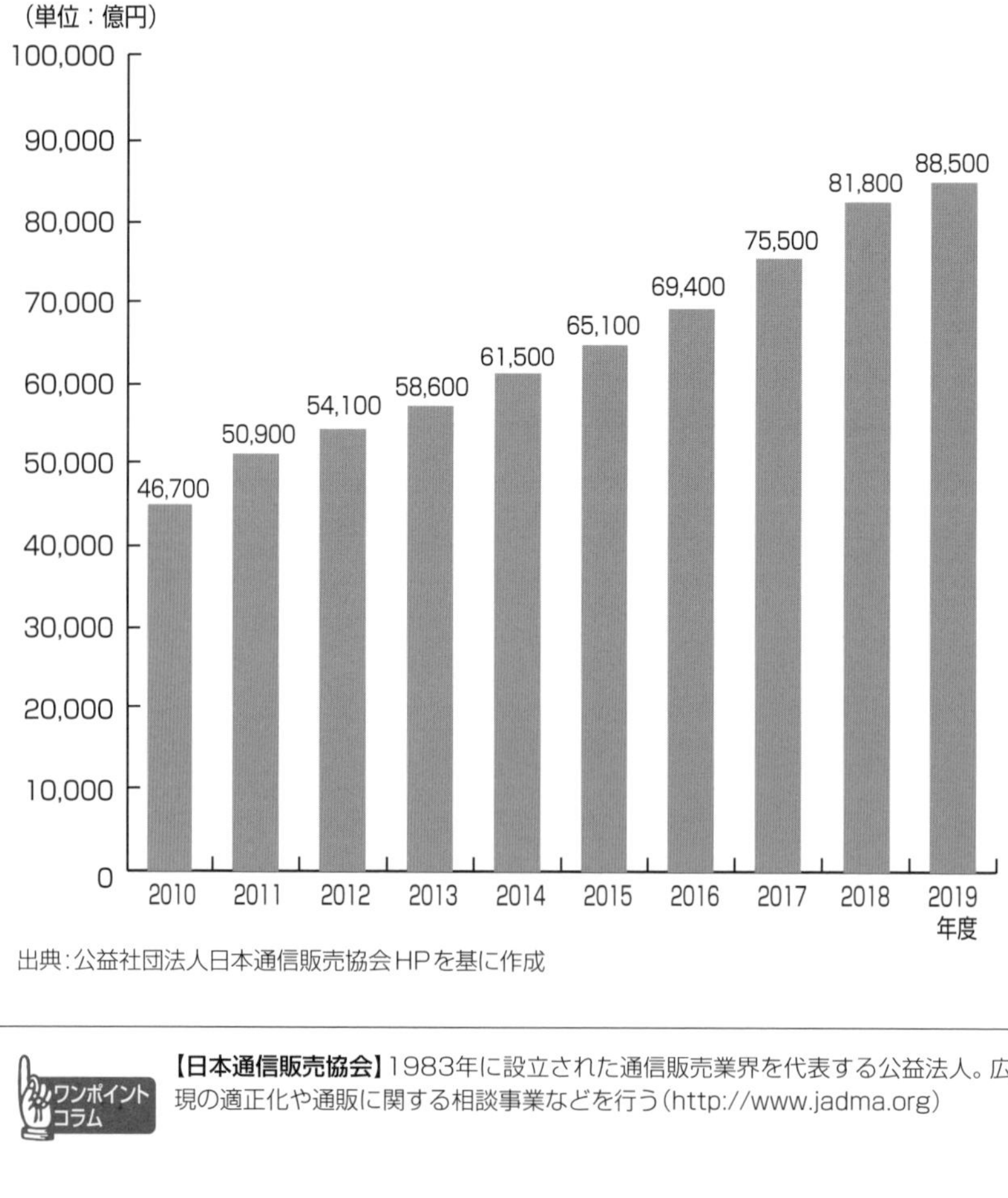

出典：公益社団法人日本通信販売協会HPを基に作成

ワンポイントコラム

【日本通信販売協会】1983年に設立された通信販売業界を代表する公益法人。広告表現の適正化や通販に関する相談事業などを行う（http://www.jadma.org）

6・2)。

販売企業別に二〇一九年度のEC売上ランキング一位はAmazonで一兆七四四三億円、二位はヨドバシカメラで一三八六億円、三位はZOZOで一二五五億円、以下、四位ビックカメラ、五位ユニクロと続き、巨大な売上高になっています。しかし、消費者のEC利用がこれだけ進んでくると、これらECを得意とする企業でなくても、あらゆる企業がECに乗り出さざるをえなくなっています。販売する企業側には店舗に比べて投資が小さくて済むという追い風もあり、また消費者側には利便性が高まるというメリットがありますので、これからもECの流れは続いていくと思われます。

さらに現在、ECに**ライブコマース**という新手法が広まってきています。EC大国といえば中国ですが、そこではインフルエンサーによるライブコマースが盛んに行われており、今後、日本や他の海外でも存在感を高めていくと思われます。

ダイレクトレスポンス広告の手法

通販には**単品通販**、あるいは**リピート通販**といわれるカテゴリーがあり、そこでインターネットの特長を利用したビジネスモデルが広告的に面白いことになっています。

単品通販とは、一つの商品を顧客に継続的に購入させるビジネスモデルのことで、健康食品、化粧品などが活況を呈しています。これらの商品は一度ファンになると継続性がありますし、消費するペースもだいたい決まっていますので、定期化、つまり自動注文化しやすいという特長があります。

インターネットではサイトそのものが媒体ですので、その作り方によって売上が大きく左右されます。そこで、キャッチコピー、写真、画面構成などの**最適化**をシステマチックに行っています。すなわち、最適化したい項目ごとに、そこだけを変えた何種類かのサイト、あるいはバナー広告を作り、レスポンスをテストし、最もよいものだけを残して組み合わせます。例えば、キャッチコピーはC案、写真はA案、画面構成はB案などといった具合です。これを**ABテスト**といいます。

その時点においては、クリエイターのセンスが入る余地はなく、テストによって最もよいサイトができあがり、

物販のECにおけるスマートフォン経由の市場規模の直近5年間の推移（図4.6.2）

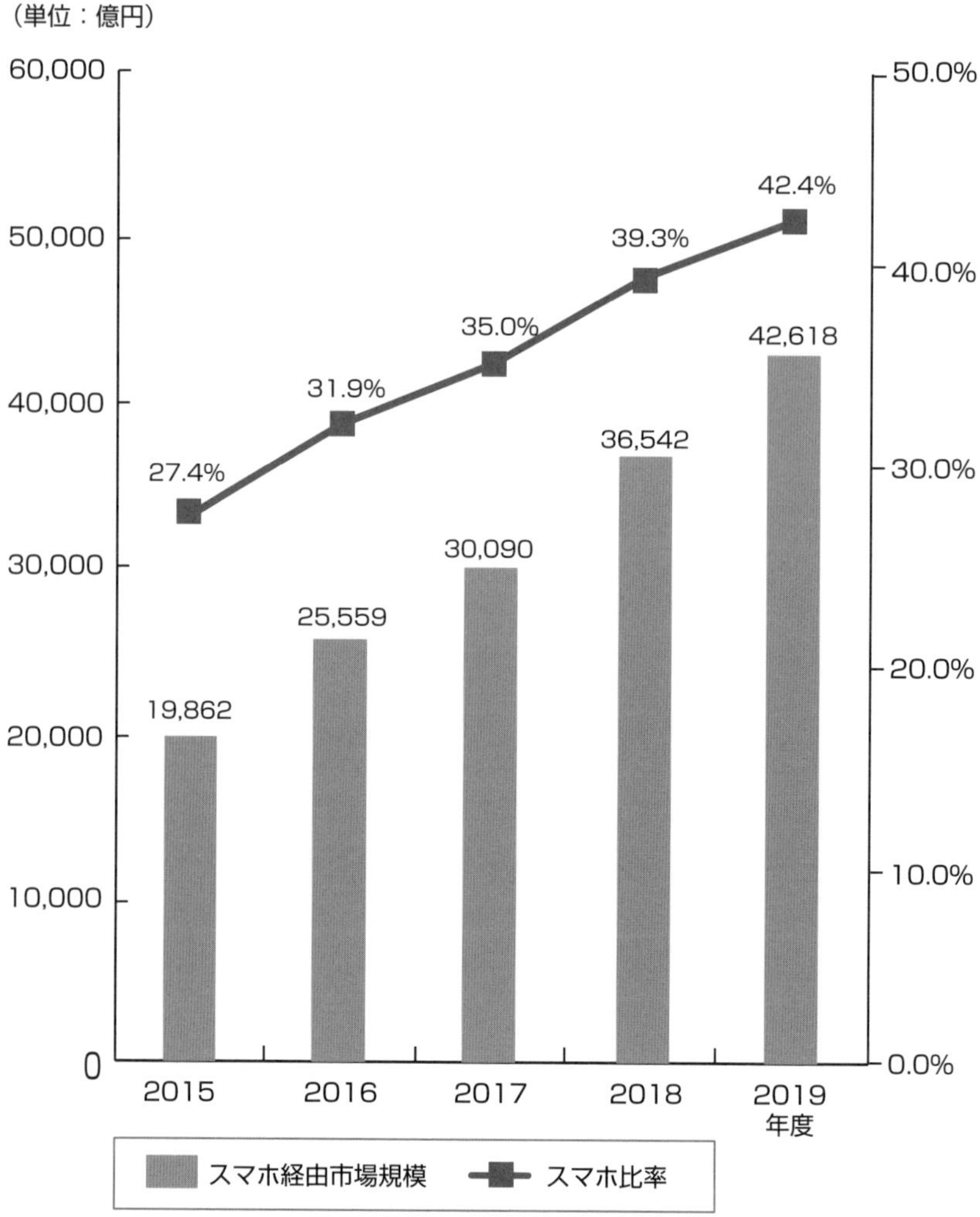

※算出方法の違いによりJADMAの推計する市場規模と誤差あり。

出典：経済産業省「電子商取引に関する市場調査」より

事実、そのサイトで売上をグングン伸ばしているのです。

このABテストの考え方は、新聞やチラシなどの平面広告でも展開可能な上、やりようによっては映像でも可能です。印刷サービスをダイレクトに売っているラクスルは、テレビCM特化型の広告展開をしていますが、その効率を上げるために富山県と石川県という地域を分けてテレビCMのABテストを行っています。また、わざわざテレビを使わなくてもYouTube広告でも反応は取れますね。

通販はさらにD2Cへ

インターネットの普及によって、ECという取引方法が追加され、物販であればAmazonや楽天のようなプラットフォーム、旅行であれば**楽天トラベル**や**一休**のようなプラットフォーム、レストランであれば**ぐるなび**のようなプラットフォームに出店することが用意に可能になりました。**BASE**のようなショッピングアプリや**メルカリ**などで販売することも可能です。しかし、これらの形態はプラットフォーマーに手数料を納めたり、制約を受けたりしています。

そこで、それらの媒体を利用せず、自社サイトで集客・販売を行い、企業が消費者と直接取引をするという形態が見られるようになりました。このようにメーカーが直接取引を行うビジネスをD2C（D to C）、Direct to Consumerといいます。

D2Cの大きなメリットは、中間マージンや手数料などの諸経費が発生しない点です。また、自社メディア内であれば通販サイトにおける制約もないく、独自のマーケティングやキャンペーンを実施できます。そして、そこでは顧客情報の収集と蓄積が可能になります。

デメリットとしては、自社で販売環境を構築するのにそれなりの費用やノウハウが必要になるということです。Amazonや楽天はそこを肩代わりしています。また、そこへの集客を自社でやらなければなりません。

SNSを介して、メーカーがエンドユーザーと直接コミュニケーションを取ったりしているほか、広告で集客することが考えられ、そこに広告会社の出番があります。

7 空間をメディアにする

第四章に交通広告、屋外広告、その他SP広告について述べていますが、このようなカテゴリー分けにこだわることなしに、空間を使って面白いことをしようという動きがあります。

なぜマス媒体ではないのか

人々が商品購入にいたるプロセスを考えてみると、従来のAIDMA＊理論やインターネットの利用を重視したAISAS＊理論があります。これらはどちらかというと「心の動き」に注目しています。

では、もっと生活における「実際の行動」に視点を移すとどのように考えられるでしょう。店で購入に至るまでの行動動線を考えてみましょう。

自宅を出発点にすると、自宅では主にマス媒体に囲まれて生活しています。テレビやネットで広告を見る機会が多いでしょう。

ゴール地点であるショップでは、最後の一押しのために店員やメーカーに派遣されたスタッフが熱心に説明してくれ、棚まわりにはPOP＊が飾られています。4-6節のカタリナマーケティングの事例で見たように顧客刈り取りの場である店頭での広告展開は重要です。

しかし、ネット販売でない限り、自宅と店頭の間の動線にはあまりにも物理的、精神的な距離があり、その間で商品への興味・関心を惹き続けなければ購入には至りません。その行動動線上でターゲットを待ち受けるように広告を置いていこうという考え方で近年重要視されてきたのがOOH＊メディアです。

また、マス媒体の影響力の低下から、新たな媒体探しをしているという側面もあります。

実は代表的なOOHメディアである交通広告や屋外広告はその媒体特性上、点や線の展開になり、どうしてもリーチが限られます。ですが、スマートフォンの普及

用語解説

＊**AIDMA**　アイドマと読む。Attention（注目）、Interest（興味）、Desire（欲求）、Memory（記憶）、Action（行動）の頭文字をとる。6-6節参照。

＊**AISAS**　アイサスと読む。Attention（注目）、Interest（興味）、Search（検索）、Action（行動）、Share（共有）の頭文字をとる。6-6節参照。

によるソーシャルメディアの活性化によって、そこを起点としたクチコミが拡がりやすくなっています。

劇場化する空間

では、いくつかの事例を紹介しましょう。

交通広告では、ターミナルなどの大型ポスター面にその場所だけの大型グラフィックをデザインしている例があります。制作の手間はありますが、強烈なインパクトを残せます。また、以前から車両ごと広告主一社で貸し切る、いわゆる「ジャックする」という形態がありますが、既存の販売枠にはない演出が好まれています。例えば、北欧家具のＩＫＥＡの出店にあたり、車両全てデコレーションされた電車がありました。修復もできないような、「座席ごと張り替える」などの手法は斬新でした。

屋外広告も既存のアドボードであっても、本物の自動車を吊り上げてみたり、アドボード上でサッカーのパフォーマンスをしたり、ベッドを設置して横たわったりといったものがありました。

新規性を求めて媒体開発もなされています。例えば、ユニ・リーバ社のキャンペーンでは、国際会議場のパシフィコ横浜の屋根全面を広告面に見立ててビジュアルを掲出しました。大きさでいえば、草原など大地にデザインを描いて空から見たときに広告に見える「地上絵」という手法もありました。屋根も地上絵もふつうの目線からは見えませんので、多分に話題性喚起を狙っているといえるでしょう。

広告露出面は地上だけではありません。軽飛行機の編隊を飛ばして飛行機雲で文字を描いたり、水上スクリーンに映像を投影させて恐竜を出現させたりということもありました。ドローンを飛ばしてのパフォーマンスも流行っています。

また、渋谷や表参道などの街全体や六本木ヒルズなど商業施設全体や地下通路全体をジャックしてしまうという手法もあります。時にはイベントと一緒に、それも予告なしにタレントが登場したりして、その効果を高めています。

タレントに限らず、街メディアの一種として、人そのものがメディアになることもしばしば企画されています。例えば、雑誌に登場するモデルが一斉に街に繰り出してポーズをとったり、特徴のあるコスチュームを着た男女

用語解説

＊**POP**　ポスターやチラシ、のぼり、パネル、商品カードなどを総称してPOP、またはPOP広告と呼ぶ。

＊**OOH**　Out of Home の略。

数十人が待ちに繰り出してパフォーマンスを展開したりといった具合です。そこにいる人を巻き込む展開もあり、例えば用意したツールやコスチュームを配って、その辺り一面をキャンペーンカラーやシンボルデザインで埋め尽くすという手法もあります。

　この他、イベント仕立てのものでは、プロジェクション・マッピングという手法もあります。夜、ビルや階段などの建物に高性能のプロジェクターを数台使用して、まるで建物が生きているように演出する手法です。日本では、JR東京駅や大阪の万博公園の太陽の塔などの演出で一気にブームとなりました。

今後の方向性

　こうした展開は、空間全体でブランド体験を提供するので、体験者にとっては忘れがたい記憶となり、ブランドとの絆が強固になるというのがその特長です。つまり、**エンゲージメント***を深めようという作戦です。

　ただ、今のところ、世の中の圧倒的多数の人が、そのような広告展開が行われていることを「知らない」状況であろうことが、課題になっています。

　このような仕掛けを単体で行うのでは非常に効率が悪いので、マス媒体やインターネット、特にケータイによる写真の広がりやブログを意識しながらキャンペーンを設計する必要があります。つまりは、**アーンドメディア**での露出を狙っています。

　ツイート数を測ったり、ニュースとしてマス媒体に掲載された分を広告料に換算したりしていますが、効果測定をより精緻に行うことができれば、実施機会もより増えると思われます。

用語解説

***エンゲージメント**　企業と顧客が結ぶ絆のこと。6-6節参照。
***アーンドメディア**　生活者や記者の手によってコンテンツが作成され拡散するメディア。2-10節参照。

空間を使った演出例（図4.8.1）

踏むと映像が変化する
フロア広告（BMW）

電車の内外装ジャック
（IKEA）

展示会ステージでのプロジェクション・マッピング（大阪ガス）

巨大プロジェクション・マッピング（宮崎県立美術館）

column

クリエイティブ・メディアが面白い！

●クリエイティブ・メディアとは？

クリエイティブ・メディアとは、いままで広告メディアとして使われていなかったものを、新たにメディアとして活用すること、またそのメディアでしかなしえないような広告表現を作ることをいいます。

最も有名な例は、ブラジルのNIKEが実施したものです。公園のゴミ箱に、バスケットゴールの板を取り付け、そのゴールにナイキのロゴ（スウッシュと名付けられています）を表しました。

どうですか？　面白いでしょう。こうすることで単なるゴミ箱がメディアになってしまったわけです。しかも、普通に広告を付けたのではなく、バスケットのゴール板を付けたことで、注目率が高まり、まさにゴミをダンクシュートしたくなるような衝動に駆られるわけです。

日本でも実現したクリエイティブ・メディアの代表例といえば、アディダスの空中サッカーが有名です。

これは屋外看板上にサッカーのグラウンドを描き、その上に本当の人がぶら下がり、サッカーをした、というものです。屋上で本当にサッカーが繰り広げられるわけですから、目を惹かないわけがありません。

こうした試みは、新聞やテレビなどで報道されることで、さらなる波及効果を生むことができます。

カンヌで賞をとった海外の例では、電子マネーの普及促進で、実際のお札にポストイットを貼って広告する、という手法もとられました。

いろんなところで広告を目にする時代、そんな中で注目してもらうには、「そんなところで広告！」という驚きと感動をもって見てもらえるような、クリエイティブ・メディアがより必要になってくるでしょう。

第5章

広告関連会社を理解する

広告会社だけが広告業界ではない

広告業界のキープレイヤーといえば、何といっても広告会社の右に出るものはないでしょう。しかし、広告業界は広告会社のみで成り立っているわけではありません。そこには様々な会社が錯綜して業界を成立させています。本章では、これら様々な企業にスポットを当て、それらの企業がどのような活動をしているのかを描写します。

1 極めてすそ野が広い広告業界

広告業界というと、どうしても広告会社（いわゆる広告代理店）が頭に浮かびます。しかし、広告業界には広告会社以外にも、媒体社やプロダクション、デザイン会社、イベント会社、印刷会社、DM会社のほか、近年ではインターネットのプラットフォーマーやコンサル系企業も重要なプレイヤーになっています。

まず広告主ありき

広告活動を担うプレイヤーを考えてみましょう。まず登場するのが、商品やサービスを広告したい**広告主**（**クライアント***やスポンサー）です。その次に媒体を所有する**媒体社**、媒体社と広告主との間をとりもつ**広告会社**、さらに広告を送り届ける先の**顧客**。広告活動は大きくはこの四者が関与することで成り立っています。この四者の関係を水平関係だとすると、垂直方向にも様々な関与者が存在します。

まず、広告主を考えた場合、一般に頭に浮かぶのは多様な商品を取り扱う民間企業ではないでしょうか。しかし、民間企業が広告主のすべてというわけではありません。ほかにも、財団法人や宗教法人などの特殊法人、あるいは政府や地方自治体が広告主になるケースもよく見られます。また、意見広告などでは個人が広告主になることもあります。

もっとも、その中で広告出稿量が多いのは民間企業にほかなりません。図5・1・1は、日本の有力企業の広告宣伝費について見たものです（二〇一八年度）。従来から自動車や電機、日用品、化粧品、通信、食品、薬品などの業種が多くの費用を広告宣伝費に投入してきました。

ちなみに、こういった広告主では、一般的に、広告宣伝部や広報部、最近ではマーケティング・コミュニケーション部などが、組織の広告活動を総合的に管理しています。

用語解説

***クライアント**　広告主を表す言葉。語源はローマ時代のラテン語の「クリエンス（従属者／複数形はクリエンテス）」からきた言葉。当時の対義語はパトロンの語源の「パトローネス（擁護者）」だが、現在での言葉の意味はどちらも変化している。アドマンは日常的に広告主を「クライアント」と呼ぶ。

媒体社と広告会社

　広告主が広告活動を実施する場合、そのスケールが大きくなるほど、一社のみですべての活動をまかなうのは困難になります。実際、テレビコマーシャルを展開しようと思うと、テレビ媒体を所有するテレビ局の協力が不可欠になります。

　同様に、新聞広告だと新聞社、雑誌だと出版社、またSP広告の一つである車内吊りならば鉄道会社というように、いわゆる各種媒体を所有する媒体社と協力関係をとり結ばなければなりません。

　媒体の種類が多様なように、媒体社の種類もこれまた多様です。テレビやラジオ、新聞、雑誌など、これら媒体の種類ごとに多くの媒体社が存在します。

　さらにSP媒体を見ると、マスコミ四媒体よりもさらに多種多様な企業がひしめきあっています。

広告宣伝費トップテン（図5.1.1）

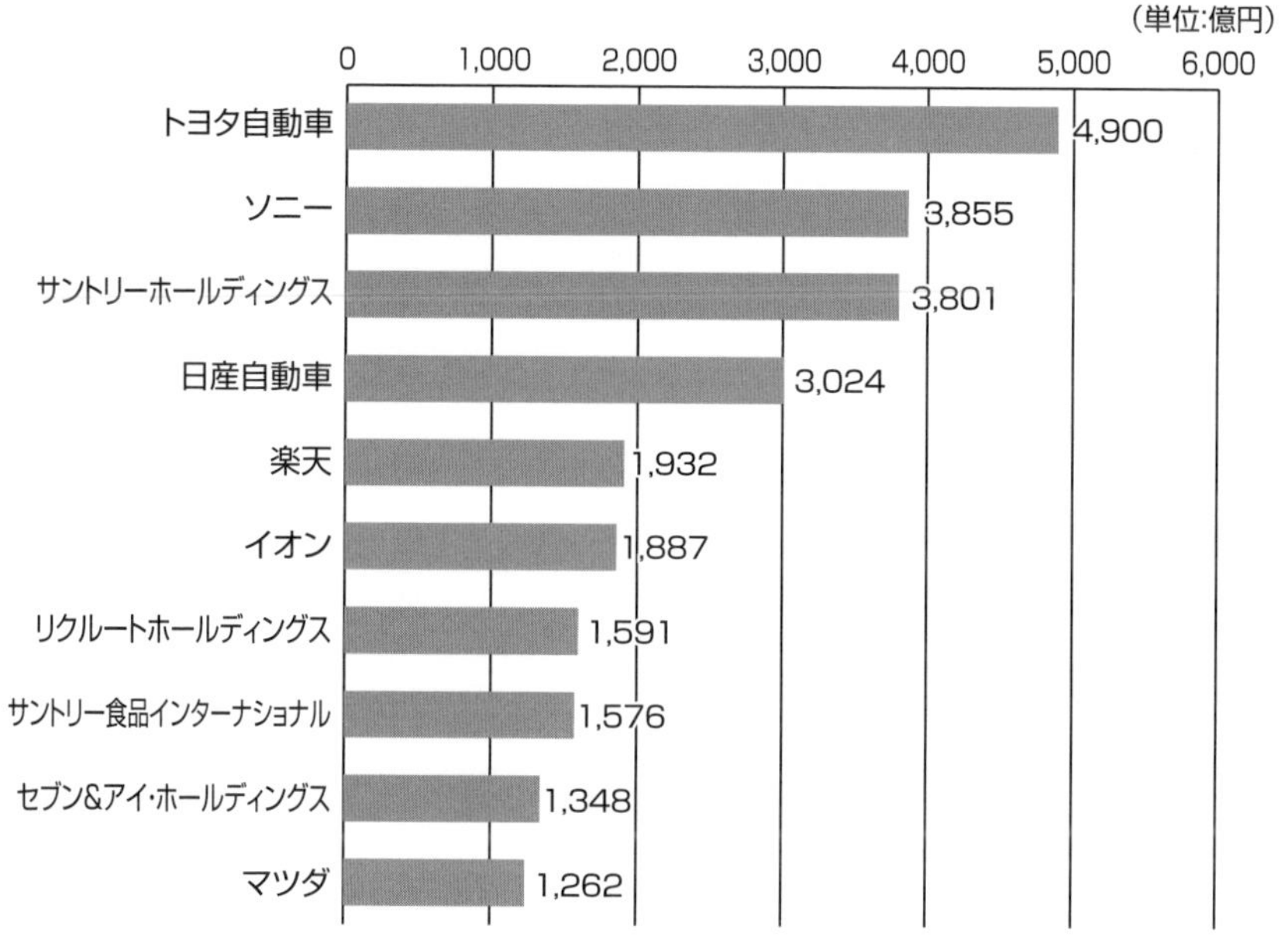

出典：日経広告研究所「有力企業の広告宣伝費（2018年度）

このような多種多様な広告媒体を上手に選択して、的確にターゲットに対してメッセージを届けるには、プロの手を借りるにしくはありません。そこで登場するのが**広告会社**です。

広告会社もこれまた多種多様です。1-3節でふれたように、電通や博報堂のように総合的に広告を扱う**総合広告会社**や特定の媒体に特化して広告サービスを提供する**専門広告会社**、広告主を親会社に持ち、主に親会社の広告活動を手助けする**ハウスエージェンシー**などがあります。

さらに広告会社傘下にひしめく企業群

また、広告会社の傘下には、さらに垂直関係の企業群がひしめきあっています。例えば、テレビ局や新聞社など一部絶大な力を誇る媒体社は別にして、相対的に力関係の弱い媒体社では、広告会社頼みで広告主を引っぱってきてもらっています。この意味で、媒体社の多くは広告会社と切っても切れない関係にあると考えられます。

また、テレビや新聞の広告を考えた場合、実際に広告を制作する人が不可欠です。通常、大手の広告会社では、制作の多くを外の会社に発注しています。具体的には、**大手プロダクション**や**CM制作会社**、**デザイン会社**などがこれに相当します。

それから、SP広告の場合も同様で、イベントや展示会を実施する場合、内容を企画し、実際に現場に出向いて会場を設営したり、運営に携わったりする企業が不可欠です。これらの企業のことを**イベント会社**や**装飾会社**と呼びます。またコンパニオンやアルバイトを派遣する**人材派遣会社**というものもあります。ほかにも新聞折込用のチラシを印刷する**印刷会社**、DM発送業務を代行する**DM会社**と、それこそ多種多様な企業が広告会社の傘下に多数存在します。

また、インターネット広告が進展する中、GoogleやFacebookのような大手プラットフォーマーが自社のサイトを広告媒体として活用しています。さらに、1-9節で見たように、コンサルや会計系の企業がデジタル専門の広告会社として頭角を現しています。このように、一口に広告業界で働くといっても、広告会社に勤めるのがすべてではありません。

すそ野が広い広告業界（図5.1.2）

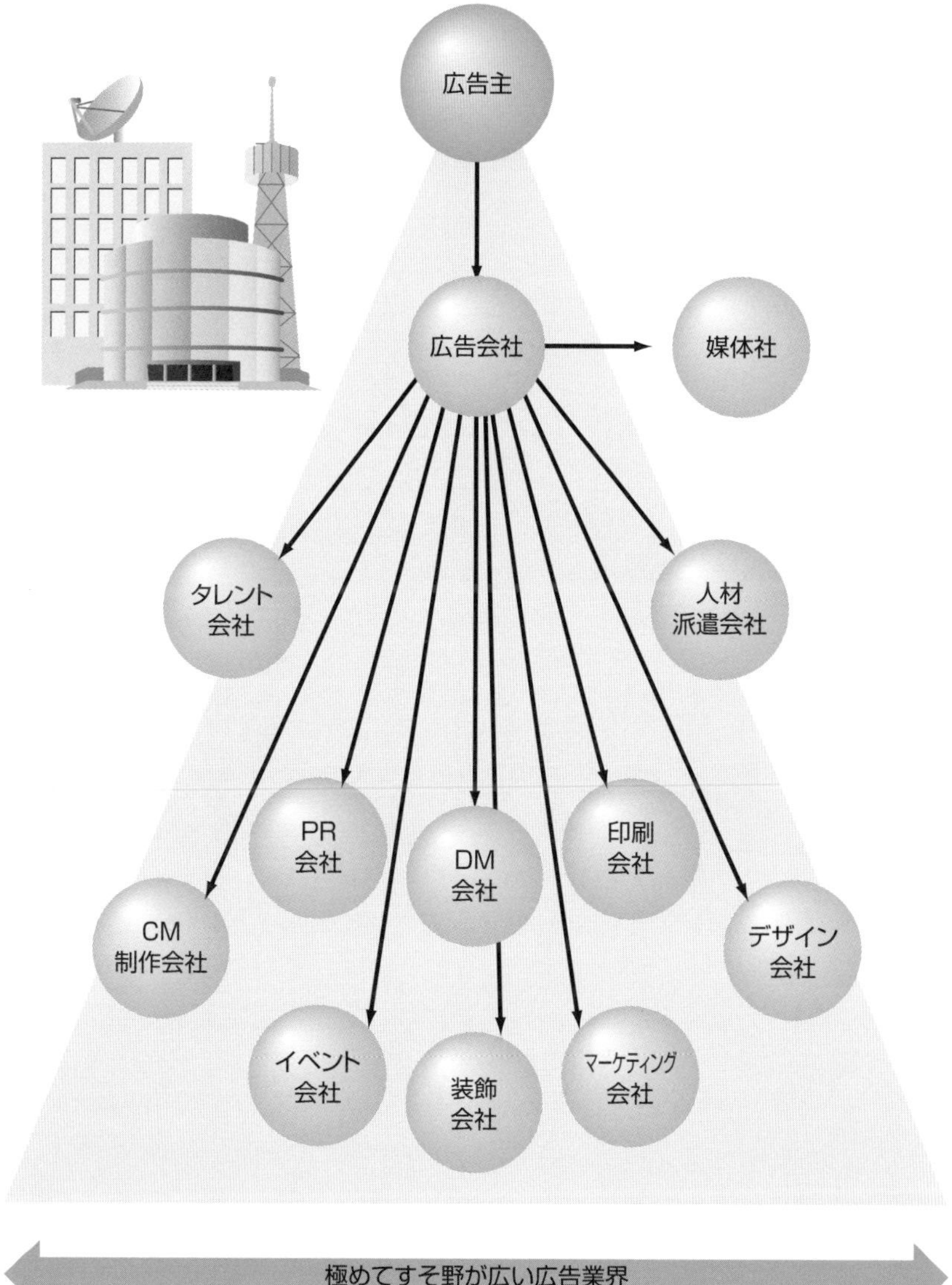

2 極めて規模の格差の大きい広告業界

広告業界のすそ野が広いということは、個々の企業間にある事業規模の格差も極めて大きいことを意味します。つまり、業界トップの超大企業から、地域密着型で事業展開する小規模事業者まで、大きな規模の格差があります。また従業者数で見ると、大手と中小で拮抗しています。

広告業の資本金別事業所数

日本の広告会社には、世界でも指折りの大企業から地域に密着して活躍する小企業まで存在します。したがって、規模の格差が非常に大きな業界といえます。ここでは、このような実態について知るために、経済産業省による「**特定サービス産業実態調査**＊」からの数字を紹介しましょう。

同調査では、広告業を主業務とする一八年の事業所数は八九一六で、従業者数は一一万七三九五人と報告しています。

資本金別で見ると一〇〇〇万円から五〇〇〇万円未満規模の組織が突出していて四七九六事業所にのぼります。これに続くのが五〇〇〇万円未満の二〇四〇事業所です。一億円以上は五〇七事業所です（図5・2・1）。

これを比率で見ると、一〇〇〇万円から五〇〇〇万円未満規模は五三・八％と全体の半分以上を占めるのがわかります（図5・2・2）。また、一〇〇〇万円未満の事業所は三一・四％で、五〇〇〇万円以下の事業所が八五・二％を占めることがわかります。一億円以上はわずか五・七％にしか過ぎません。

このように、中小規模の事業所が八割以上を占めているのが日本の広告業の実態です。これは全国規模で事業を展開するのではなく、地域に密着した広告業を展開している事業者が多いことを物語っていると考えて問題ないと思います。

用語解説

＊**実態調査**　利用したのは経済産業省大臣官房調査統計グループ「平成30年 特定サービス産業実態調査報告書 広告業編（令和元年）」。令和2年より経済構造実態調査に統合された。

広告業の資本金別事業所数（図5.2.1）

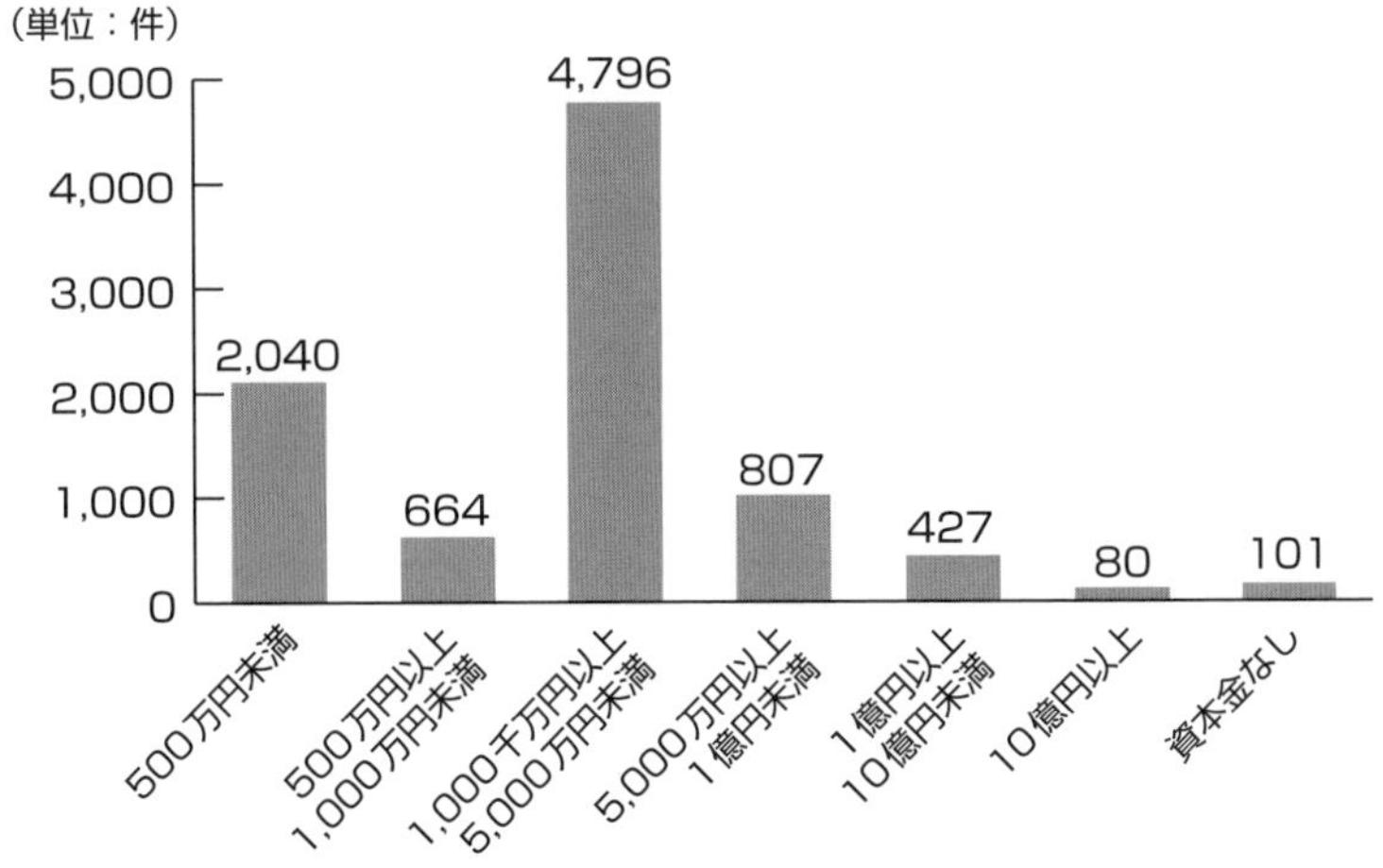

出典：経済産業省「平成30年特定サービス産業実態調査広告業編」を基に作成

広告業の資本金別事業所の割合（図5.2.2）

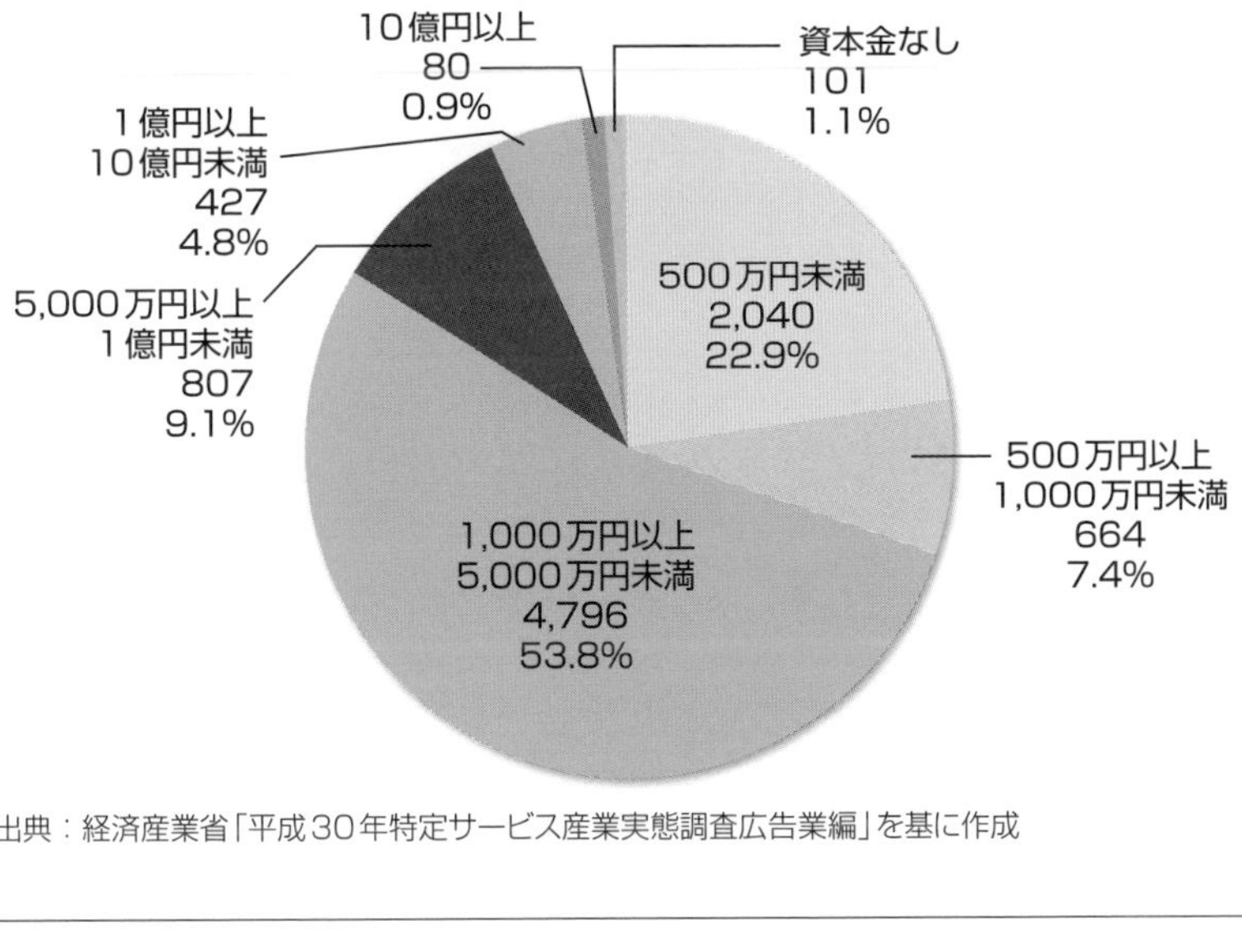

出典：経済産業省「平成30年特定サービス産業実態調査広告業編」を基に作成

広告業の資本金別従業者数

次に、資本金別従業者数を見ると、ここでもやはり一〇〇〇万円以上五〇〇〇万円未満規模の組織に勤める人が最も多く四万九六四〇人となっています(図5・2・3)。

これに次ぐのが一〇億円以上の事業所で二万四六八七人、さらに一億円以上一〇億円未満が一万八二二三人、五〇〇〇万円以上一億円未満の事業所が一万四七四五万人と続いています。

これを広告業全従事者の割合で見ると、一〇〇〇万円以上五〇〇〇万円未満が四二・三%、一〇億円以上二一・〇%、

広告業の資本金規模別従事者数（図5.2.3）

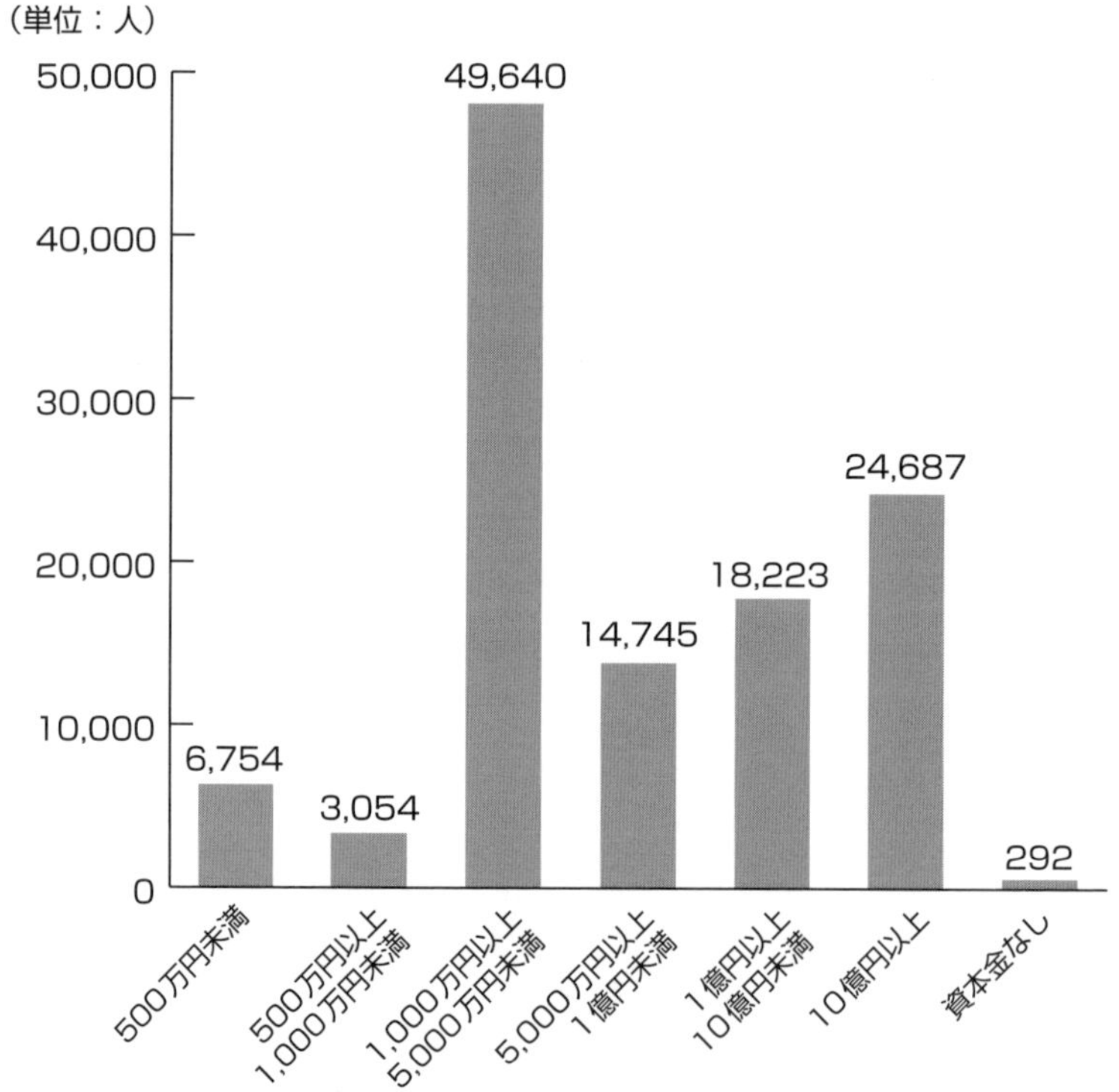

出典：経済産業省「平成30年特定サービス産業実態調査」

一億円以上一〇億円未満が一五・五%、五〇〇〇万以上一億円未満一二・六%となっています(図5・2・4)。

また、五〇〇〇万円未満の事業所で見ると、全体に占める従業員の割合は五〇・九%になります。五〇〇〇万円未満規模の事業所は数の上では八割を超しますが、従業員数では全体の半分を少し上回る程度です。

一方、一〇億円以上の規模の事業所は、数の上では八〇事業所で全体の〇・九%に過ぎませんが、ここに勤める従業員は全体の五分の一強を占めていることがわかります。

広告業の資本規模別従事者の割合(図5.2.4)

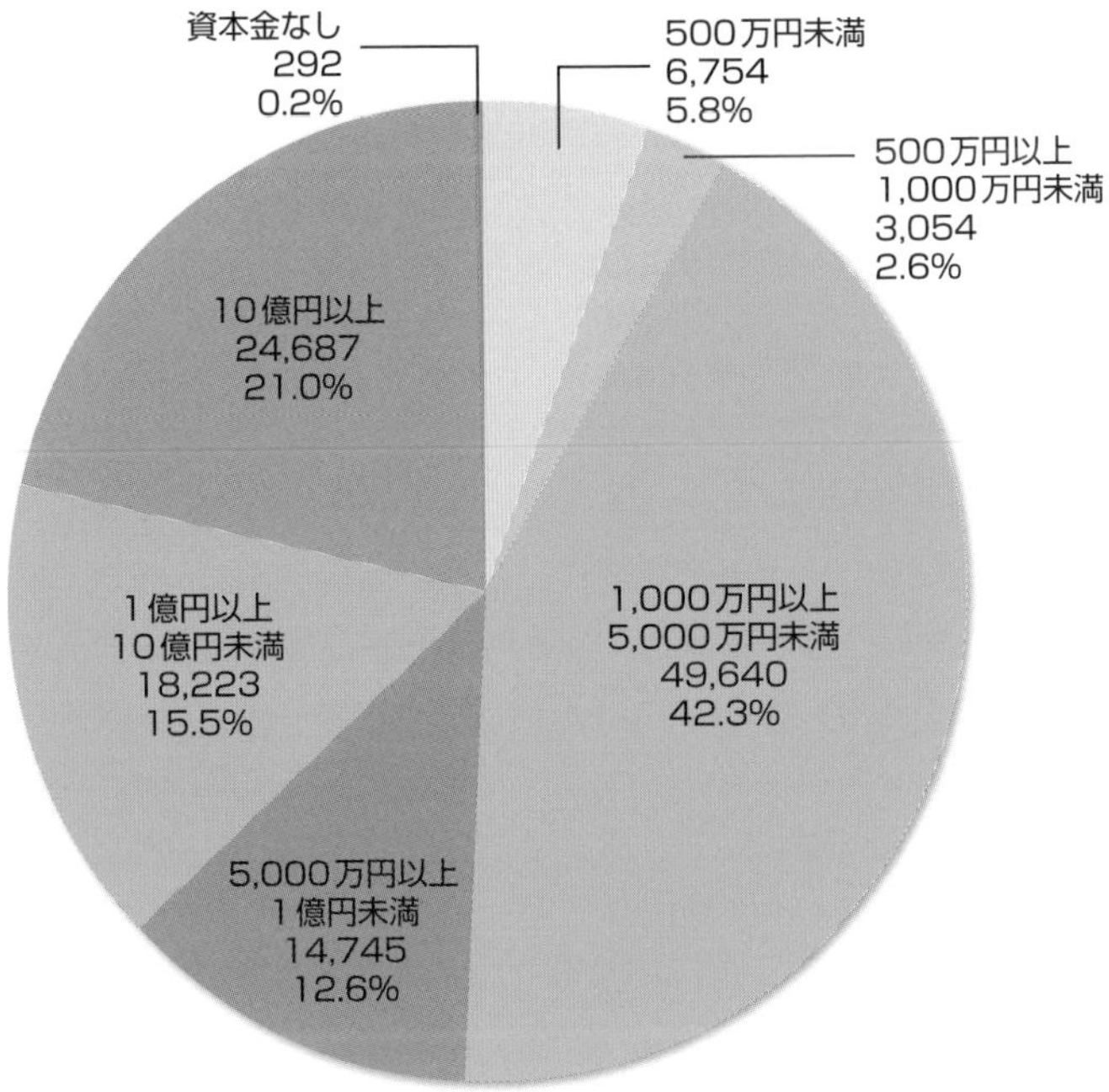

出典:経済産業省「平成30年特定サービス産業実態調査広告業編」を基に作成

3 クリエイティブが問われるCM制作会社

以下、広告業界に属する主たる企業について触れたいと思います。まずCM制作会社ですが、こちらは映像制作を得意とする会社で、一五秒、三〇秒のテレビコマーシャルのみならず、長尺のプロモーションビデオの制作なども行います。テレビコマーシャルはなんといっても広告の華。自分の関わったものがテレビに流れるのは快感です。制作会社をカタカナでいえばプロダクションなので、CMプロダクションともいいます。

そもそもどういう会社なの

CM制作会社は、広告表現に関する企画の発注を受け、広告会社と一緒にプランを練ります。そして企画が通れば、CM制作を請け負います。企画の段階で外部の、例えばフリーのプランナーを加える場合もあります。出演者のキャスティング（リストアップと出演交渉）は広告会社の専門部署が行う場合もあり、キャスティング会社が行う場合もあり、または制作会社が行うこともあります。

企画が固まったら、広告会社から広告主（クライアント）へプレゼンテーションが行われ、採用案が決定します。往々にして提案した企画そのままでの具現化は少なく、いくつかの手直しが広告主と広告会社を中心に行われます。

業務内容

最終的な案が決定したら制作に入ります。

まずは、撮影です。ここでは、プロデューサーとディレクター（演出家・監督ともいう）が重要な役割を果たします。プロデューサーは予算管理からスタッフィングまでの全体を統括し、ディレクターは制作物のクオリティ管理を担当し、いわば両輪体制で臨みます。担当広告会社の制作の責任者である**CD**（クリエイティブ・ディレクター）と表現上の細かい調整を行います。すべての段取りを整える制作進行も制作会社の重要な業務で、**プロダクション・マネージャー**、または**制作進行**と呼ばれるプロデューサー予備軍が黙々とこなしていきます。プロデューサーとディレクターの指示の下、カメラマン、照明、美術、衣装などのスタッフが主に外部から選出されます。スタジオやロケ地などの撮影場所を押さえ、撮影スケジュールを作り、撮影後の編集の段取りなどもすべてセッティングします。制作進行能力の良し悪しがCMの出来に大きく影響するといっても過言ではないでしょう。

撮影が無事に終わると仮編集が行われ、ここで広告主のチェックを受け、最終形を固めます。次に本編集が行われ、MA（マルチ・オーディオ・ビデオの略）と呼ばれる音付け作業が行われます。楽曲やプロによるナレーション、効果音などが加えられます。

そして、広告主の最終確認を経て、OKを得たのちに放送局ごとにプリント（ダビング）して納品して作業は終了です。

厳しい世界ではあるけれど

上下関係が厳しく、仕事はハードですが、本当にテレビCMを作りたいならば、広告会社よりもCM制作会社のほうが、一番現場に近くてエキサイティングかもしれません。

CM制作は商業活動でありながら、「作品」として国内外で数々のコンテストが開催されています。国内で最も権威のあるのが全日本シーエム放送連盟（ACC）の主催する**ACC賞**＊です。海外では、カンヌライオンズ（フランス）、クリオ賞（アメリカ）、ONE　SHOW（アメリカ）が三大広告祭として有名です。また、通称アド・フェストと呼ばれているアジア太平洋広告祭（タイ）にも毎年日本人が大挙して行っています。アジアでは他にスパイクス・アジア（シンガポール）、釜山広告祭（韓国）も回を重ねてきました。これらの賞を獲得することは、クリエイターにとって励みになるとともに広告主にとっても喜ばしいことです。ただ、日本のCMはタレントがメインのものが多いため、海外でのウケはいまひとつのようです。

用語解説

＊**ACC賞**　長年「ACC CM FESTIVAL」だったが、2017年より「ACC TOKYO CREATIVITY AWARDS」に名称変更され、「CM」の文字が消えた。

4 広告制作会社&デザイン事務所

ここで取り上げる広告制作会社、デザイン会社は、新聞原稿、雑誌原稿、ポスター、チラシ、カタログ、インターネットなどの広告制作やデザインに関わる会社のことです。何十人ものスタッフを抱える会社から、フリーランスの一匹狼まで、その規模は様々です。

そもそもどんな会社なの?

世の中にデザイン専門学校やデザイン科というものがあり、そこを卒業した人が多いように思えます。ただ、コピーライターには経歴はほとんど関係ないようです。そのようなクリエイターの集まりではありますが、CM制作会社のプロダクト・マネージャー同様、デザイン制作以外の業務をこなす人材も必要です。その業務とは例えば、撮影が必要な場合のセッティングや出演タレントとの交渉、写真や文章等の資料集めなどです。

テレビコマーシャルや大きなプロモーション活動と連動する場合は、新聞・雑誌・ポスターなど、広告会社から仕事を受注することが多く、単体の作業やレギュラー的な繰り返し作業、例えば、商品カタログやチラシ、POP、Webサイトなどは企業から直接発注を受けることも多いようです。このようなマス媒体以外のチラシやPOPなどは、全国どこでも需要があるものなので、デザイン事務所、あるいは個人のデザイナーは全国各所にいます。また、近年ではWebデザインという領域も増えました。ただし、日本では諸外国に比べて、目に見えないソフトを軽んずる傾向があるためか、高収入を上げることは簡単ではないようです。また、紙媒体とWebサイトは内容が連動していることが多いことと、ネット業界の成立過程から、紙上のデザインからWebのデザインまで手がける会社、個人も多いです。もちろん、Web専門の会社、個人も多く存在します。

業務内容

商品特性やターゲット特性はもちろん、露出する媒体の特性や時期、流行にも注意しながらデザインを行います。

役職が分かれている場合もありますが、厳密な定義はなく、あえて肩書きを列挙するとこのようになります。

・CD(クリエイティブ・ディレクター)
・アートディレクター
・デザイナー
・コピーライター
・イラストレーター
・Webデザイナー

広告代理業と同じく、初期投資が少なくて済み、カタカナ職業であることから人気で、誰でも参入しやすい業種です。しかし、それだけに競争も激しいので、自分の腕とセンスだけが頼りです。ときに過酷な長時間労働になったりもするでしょう。

また、逆にアーティストとして自分の個展をときどき開いたり、悠々自適な生活の人もいて、魅力的な職業であるのも事実です。

column

著名なデザイナー、コピーライターは?

SMAPのアルバムジャケットやユニクロの広告、果ては幼稚園や病院のトータルデザインなどまで手がけている佐藤可士和氏(サムライ)、トンパ文字の研究で有名な浅葉克己氏(浅葉克己デザイン室)、コピーライターで作詞もこなす仲畑貴志氏(仲畑広告制作所)、コピーライターでゲーム「MOTHER」や女優・樋口可南子の夫でもある糸井重里氏(東京糸井重里事務所)など。こうして見ると旧世代の諸先輩方は自分の名前を前面に出す傾向があるようです。

5 イベント会社&SPプロダクション

広告会社の協力会社として、各種イベント、販売促進活動を実施する制作会社、プロダクション、あるいはイベント会社、SP会社と呼ばれる企業があります。広告制作会社やデザイン会社と同じく、規模に大きな差があり、日本全国無数にあります。

そもそもどういう会社なの？

イベント会社やSPプロダクションは、机ひとつで始められるという意味では、広告会社と同じでしょうか。強いていえば、その他に携帯電話とパソコンがあればOKです。

広告会社と同じように企画力と実行力が重要になりますが、プランニングの方は、斬新な企画を連発するのは難しいことや、日本の企業が形のないものにお金を払うのに抵抗があることなどから、あまり売上に貢献しないようです。

プランニングのみをウリにしている会社は地方よりも東京に多く存在するようです。また、プロデュースを中心に営業している会社もあり、そのような会社は持っている人脈や持ちネタを駆使して、企画やイベントをプロデュースします。

イベント会社やSPプロダクションはキャンペーンで制作物を扱うか、イベントを実施することを利益の源泉としています。最近では、より安定収入を得るため、コンテンツ保有などの多角化を目指す企業も出ています。TOW社のように東証一部に上場する会社も出てきました。

イベントを行う場合、大きなイベントになればなるほどディレクターやアシスタント・ディレクターの数が増えますが、社内で人数が足りない場合は、イベント運営会社やフリーランスのディレクターに外注します。また、ナレーターやイベント・コンパニオンは、人材派遣会社に登録されていて、スケジュールやオーダーに合った人が選抜されてイベント現場に加わります。

コンパニオンはイベントの華なので、ときには写真入のプロフィールを取り寄せるだけでなく、広告主と一緒にオーディションをしたりします。余談ですが、コンパニオンの必要な展示会などの需要が東阪名などの大都市圏以外では少ないため、コンパニオンという職業が成立していない地域も多いようです。

業務内容

業務は多岐に渡り、SP(セールス・プロモーション)の戦略構築から、キャンペーンなどの企画、展示会・セミナーの開催、または出展ブースの装飾・運営、イベントの開催、博覧会への出展、店頭や街頭でのサンプリング・プロモーション、販促ツール、グッズの制作、ビデオ制作など様々です。当然、一つの社内に全てのスタッフや設備を抱えることはできませんので、社内でまかなえないものは外部と連携を取って実施するため、横のつながりも強いです。よって会社によって得手不得手があり、ある会社は有償のスクールを運営していたり、テレビ番組を制作する部門を持っていたり、雑誌を編集する部門を持っていたり、一つの業界に強かったり(例えば、スポーツ、ファッション、音楽など)の特徴があります。

企画をするプランナーとしての能力と役割、イベント現場でディレクターとして運営する能力と役割のほかに、人と人や、人と企業をつなぐプロデューサーとしての能力と役割が問われます。

また、展示会やイベントなどの場合、それ自体が企業の顔となる広告媒体で、じかに一般消費者と接するという特徴があるため、それは厳しいものでもあり、嬉しいものでもあります。

なお、いまのところあまり効力を発揮していませんが、**イベント業務管理者**という経済産業省認定の資格もあります。

ワンポイントコラム

【イベント会社＆SPプロダクションの規模】この業界は機動力が重視されるためか、一般的には多くても100名程度の陣営の会社が多い。

6 業界の華・芸能プロダクション

多くのタレントやモデルの育成とマネジメントを手がけるのが芸能プロダクションです。単に「事務所」といったりもします。ジャニーズやホリプロといった有名どころは、一般の人にもすっかりメジャーな存在になっています。

そもそもどういう会社なの？

芸能プロダクションは、すでに活躍している芸能人（ここではタレント・モデルと呼ぶ）をマネジメントする業務と、まだこれからの新人を育成する業務があります。タレントを**マネジメントする業務**とは、簡単にいうとスケジュール管理になりますが、実際はそんな単純な作業ではありません。仕事があるとき、というのは得てして重なる場合も多く、どちらの仕事を優先させるべきか、仕事のギャラや今後の影響、人間関係などを加味してスケジュールをさばいていきます。また、あらゆる仕事を受けるわけではなく、タレントのイメージや方向性と異なるときは断ることもしばしばです。テレビ局のプロデューサーやディレクター、広告会社のキャスティング部門などとの人脈作りも大事な仕事になってきます。

またタレントを**育成する業務**とは、新人のスカウトや、オーディションなどで将来芽が出そうなタレントの卵を発掘することを指します。タレント養成学校を持っている芸能プロダクションは、そこでの教育などを実施します。そして、常日頃、人脈を作っておき、テレビ局などに売り込みに行きます。

新人タレントは、何回か起用してもらえるチャンスを掴み、飛躍的にジャンプアップするまで、様々な努力をします。そのうちの一握りがメジャーになっていくというわけです。

業務の内容

芸能プロダクションは、この育成⬇教育⬇売り込み⬇デビュー⬇マネジメント……⬇(また別のタレントを)育成……の繰り返しです。

育成から教育、デビューさせるまでは芸能プロダクションとしては大きな投資が必要です。人材確保やタレントの発掘・教育にかかる部分は、デビューしてメジャーにならない限り、まったく無駄な費用になってしまいます。だからこそ、メジャーに育ったタレントの出演料やCM契約料は高めに設定し、投資分の回収、そして次なる投資への原資に充てているわけです。

タレントのCM契約料

タレントは、テレビ番組などでメジャーになり、**CM契約料**で稼ぐ、という図式が一般的になっています。

テレビ番組の出演というのは、タレントにとっても宣伝効果というのもあり、出演料は安く抑えられていることが多いです(もちろん何本も番組の司会を持つクラスは別格です)。レギュラー番組などを持つと拘束時間は長いのですが、そのぶん、知名度が上がって、タレントの商品価値も上がる、ということになります。

タレントのCM契約料ですが、まだ新人だけど、芸能プロダクションとして大事に育てたいというようなクラスは、五〇〇万～一〇〇〇万程度が年間の契約料の目安です。少しテレビでの露出が出てきたようなクラス(目安でいうとドラマやバラエティのレギュラークラス)で、二〇〇〇万程度。ドラマの主役をやるようになると、四〇〇〇万程度といわれ、また五〇〇〇万以上は、タレントとしてある程度完成されているような大物クラスになってきます。余談ですが、スポーツ選手を除くタレントの年間契約金額は暗黙の了解で一億円まで、ということになっているようです。

この金額はあくまで年間の契約料で、CMなどで撮影をするときは、その度に別途出演料がかかることが一般的です(CMで契約料の一〇%が相場)。

著名な芸能プロダクション

著名な芸能プロダクションは、お笑いタレント系でいえば、吉本興業、松竹芸能、太田プロ、ワタナベエンター

タレント人気ランキング（図5.6.1）

(n=565)

	男性 個人全体（男女10〜69歳）2020年8月度			女性 個人全体（男女10〜69歳）2020年8月度	
順位	タレント名	人気度(%)	順位	タレント名	人気度(%)
1	サンドウィッチマン	70.3	1	新垣　結衣	55.4
2	阿部　寛	55.0	2	綾瀬　はるか	54.5
3	マツコ・デラックス	53.3	3	天海　祐希	46.2
4	明石家　さんま	52.9	4	長澤　まさみ	44.6
5	千鳥	52.6	5	深田　恭子	44.1
6	大泉　洋	51.2	6	石原　さとみ	43.4
7	博多華丸・大吉	48.5	7	北川　景子	41.9
8	所　ジョージ	47.8	8	石田　ゆり子	40.9
9	相葉　雅紀	46.0	9	渡辺　直美	39.8
10	内村　光良	45.1	10	浅田　真央	39.5
11	ムロツヨシ	44.6	11	宇多田　ヒカル	39.3
12	出川　哲郎	44.2	12	杏	37.3
13	タモリ	43.9	13	米倉　涼子	37.2
14	三浦　春馬※	43.5	14	橋本　環奈	36.6
15	松本　人志	43.2	15	イモトアヤコ	36.1
16	遠藤　憲一	41.9	16	いとう　あさこ	35.9
17	タカアンドトシ	41.2	16	吉高　由里子	35.9
17	福山　雅治	41.2	18	松　たか子	35.4
19	星野　源	40.5	19	芦田　愛菜	35.0
20	羽生　結弦	40.4	20	小池　栄子	34.7
20	ナイツ	40.4			

※2020年7月18日逝去

出典：ビデオリサーチのテレビタレントイメージ調査結果　2020年8月度

テインメントなどです。ドラマなどに出ている俳優が多く所属する、研音やアーティストも多く所属するアミューズなどもあります。

ほかに誰もがご存知のジャニーズ事務所、アイドル系のホリプロ、サンミュージック、モデル出身者が多いオスカープロモーションなど、数えればきりがありません。

ここに挙げた以外でも数多くの芸能プロダクションが存在しており、厳しい芸能界で、勝利すべく日夜努力しています。

column

広告会社出身の著名人は？

芸達者といいましょうか、広告会社から転じた著名人も少なくありません。まず、アラーキーこと荒木経惟氏は電通でもカメラマンだったようです。佐藤雅彦氏（電通出身）は「IQ」というゲームや「だんご3兄弟」の作詞、NHK 番組「ピタゴラスイッチ」で知られます。作家では、芥川賞作家として新井満氏、直木賞作家として故藤原伊織氏（以上電通出身）、逢坂剛氏（博報堂出身）がいます。作家といえば『面接の達人』で有名な中谷彰宏氏（博報堂出身）、『絶対音感』等の最相葉月氏（ADK 出身）もそうです。変わったところで、AIBOのデザインを手がけた画家の空山基氏（ADK 出身）や忍たま乱太郎の作者、尼子騒兵衛氏など。また、女優の黒木瞳やアナウンサーの久保純子の伴侶も広告会社（電通）勤務です。

7 市場を的確に把握するマーケティング会社

マーケティング会社とは、商品やサービスをどうように市場に導入したらよいか、あるいは逆に市場を鑑みて、どのような商品やサービスを導入したらよいかということを考える会社です。

そもそもどんな会社なの？

マーケティングを標榜する会社も、SP会社と同じく、いろいろな規模の会社が全国津々浦々にあります。そもそも、「モノの売り方を考える会社」と定義づければ、マーケティング会社も企画系のSPプロダクションも同義語といえるかもしれません。また、**コンサルティング会社**とも重なっているかもしれません。

現実世界では、このような分類をあぁだこうだ考えることに意味はありません。ここでは、コンサルティング会社はどちらかというと経営の視点からクライアントに関わる会社と定義し、**マーケティング会社***は調査や分析を得意として戦略を考える会社としてとらえ、SPプロダクションは戦術を考えることを得意として実際の施策を実行する会社として考えてみます。

業務の内容

広告の戦略から戦術までトータルで広告会社が請け負っている業務では、広告会社の外部ブレーンとしてマーケティング会社が活躍します。一方、クライアントから直に業務を受けている会社も多数あります。元USJの森岡毅氏が立ち上げた「株式会社　刀」は現在最強のマーケティング会社として有名です。クライアントの強みを考え、そのサービスをデザインし、コミュニケーションを考えます。広告会社に指示して広告を制作することも多々あります。

さて、クライアントからの課題に対しては、世の中で誰でも利用できるオープン・データのみで戦略を考える

用語解説

***マーケティング会社**　調査会社大手のビデオリサーチは別にすると、大きくても100名程度。設備投資が少なくてもできる業務も多いので、個人事業者や数人程度の会社も多そう。

ことができることはまれです。クライアントの商品やサービスの特性、特徴にぴったり合致した資料はそうそう存在しないからです。

そこで、独自調査を実施することになります。調査を行うためには、まず、戦略の仮説を立てることが必要です。その仮説に沿ってどのような検証が必要かを考え、クライアントや広告会社と協議の上、調査項目を設定します。調査を主たる業務にしている会社は調査会社と呼ばれます。調査方法を検討する際に、定量調査や定性調査という言葉を使う場合があります。**定量調査**は、量的調査ともいい、一定数量のサンプル数（データ）を集めて統計的な事実を導き出そうとすることです。**定性調査**は、質的調査ともいい、統計上の数値では出てこない心の動きやフィーリングを把握しようとするものです。グループ・インタビュー（略してグルイン）と呼ばれる調査手法がその代表です。

調査手法はいろいろありますが、昔ながらの訪問調査はだんだんと減り、電話調査や郵送などによる封書での調査など顔を合わせない手法が中心となっています。

中でも特筆すべきはインターネットによる調査で、圧倒的に短時間かつ低価格での調査が実施できるようになりました。弱点として、インターネットを使いこなす人のみが対象になるということがありますが、PCとインターネットの利用率が高まるにつれ、次第に解消していくと思われます。また、機密性の高い情報を扱うのも不得手ともいわれています。

マーケターになるためには

心理学や統計学などを学んだほうがいいといわれますが、何よりも独特の用語を覚えなくてはいけません。マーケティングの概念が欧米から導入されたこともあり、また広告業界独特の「カッコつけ」もあって実にカタカナ用語が多いのです！

いわく、「コンセプト」から始まって、「**3C＊**」、「**4P＊**」「**USP＊**」、古くは「SWOT分析」「AIDMA」から、今の流行は「**コンシューマー・インサイト＊**」「AISAS」「**エンゲージメント＊**」でしょうか……。調査会社大手のビデオリサーチは別にすると、大きくても一〇〇名程度です。設備投資が少なくてもできる業務も多いので、個人事業者や数人程度の会社も多そうです。

用語解説

＊3C　Customer,Company,Competitorの略。
＊4P　Product,Price,Place,Promotionの略。
＊USP　Unique Selling Propositionの略で、独自のウリとなる特徴。
＊SIPS　消費者の行動をモデル化した考え方の一つ（6-6節参照）。

マーケティング・リサーチの手法例（図5.7.1）

インターネット調査
インターネットで質問と回答を行う。最もスピーディに広範囲で実施できるが、属性にやや偏りがある。

郵送調査
郵送にて質問票を送付。広範囲での調査や質問項目の多い調査に向いているが時間がかかる。

電話調査
電話で質問と回答を行う。スピーディに行えるが、写真など画像を提示することはできない。

訪問調査
専門の調査員が一般の家庭を訪問する。回答者と直接対面するので、回答の信頼性は高いが、コストと時間がかかる。

会場調査
調査会場を設置して行うので、何でも目の前に提示可能。ただし、回答者を呼ばなければならない。

モニター調査
特定のモニターに期間を決めて商品やサービスを使用してもらう。新商品開発時などが多い。

デプス・インタビュー
パーソナル・インタビュー、1on1インタビューとも。1対1で深層心理を探る。

グループ・インタビュー
数人を対象に座談会形式で行う。定量調査のみでは得られない本音を探る。

用語解説

＊**コンシューマー・インサイト**　インサイトは日本語では洞察の意味。コンシューマー・インサイトは、消費者の行動を喚起する心のツボ。
＊**エンゲージメント**　消費者が商品やブランドに対して積極的に関与すること（6-6節参照）。

8 戦略的ＰＲを期待されるＰＲ会社

ＰＲとは、パブリック・リレーションズの略で、一般的には広報と訳されます。広報を行うためには、媒体社（メディア）との関係をうまく構築し、メディアに流したい情報がうまく取り上げられるような仕掛けを考える必要があります。そこで登場するのがＰＲ会社です。

そもそもどういう会社なの？

まず、広告と広報の違いについて説明しましょう。広告や宣伝は、企業の意思で、広告スペースを買い、直接的に商品やサービスを訴求するのに対して、広報は、媒体社（メディア）の意思で、報道などの記事・番組スペースに掲載され、結果として、企業の商品やサービスが訴求されるものです。あくまで第三者的観点からのニュースなので、それを見た生活者はその情報を強く信頼することがあり、直接的に商品の購買につながることもあります。企業からの一方的なコミュニケーションを信用してもらえない時代の中、この広報活動は、企業にとっても重要な戦略になっています。

広報はあくまでメディアの意思のため、メディアとの関係をうまく構築し、メディアに流したい情報がうまく取り上げられるような仕掛けを考える必要があります。そこで登場するのがＰＲ会社です。

もちろんそれぞれの企業にも広報部などの広報セクションは存在します。ただ企業の広報セクションは、自社の製品情報やサービスの発表・リリースが主な仕事になってきます。そのため、多くの媒体社を相手にしながら、社内の事業部などとの調整もしているため、広報活動は、自社からの発表が中心にならざるを得ません。

それに対してPR会社は、企業の広報セクションを補佐するだけでなく、メディアに対して積極的な仕掛けを行うことができるのです。

一般的な新製品情報は企業の広報セクションから毎日、山のようにテレビ局や新聞社に届けられています。そのため、情報が埋もれてしまう可能性があります。PR会社の業務として、リリース活動の各媒体社へ情報フォローというものもあります。

PR会社のフィーは、一定の業務に関するフィーを払う方法（リテーナーフィー）と、発信したい情報が媒体に形となって世に出たときのみに支払う成功報酬の二種類があり、通常はその二つを組み合わせています。

業務の内容

PR会社も広告会社からの依頼と、広告主からの直接の依頼とがあります。大規模に戦略的なPRを実施したい場合は、広告主から直接のケースが多く、広告活動の補完的に実施したい場合は、広告会社からの依頼が多い傾向があります。

ニュース・リリースを発信する場合は、まずリリース原稿や写真などの資料を用意しなくてはなりません。また、それをどの媒体に向けて発信するのか計画します。記者クラブに一括して配信したり、あるいは、そのときどきの狙いに沿った媒体リストを作成して発信したりします。ワイヤーと呼ばれる一括配信サービスを使えば、ネットを使って申し込み、配信まで安価で行うことができます。

配信とはメール送付、FAX送付、電話フォローなどの作業を指します。現代においても意外とFAXがなくなっていないのが驚きです。配信を企業から直接行ってももちろんよいのですが、配信先、つまり媒体社の部署や担当者情報を持っていないとできませんので、常日頃からメディアと関係性を持ち、それを一括管理しているところにPR会社やワイヤーの価値の一つがあります。

記者発表会を開催する場合もあります。記者発表会は媒体社へのプレゼンテーションの場としての一大イベントです。大きな新商品の記者発表会では、広告主の社長や、CM出演タレントなどがホストとして出席することもよくあります。コロナ禍によって、オンラインでの発表会も多く開催されています。その方法も千差万別で、ZoomやYouTube Liveなどの配信プラットフォームの選択や、質疑応答の方法、資料配布の方法など、IT技術によって日進月歩しています。

では、PR活動*が成功するとどのようなかたちになるでしょう。例えば、テレビのワイドショーでトピックとして取り上げられる、テレビ・新聞・インターネットなどのニュースで報道される、新聞や雑誌に特集記事が組まれる、などです。

このようにして露出された記事の収集もPR会社が行うこともあります。テレビニュースの録画や、新聞や雑誌の記事を収集することをクリッピング業務と呼びます。露出番組した秒数や、記事のスペースを、その媒体に広告を出したときの広告料で計算して、「広告換算値」という数値を出す場合もあります。あくまで目安ですが、その数値が大きいほど成功したともいえます。

PR会社内のセクションは大きく戦略チームとメディアチームの二つに分かれているケースがあります。

戦略チームは、新商品や商品のリニューアル、また低迷している商品の販売促進などの企業からの課題に対して、メディア発信の切り口を考えます。その商品に圧倒的な特徴があれば、切り口など必要ないのでしょうが、他社商品との差別化が難しかったり、特徴がわかりにくかったりする場合、伝える切り口が必要になってきます。例えば、社会背景と連動して商品を紹介する、あるいは、消費者のアンケート調査結果といっしょに発表する、など、メディアが取り上げやすい切り口を考えて、戦略的にメディアにアプローチしていきます。

メディアチームは、日頃からメディアと接触して、各メディアの記者や番組ディレクターと良好な関係を築き、どんな情報であったらメディアが欲しいと思っているかを情報収集しています。その情報収集を戦略チームに提供し、メディアが欲しがっている情報と企業が伝えたがっている情報をうまくリンクするようにしていくわけです。またメディアチームは、戦略チームが決めた切り口を実際にメディアに発信していく役割も担います。

用語解説

＊**PR活動**　新聞や雑誌に「PRのページ」と表記されていたり、ページ数が書かれてないページがある。これは**編集タイアップ**という手法で、それが記事ソックリであっても、あくまで有料で「広告」にあたる。ルールとして広告主の名前を表示しており、「PR」と書いていても、この章でいう記事ではない。

拡大するPR業務

PR会社の業務として、これら戦略的PR発信も重要ですが、露出させるだけではなく、「露出させない」PRという業務もあります。企業にとってあまりよくない情報などの報道をできるだけ抑えるように活動することです。例えば、車のCM契約をしているタレントが他社の車を運転していて事故にあったとき、事故そのものは報道されてしまいますが、乗っていた車までは報道されないようにしてダメージを最小限にとどめるように努めます。

そのほかにも、企業の広報誌を制作したり、ドラマの中の小道具として企業の製品を露出させたりするプロダクト・プレイスメントも立派なPRといえます。

また、商品やサービスだけでなく、企業価値を高めるためのIR*も近年活発になっているPRの一環です。

変わった業務としてはメディアトレーニングというものもあります。企業のトップなどに対してメディアと話をするとき、記者会見するときの立ち居振る舞いから言葉遣いまでをトレーニングする業務です。企業の不祥事が起こった場合、起こったことも問題なのですが、その後の会社の対応や企業トップの姿勢などが、より大きな影響を及ぼすとも多いのが現実のためです。

ネットの世界でいわゆるインフルエンサーを使った施策も多く行われています(2-10節参照)。これは、広告料を支払って露出をお願いするものですので、カテゴリー的には純粋なPRではなく広告に分類されます。見る人にとっては紛らわしいので、必ず「#PR」と付けるなど、自発的な記事ではなく広告であることを明示することが広告業界内で義務付けられています。なお、SNSに限らず、広告活動・PR活動であることを明示せずに行うことはステルス・マーケティングと呼ばれており、広告業界では禁止されています。

医薬品業界や、機能性の飲料など、広告でストレートに伝わらない(伝えられない)ような商品にとってもPRは、重要なコミュニケーション手段といえるでしょう。広告での限界を戦略的PRの視点で解決しようという動きは多く、商品開発やコンサルティングに近い業務を行うPR会社も出てきています。

用語解説

＊IR インベスター・リレーションズの略。投資家に企業情報を提供する活動。

平均的な会社の規模

最大手でも二〇〇名程度で、やはり、数人という小規模な会社も多いです。最重要なのはマス媒体とのコミュニケーションにあり、人と人のつながりが重視されるので、大きな規模は必ずしも必要ではありません。

主なPR会社（図5.8.1）

- (株)電通パブリックリレーションズ
- (株)ベクトル
- (株)サニーサイドアップ
- 共同ピーアール(株)
- (株)プラップジャパン
- (株)オズマピーアール
- ビルコム(株)
- (株)スパイスコミュニケーションズ
- (株)インテグレート
- (株)コムデックス（インテグレートグループ）
- フライシュマン・ヒラード・ジャパン(株)

column

情報の洪水と変わりゆくコミュニケーション

よく引用される文献として、米国の調査会社IDCのものがあります。2020年の発表によると、デジタルデータの量が飛躍的に増大し、2020年に全世界で生成、消費されるデジタルデータの総量はおよそ59ゼタバイトにのぼり、これは2000年時の約1万倍、2010年時の約60倍だそうです。ゼタは、キロ、メガ、ギガ、テラ、ペタ、エクサの次の数値で、全世界の砂浜の砂の数にたとえられるほど大きな数を意味します。

広告主や広告会社が嘆く原因がここにあります。この、あまりにも多い情報から、われわれの送り届けたい情報を拾ってもらうにはどうすればよいのでしょうか。元電通の佐藤尚之氏はその著書『明日のプランニング』の中で、その答えは友人知人とのコミュニケーションにあるのではないかと指摘しています。また、博報堂の原田曜平氏もその著書『ヤンキー経済』の中で、地元の友人知人とのつながりを重視する、マイルドヤンキーという消費者像を提示しました。

そこには、情報の洪水に対する、受け手の情報感度、スキルの違いによる「情報格差」の問題も提示され、都会の一等地にオフィスを構えて、都会の生活をもとに広告戦略を組む大手広告会社への批判も見え隠れします。

例えばみなさんは、「爆サイ.com」という掲示板サイトをご存知でしょうか。アマゾン傘下のアレクサ・インターネット社の分析によると、掲示板サイトで、日本で最もトラフィックが多い2ちゃんねる(.net)に次いで利用されているのが爆サイ.comとのことです。ある層の人は頻繁に利用している巨大サイトなのに、ある層の人はまったく知らないという分断が起きています。

これらのメディアをすぐ広告活用せねばということではないのですが、広告の向こうにいる受け手のことをよく知っておかなければ戦略を考えることはできません。

第6章

広告はこうしてできる

作り方から効果測定、法的知識、求められる人材まで

広告の制作には基本的な考え方や手順があります。これをしっかり守りながら、斬新なクリエイティブ要素を加味するのが広告制作です。ここでは、テレビCMやイベントなど、多様な広告の作り方のあらましから、その効果測定、ぜひとも押さえたい広告理論、法的知識までを網羅しました。

1 オリエンテーションとプレゼンテーションって何？

テレビCMをはじめ、イベントやキャンペーンを広告会社が広告主に提案する、プレゼンテーション（略して、プレゼンとかプレテといいます）について説明します。

まず、広告主との関係作り

プレゼンとは、広告業界にとっては、華の場面です。社内で検討したプランを広告主に説明し、採用してもらうための瞬間だからです。

しかし、どんな広告会社でも、広告主にプレゼンができるというわけではありません。そのための下地作りというのが必要になってきます。

通常は、プレゼンの前に、広告主から、広告会社に対して行う説明会（**オリエンテーション**、略して**オリエン**）があります。

このオリエン前に、広告会社の営業としては、広告主の担当部署にアプローチを行い、オリエンに参加させてもらう下地作りが不可欠になります。

いままでに取引がないような広告主を相手にする場合は、事前に自主的な提案や調査を行ったり、広告主の支社フォローをしたり、と多くの営業活動を経て、まず広告主に認めてもらうことが必要になります。その後、いくつかの実績を積んで、オリエンに呼ばれるようになります。

このように、オリエンに参加できるようになるのも大きな努力が必要なのです。

オリエンテーション

オリエンでは、広告主から、自社の広告対象商品の概要や、コンセプト、広告を行う狙いなどを広告会社に伝えます。

ワンポイントコラム　オリエンのことをRFP(Request For Proposal)と呼ぶこともある。システム会社に対しての発注依頼書として使われていたが、近年データベース構築など広告にもシステム的な要素が増え、RFPというわれ方もされている。

CMだけを、広告会社に求める提案作業の場合は、**CMオリエンテーション**といいますが、そのほかに、グラフィックの案や、メディアプラン、プロモーションプランなどが必要な場合は、**総合オリエンテーション**と呼んだりもします。その場合は、広告会社内の営業をはじめ、マーケティング、クリエイティブ、プロモーションと総力をかけた提案になります。

オリエンは、担当の広告会社を一社に指名して行う場合と、複数の広告会社を呼んで行う場合とがあります。この複数の広告会社を呼んで行う場合をコンペ*といいます。

プレゼンテーション

オリエンから通常二週間～三週間で**プレゼン**を迎えます。

プレゼン対し、広告会社はできうる限りの努力をします。場合によっては、マーケティング・スタッフが導いた仮説を検証する自主調査を行ったり、外部プランナーを起用してプランを考えたり、と多くのスタッフがこのプレゼンに対して動きます。

各部門の動き方の一例を挙げると、営業部門は、スタッフに対し、広告主情報の提供や全体の方向性の提示、スタッフから出てきたプランの良し悪しの判断などを行います。

マーケティング部門では、競合商品の分析や、その商品をどういう位置付けで売ればいいかというポジショニング、それに伴う広告活動のコンセプトなどを検討します。

クリエイティブ部門では、そのコンセプトを、どういうアイデアで表現すれば、一番消費者に理解してもらえるかというのを検討します。メディアプランニング部門では、ターゲットとなるユーザーにリーチする最適なメディアの組み合わせ、適切な出稿プランを検討していきます。

さらにはプロモーション部門では、その商品がより売れるための店頭での販促キャンペーンやツールの検討などを行います。

オリエンの規模にもよりますが、プレゼンの際には、広告会社は、かなりのお金を投資することになります。もちろん、採用されたときの売上を見越しての先行投資です。

用語解説

＊**コンペ**　コンペティションの略語。競争の意。「ピッチ」ということも。単に「**競合プレ**」と呼ぶこともある。

プレゼンテーションのあとで…

複数の広告会社が呼ばれるコンペの場合、採用される広告会社が決定されます。いわゆる、「勝った」「負けた」という瞬間です。

「勝った」場合は、次のステップに進めるから問題ないのですが、「負けた」場合は、なぜ採用されなかったのか、という理由を突き詰めていきます。

自分たちの案が根本的に求められたものと違ったのか、考え方はよかったが表現の強さが足りなかったのか、など。

これを広告主に追求することで、次のステップにつなげていく必要があります。何せプレゼンには多くの費用がかかっているため、たとえ負けても、何かを得ないと、本当に徒労に終わってしまいます。

プレゼンが採用された場合でも、提案内容が一〇〇％採用されるというのはかなり珍しいケースです。通常は、何らかの修正ポイントがあり、その部分を広告主と調整してきます。その後、クリエイティブやプロモーションの部分は、詳細を詰めていく打ち合わせに入ります。

プレゼンの流れを見てきましたが、営業やマーケティング、クリエイティブ、メディアプランニング、プロモーションのスタッフが一丸となって、一つのものを作り上げないといい提案にはなりません。それぞれの専門性を発揮しながら、広告主にとって、消費者にとって喜ばれる広告を作っていく、ということになるのです。

一方でオリエン、プレゼンというステップを踏まないケースも増えてきています。以前は、広告のキャンペーンでいうとメインはやはりテレビCMで、そのクリエイティブコンペの要素が強かったといえます。クリエイティブを選べばよかったので、ある意味シンプルなものだったのかもしれません。

近年は広告主が抱える課題が複雑化し、ユーザーにアプローチできる手段も多岐に渡ることから、広告会社を指名して、広告主と広告会社が時間をかけ、パートナーシップを築きプランを検討することも増えてきています。

そもそも課題を定義すること、誰に対してアプローチするのか、など、より本質的なテーマに広告会社、広告主がともに向き合っていく時代といえるかもしれません。

オリエンテーションからプレゼンテーションへ（図6.1.1）

2 「どうやって伝えるか」「何を伝えるか」

ユーザーに届く情報は膨大になってきています。そんな多くの情報がある中、どのようにして企業は自社商品のよさを伝えていけばよいのでしょうか。

情報大爆発時代のいま

情報が爆発的に増えたといわれています。総務省が発表した流通情報量と消費情報量の推移のグラフを見てみましょう。（図6・2・1）

流通情報量が文字通り世の中にある情報量です。一方で消費情報量が、人がきちんと情報を使った量、触れた量と言い換えてもいいかもしれません。消費情報量は、多少増えてはいますが、ほぼ一定です。当たり前といえば当たり前で、人は急に賢くなったり、脳のスペックが上がるわけではないので、ここは横ばいになります。一方で流通情報量について二〇〇一年頃は、ほぼ消費情報量と同じですが、二〇〇五年頃から大きく伸び始め、二〇〇九年には、はるか大きな数字になっています。

二〇〇一年頃は、インターネットはあったものの、まだマスメディアの置き換えのような状態で、一対nの関係でした。発信する人が限られていて、それを受信する人が圧倒的に多い関係です。二〇〇五年頃から、この関係がn対nに変化します。つまり発信する人も圧倒的に多くなった時代、ブログのスタートです。そこから流通情報量は飛躍的に伸びていっています。

このように人の消費情報量をはるかに超えた流通情報量の時代になっています。グラフでは、二〇〇九年まででしか記載がありませんが、二〇一〇年、二〇一一年に、TwitterやFacebookが日本でも爆発的に普及しますので、現在は、どれくらい流通情報量が増えているか、想像もできないぐらいです。

ユーザーに自分事として捉えてもらう工夫

ユーザーを性別や年齢でターゲティングする**デモグラフィックターゲティング**という手法があります。ほぼすべてのユーザーが対象となるような商品、飲料などにおいては、このようにユーザーは大きな括りで捉えるのは意味があります。一方で、自動車のように、個人の趣味や家族構成、ライフスタイルが大きく購入に影響するような商品の場合、ユーザーをもっと詳細に捉える必要が出てきます。商品のターゲットとなるユーザーを、代表的な人物像で表す手法を**ペルソナマーケティング**と呼びます。

ペルソナに基づいて、ユーザーはどのような行動をするのか、どんな場所で情報に接触するのか、などを細かく考えて、そこにあったクリエイティブやメディアで広告を展開します。こういったペルソナを作る際や一度作ったペルソナが正しいかどうかを検証する際に有効なのがデータです。例えば、購買した商品と個人がつながっている**ID-POS**などを使う仕組みです。

情報大爆発の時代（図6.2.1）

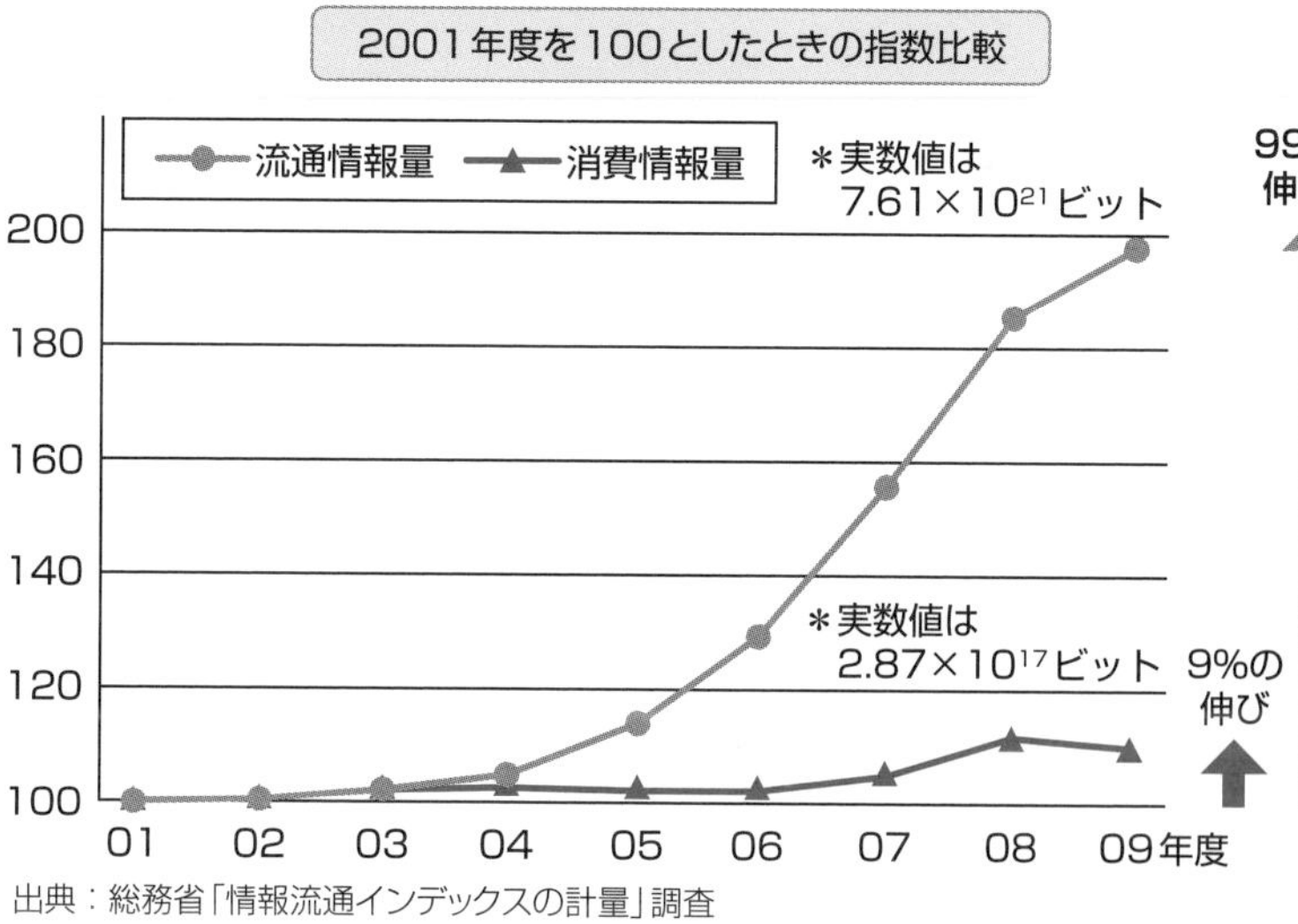

出典：総務省「情報流通インデックスの計量」調査

インサイトを探る

どのようなクリエイティブでユーザーに興味を持ってもらうかも重要になります。その手法の一つとして、**インサイト**を発見するというものがあります。インサイトとは、「心のツボ」のようなもので、ユーザーは自身では自覚していないけれども、いざ、そのことを告げられると、一気に共感をしてしまい、認識をこれまでとはまったく違うものにしてしまうようなもののことです。

ここでは、よく取り上げられる、アメリカでの「got milk?(ミルクある?)キャンペーン」の例をご紹介しましょう。

アメリカでは、ミルクの消費量の落ち込みが激しくなっており、これを危惧したカリフォルニアのミルク協会California Milk Processor Board（CMPB）がミルクの消費量をあげるキャンペーンを実施しました。

過去には、ミルクのよさ、いかに健康によいかなどをアピールしてきましたが、あまり効果は見られませんでした。従来の手法であれば、いままでにアピールしきれていないミルクのよさを再度広告キャンペーンで訴求す

column

ゆるキャラ、ご当地キャラが楽しい！

おもに自治体が中心となって、その地域のキャラクターを創作して活動しています。その数、全国で数百とも数千ともいわれています。

その火付け役になった滋賀県彦根市の「ひこにゃん」や、特異な風貌で大旋風を巻き起こした奈良県の「せんとくん」、ゆるい版権ルールで数多くの商品化を果たして成功した熊本県の「くまモン」などが有名です。

自治体非公認キャラも元気です。着ぐるみではしゃべることのできないキャラクターが多い中、千葉県船橋市の「ふなっしー」や兵庫県尼崎市の「ちっちゃいおっさん」は、奇声をあげたり、ベラベラしゃべることで人気を博しています。

なお、「ゆるキャラ」というネーミングは、マンガ家のみうらじゅん氏と扶桑社の登録商標になっています。

はてさて、10年後まで活躍しているのは誰でしょう？

る、という結論に至ったかもしれません。

しかし、ここ消費者の行動を動かすツボ、インサイトをプランナーは、気が付きました。「消費者はミルクが嫌いだとか、健康によいことを知らないでミルクを飲まないのではなく、ミルクを飲みたくなるような場面が減っているから飲まないのではないか？」。調べていくと、ミルクを飲むときというのは、ミルク単独で飲むことよりも、何か特定の食べ物を食べているときに一緒にミルクを飲むことが多いことがわかりました。逆に言うと、ミルクを飲みたいとき、近くにないから飲んでいない、でもそこに潜在需要があるはず、とプランナーは考えたのです。

そこで生まれたのが「got milk?（ミルクある？）」という広告コピーと、いかにも食べたあとにミルクが欲しくなるような食べ物のビジュアルでした。

消費者は、この広告を見て、「ああ、そうそう。こういうときミルクってほしくなるよな。でも最近ミルク買ってないから、ちょっと買っていこうか！」と思ってもらえるように仕向けるわけです。

このように、言われたら「あー」と納得がいくインサイトを発見できたキャンペーンは非常にパワフルです。

ブランドの普遍的なフィロソフィーを伝える

日々、商品はどんどん改良され、よくなっていきます。そこの製造努力には本当に頭が下がる思いですが、一方でユーザーからの視点に立つと、メーカーごとの差がそこまでわからない場合もあります。このようにユーザーがどの商品も同じようなもの、と思っている状態を**パリティ認識**と呼び、メーカー間の技術格差があまりない状態を、**商品のコモディティ化**と呼びます。

商品そのものがユニークである場合は、その商品の強みにフォーカスを当てた広告展開をすればよいのですが、ユーザーから見て、そこまでユニークでかつ魅力的ではない特徴に焦点を当てても魅力的な広告はできません。

事実、私たちの住んでいる日本では、幸せなことにどのメーカーも同レベルの安全性やクオリティを持っている状況です。どれも同じというと言葉が悪いですが、逆にいうとどれも一定のレベルをクリアした品質が高いマーケットといえます。

そんなときには、どのような広告展開が有効なのか、一つの方向性を示したいと思います。

企業にはこのような世の中を作りたい、自分たちはこのようにして世の中に貢献したい、というビジョンがあります。そのビジョンや、商品に込めた思い、自分たち思想、まさにフィロソフィーと呼ぶべきものを全面に打ち出すやり方です。「私たちのフィロソフィーはこのようなものです、あなたは賛同してくれますか?」と問いかけるようなものです。

このように、企業の思いやルーツ、存在価値、社会にどう貢献できるかを考えていくアプローチを、「**ブランドパーパス**」と呼びます。

有名な例を挙げましょう。ユニリーバが行った「REAL BEAUTY SKETCHES」というキャンペーンです。これは、自分自身のことを美しいと思う女性はたった四%しかいない、という調査結果に対して、ユニリーバが世の中の女性に対して送ったメッセージでした。キャンペーンは動画がキーになっているので、動画の内容を紹介しましょう。犯罪捜査などを担当する似顔絵画家に、まず女性自身が自分の目鼻立ちや雰囲気などの特徴を伝えていきます。それを聞きながら、似顔絵画家は絵を描いていきます。一方で、その女性を初めて見た人にも、その女性の特徴を伝えてもらい、似顔絵を作成していきます。そして、出来上がった二枚の似顔絵を比べます。女性自身は自分の特徴を話すときに非常にネガティブに伝えていたのに対し、初めて会った人はポジティブに伝えていたので、出来上がった似顔絵は、女性がびっくりするぐらい綺麗に描かれています。そこで、「あなたは、あなたが思っているよりも美しい」のメッセージが出ます。

これは、ユニリーバの女性の本来の美しさを大切にしたい、というフィロソフィーを表したものです。ここには商品の特徴やスペックなどは何も出てきません。まさに企業のフィロソフィーを紹介しているだけのものです。ユニリーバはこの取組みをずっと続けています。そこでユーザーは、このフィロソフィーに賛同し、企業のファンになっていくわけです。

このような企業のフィロソフィーを明確にし、その考え方に対してユーザーに「賛成か、どうか」を問うような広告活動も非常に重要になってくると思われます。

column

AIとチャットボット

人工知能（以降AI、Artificial Intelligence）の話題が増えています。AIは、まずチェス界で人間との戦いに勝利し、2017年にはついに将棋界、囲碁界でも勝負がついてしまいました。

そして、AIはいよいよクリエイティブな分野に進出してきました。料理のレシピを考案することは世界中で行われてきました。AIが創作した作品が、文学賞のひとつ「星新一賞」の一次審査を通過しました。広告業においては、マッキャンエリクソンにAIのクリエイティブディレクターが就任したり、サイバーエージェントが「AIクリエイティブセンター」を設立したり、電通がAIによる広告コピー生成システム「AICO（アイコ）」を開発しています。しかし、これらはまだまだ話題のみが先行しており、成果に結びついていません。

話題先行型といえば、ロート製薬がAIを利用し、Twitter上で花粉に苦しんでいるユーザーを発見して勝手にプレゼント当選候補者に選んでしまうというキャンペーンをやっていました。また、真面目なAIとしては、デジタル広告の分野で研究されており、広告配信などで利用されています。

会話の研究も盛んです。ソフトバンクのロボットPepperもAIを搭載して会話していますが、同様にパソコンやスマホ上でユーザーと会話する「チャットボット」が多く登場しました。「チャットボット」とは、「チャット」と「ボット（ロボット）」をつなげた言葉で、テキストや音声を通じて、会話を自動的に行うプログラムです。日本で最も有名なのはマイクロソフトの元女子高生AI「りんな」でしょう。LINEを使って話してみると、自然な会話が続くことに驚きます。チャットボットによる会話はLINEやFacebookメッセンジャーと相性がよく、企業の注文窓口や相談窓口を人間に代わって行うことが期待されており、実際にいくつかの企業で導入されています。キャンペーンの応募などにも向いています。

3 テレビCMができ上がるまで

広告業界では、広告会社だけでなく多くの会社が協力し、一つの広告キャンペーンを作り上げます。もちろん、広告会社内にも様々な職務が存在します。ここでは、代表的な業務としてテレビCMができるまでの過程を取り上げます。

CMプランからCM放送までの流れ

テレビCM制作の大きな流れは、❶CMプラン提出、❷演出プラン提出、❸PPM実施、❹撮影、❺オフライン編集・オフライン編集試写、❻本編集・MA作業、❼初号試写、❽プリント作業・テレビ局納品・CM放送、となります。

❶～❽で、通常二カ月程度の日数が必要です(もちろん特急作業というものも多いですが)。少し専門的な言葉が出てきていますが、各項目の中で詳細は取り上げていくようにします。

❶CMプラン提出

通常は、広告主から広告の目的や商品特徴などを聞くことから始まります。これを受けて、広告会社内で、数々のプランが検討され、CMの企画が誕生します。このCMの企画を、広告主にわかりやすく説明するため、CMコンテを提出します。**CMコンテ**とは、四コマ漫画のように、大まかな画面のカット割と、そこでのセリフやナレーションが入ったもので、CMプランの意図するところが表現されます。

広告主による、CMプランの承認を経て、次のステップへと進みます。

❷演出プラン提出

CMプランが固まると、演出家（ディレクター）を決定します。映画でいう監督です。実際にCM業界では演出家のことを監督と呼んでいます。その演出家による、細かくカットで割った**演出プラン**を提出します。

CMコンテが企画の趣旨を説明するものとすれば、演出プランは、実際に撮影するときや編集する際に、どのように演出するかという具体的なものになります。具体的に商品カットをどんなタイミングで何秒程度見せるか、など最終的な仕上がりに関わるディテール部分まで詰めていくのはこの過程です。

❸PPM実施

PPM*は撮影前の最終事前打ち合わせのことを指します。広告主と広告会社のスタッフ、また場合によっては演出家やカメラマン、スタイリストなども同席します。

撮影の際の最終的な確認作業を行い、出演者の衣装やCMのBGM、ロケセットプラン、照明プラン、また画面のスーパー要素などを確認していきます。

ここで、広告主の最終承認を得て、撮影に入っていきます。

❹撮影

撮影は、**スタジオ撮影**と、スタジオ以外で行う**ロケ撮影**の二つがあります。また撮影の手法として、フィルム撮影とHD撮影があります。

フィルム撮影は映画と同じ35ミリフィルムを使って撮影するもので、フィルム費もカメラも高く、また別に現像（F to T「Film to Tape」）という作業が発生します。

HD撮影はデータ容量の多いHDカメラを使って撮影するもので、放送のHD化に伴い、多くのCM制作はHDで撮影されています。そのためフィルムで撮影する機会は少なくなっています。

撮影には、出演者はもちろん、カメラマン、照明スタッフ、スタイリスト、メイク、録音スタッフ、統括する演出家と多くのスタッフが関わります。

用語解説

＊PPM　Pre Production Meetingの略。

❺オフライン編集・オフライン編集試写

オフライン編集とは、実際の本編集（**オンライン編集**）よりも簡易な機材で、CMの流れを組み、広告主に確認するものです。この広告主に確認する作業を試写といいます。

とはいいながら、最近は編集機のクオリティもあがっており、簡単な編集作業なら、オフライン編集機でも十分なクオリティのものができ上がります。つまり、Apple社のマックがあればかなりの編集が可能です。

❻本編集・MA作業・初号試写

オフライン編集で広告主から了解をもらえると、本編集作業に移ります。本編集は、先ほどのオフライン編集機よりも高度な編集ができる編集機材を使います。かなりの専門性を要求される部分なので、専門のスタッフ、エディットマンが行います。演出家の指示どおり、CMを構成していく作業がここで行われます。

次に**MA**＊と呼ばれる作業に入ります。これは、編集された映像に音声を録音していく作業で、ナレーションや効果音、BGMを収録し、全体の音バランスの調整を行います。これで、やっとCMが完成されます。

ここで完成されたCMを、**初号**（しょごう）といい、広告主に確認を行うことを**初号試写**と呼んでいます。広告主の担当者はもちろん、場合によっては社長まで確認を行います。

❼プリント発注・テレビ局納品・CM放送

初号試写で広告主の確認が取れると、テレビ局に納品する用のフォーマットにあわせた形でCMをコピーします。これを**プリント作業**といい、スポットCMの場合は、放送するテレビ局の数だけ、プリント本数が必要です。二〇一七年よりCM素材のオンライン送稿が開始され、現在では併用されています。

CM素材を放送開始日の一週間前までにテレビ局に納品し、はじめてCM制作作業は完了となります。

用語解説

＊**MA**　Multi-Audio Video の略。

テレビCM制作の流れ（図6.3.1）

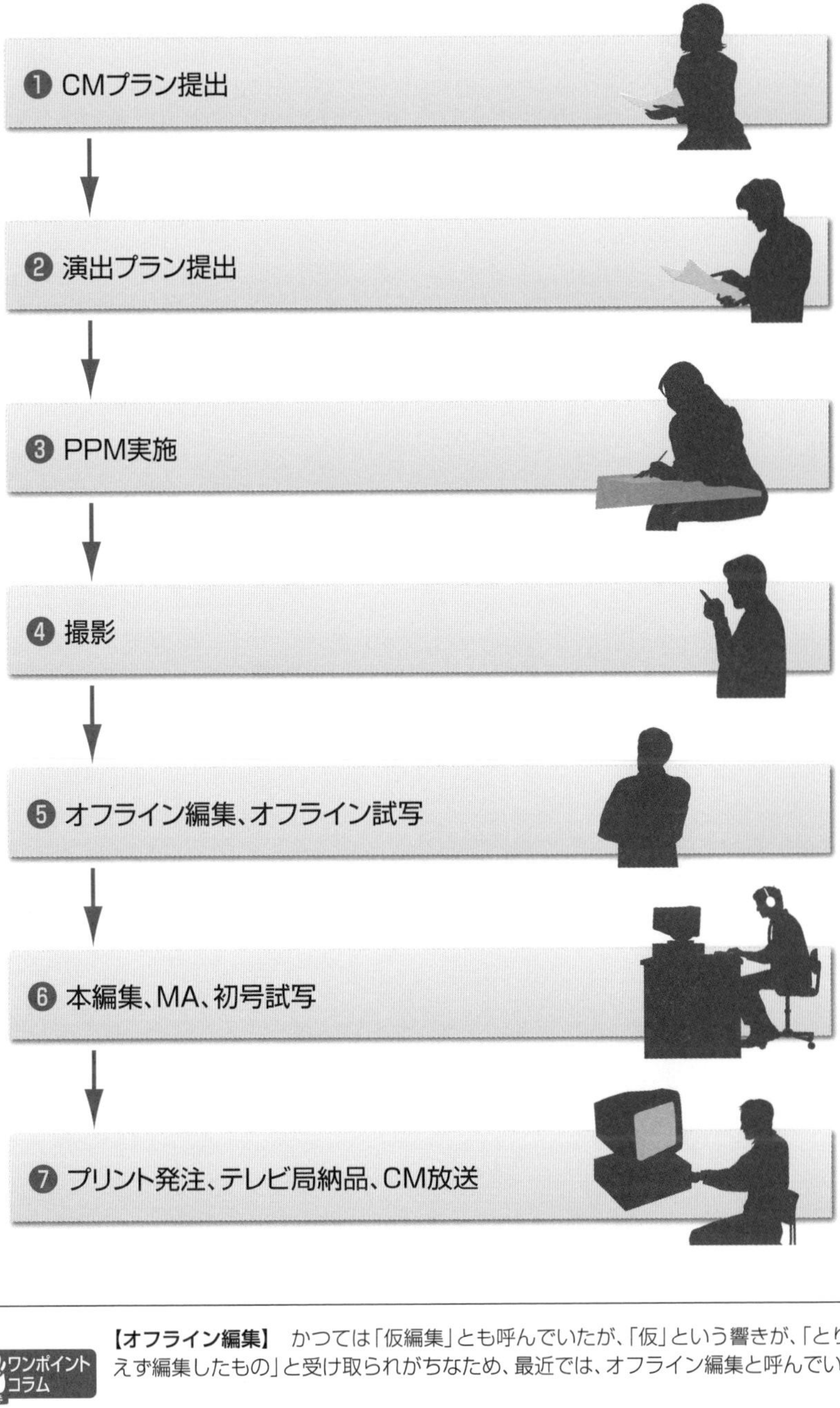

ワンポイントコラム

【オフライン編集】　かつては「仮編集」とも呼んでいたが、「仮」という響きが、「とりあえず編集したもの」と受け取られがちなため、最近では、オフライン編集と呼んでいる。

4 イベントができるまで

毎日毎日、日本のどこかで無数のイベントが行われています。私たちの生活に彩りを添えてくれるイベントも多くの人の協力によって成り立っています。ここでは、イベントが行われるまでの過程を取り上げます。

イベントの種類は様々

一口にイベントといっても様々な種類があります。

まずは、協賛イベントがあります。主催者はほかにいて、それを金銭的、物質的に援助するイベントを、広告主、広告会社からの立場から「**協賛イベント**」と呼びます。協賛イベントでの広告会社の役割は限定的で、協賛社を募る部分(スポンサード部分)を担当しています。オリンピックを頂点とする様々なスポーツイベント、アーティストのコンサートなど音楽系のイベント、または演劇などの文化系のイベント、あるいはイルミネーションなどによる街おこしのようなイベントがこれにあたります。

次に**興行イベント**があります。基本的には広告会社は「黒子」の役割が多いのですが、近年は映画製作などのコンテンツ事業のように広告会社自らが出資者になることも増えてきました。

そして、最も多いのは、商品やサービスを直接アピールする**宣伝系イベント**です。

日常的なものとしては、キャンペーンイベントがあります。交差点でのノベルティとリーフレット配り、スーパーマーケットでの試食デモ販売、駅前イベント広場での展示ディスプレイとミニステージなどです。

また、展示会も重要なイベントです。大規模なものとして、自動車、コンピューター、IT系、家電・エレクトロニクス系の業界見本市があり、これらは海外でも大規模に開催されています。

さらにコロナ禍によって、リアルなイベントだけでなく、**オンラインイベント**も盛んになりました。大規模なものから個人レベルの小規模なものまで、オンラインイベントはまだ始まったばかりなので、様々な手法が模索されています。参加者がただ観るだけのもの、インタラクティブ性の高いもの、課金されるものなど様々です。

イベントの企画から実施までの流れ

さて、広告会社が関与しているイベントがどのように成り立っているのか、業務の流れを見ていきましょう。

❶イベントフレームのプランニング

まず、どこで、どのようなことを行うかを決めます。これは、広告主の方である程度決められてから**オリエン**されることもあります。

ターゲットや予算も考慮しながら、開催場所や手法をプランニングします。例えば、イベントを東京のみで行う場合、東京二三区の人口を採っても日本の総人口のわずか八％弱。やはり、全国で、札幌、東京、名古屋、大阪、福岡の五都市でやりたい。などなど、目的、到達目標によっていろいろな可能性が考えられます。

❷具体案のプランニング

イベントのフレームを決めたら具体案を練るために、協力会社を召集します。まずは、**イベント会社**あるいは**企画会社**に主に運営を中心とした全体の企画を担当してもらいます。次に**展示装飾会社**（ディスプレイ会社）にステージやパネルや商品のディスプレイなど会場の見た目づくりを担当してもらいます。

主に広告会社とこの二社でイベント内容を詰めていきますが、この時点でも会場デザインを担当するデザイナーやイベントのイメージパース図をＣＧなどで描くイラストレーターや、ＣＡＤシステムで図面をかく図面設計者など多くの人が関わっています。広告主に提案し、調整していく日々が続きます。

❸演出スタッフとの調整

企画がだんだん進んでいくと、**映像**、**音響**、**照明会社**との打ち合わせも必要で、それぞれに会社があり、イベント時期には機材とそのオペレーターをレンタルすることになります。また、必要であれば、**MC**（エムシー*）と呼ばれる司会進行係、ショーをする出演者としてタレントや役者、ダンサー、マジシャンなどを選出し、打ち合わせをしないといけません。モデル、コンパニオンなどは紙のプロフィールだけで選んだり、オーディションを行って選んだりします。それらの人に事前研修をして広告主や商品の知識を覚えてもらわなければなりません。

イベント運営のためには詳細な**マニュアル作り**も必要です。すべてのスタッフの役割を一つひとつマニュアルに落とします。MCなどがマイクを使う場面があれば進行台本を書いて、セリフ、映像計画、音響照明計画を練ります。

❹映像、配布物等の制作

❸と並行して、**制作作業**を行います。

新たに映像制作が必要であれば**制作プロダクション**にシナリオやコンテを描いてもらい広告主と打ち合わせ、撮影や編集を行います。イベントで使う印刷物があれば、**デザイン会社**で内容を作り込み、印刷会社に発注します。来場者へノベルティが必要であれば、オリジナルだと何カ月も前から案を出して発注しておかなければ間に合いません。百貨店やノベルティ会社などと打ち合わせが必要です。

映像制作、ツール制作、ノベルティ製作など全ての制作物に関して、案出しをして決定したあとに、何回かの校正作業が入ります。

❺本番前準備

本番の前には**会場の設営作業**などがあります。大きな展示会では三日前くらいから始めます。小型クレーンを搭載したユニック車が入ってブース装飾の基礎となる鉄骨を立てることもあります。壁を作る場合は、専門の大工チームが入り、釘を打ったり、壁紙を張ったりします。壁には木製パネルを使うことが多いのですが、昨今は環境意識の高まりから、リユースの容易なリースパネルの利用も増えてきました。映像、音響、照明の各会社も入り、黙々とレンタル機材を設置していきます。

会場の設営が終わると**リハーサル**を行います。商品の具合は予定どおりか、映像や音響は正しく作動している

用語解説

***MC**　Master of Ceremoniesの略で、日本語では司会者。「メイン・キャスター」の略ではない。

かを確認します。MCやショー仕立てのパフォーマンスがあれば、何度もリハーサルしてセリフ、動きなどを確認します。それらに指示を出したり補助をしたりするディレクター、AD（アシスタント・ディレクター）とは、現場でミーティングをしたりして動きを確認します。広告会社の担当者が脳だとすればディレクター、ADは伝達神経で、ここが機能していないと末端のスタッフがちゃんと動きません。これらリハーサルは場合によっては深夜に及ぶこともあります。

❻イベント本番

　いよいよイベント当日を迎えます。イベント開始が朝であっても、三時間前などにきて入念に準備を始めます。開始直前には広告主を交えて朝礼など事前ミーティングを行い最後の確認をします。開催時間が訪れるといよいよイベントを開始します。イベント開催中は、来場者の反応が気になるのはもちろんですが、トラブルがないことを祈ります。

　イベント終了後、翌日も続くイベントであれば終礼を行い、反省点を洗い出し、運営面、展示装飾の両面で修正をかけます。その日で終了であれば、また待ち構えていた大工チームがドドッとやってきて解体、撤去に入ります。イベントが無事に終了すると実に満ち足りた気分で打ち上げなどに参加できるというわけです。

　かくのごとく大変多くの人によって形作られているのがイベントです。広告会社からすると多大な労力が必要なため、従来のマス広告と比べて大変な面も多いのですが、一般顧客と直に接することができるという意味で重要な面を持っているのがイベントなのです。

5 広告効果の測定方法

広告を制作し、無事に放送、掲載した後、それが結果としてどうだったのか、どんな反応だったかというフィードバックは非常に重要です。そしてフィードバックするためには、そもそもどんな広告目標を持っていたのか、が重要になります。ここでは、広告効果を測定する際に、知っておいたほうがよい広告目標の考え方を紹介します。

段階ごとの目標管理が重要、「DAGMAR理論」

DAGMAR*とは、広告の効果は、単なる最終の売上のみを図るのではなく、その途中の段階でのコミュニケーション目標を決め、その到達具合で広告効果を計るべきだという理論です。

商品の売上とは、まさしく4P*で構成させる複雑なものです。そのため、広告効果＝売上と短絡的に結び付けるのではなく、広告のみの効果として計測できる広告認知度や理解度などを広告目標として設定することが重要とする考え方です。

メディアプランニング理論、「有効フリークエンシー」と「リーセンシー」

メディアプランニング、とりわけテレビ広告をプランニングする際に、よく出てくる理論が有効フリークエンシーとリーセンシーです。

有効フリークエンシーとは、視聴者がCMを認識するには、何回CMを見せればよいか、という考え方に基づいたものです。過去のCM出稿量と認知率の調査などから割り出し、どの程度の回数を見ればCMを覚えているか、そして購買に結び付くかを考えたものです。

その一つに**スリーヒットセオリー**があります。これは

用語解説

＊DAGMAR　ダグマーと読む。全米広告主協会の依頼を受けたR.H.コリーが、Defining Advertising Goals for Measured Advertising Resultsという著書を発表し、その頭文字を取ったもの。

文字どおり「三回見せる理論」で、広告業界では経験則的に、一つのCMを三回以上見せると認知の効果効率がいい、とする理論があります。この場合、有効フリークエンシーは三回、と考えたというわけです。逆に二回以下だと大きな効果が得られず、無駄になる可能性があるといわれています。この三回は一購買サイクル（商品を買って、次の商品を買うまでの期間）または四週間以内でヒット（CMを見させる）ことが必要となります。

リーセンシーは、フリークエンシーという回数の考え方とは違い、広告を出稿するタイミングこそが大事だという考え方です。交通広告やインストアメディア（店内ビジョンや店内POP）など、まさに商品を買う直前のタイミングでの広告が、どの商品を買うかに影響する、という考え方です。例えば、家への帰りの電車で、お酒の広告を見ると、駅に降りたときのコンビニで直前に見た広告のお酒を買ってしまう、というものです。

この二つの考え方は、一見、相反する考え方に見えますが、どちらも正しいといえます。商品の価格や商品の特徴などによって、どちらの理論を適用するべきか、変わってきます。

有効フリークエンシーの概念図（図6.5.1）

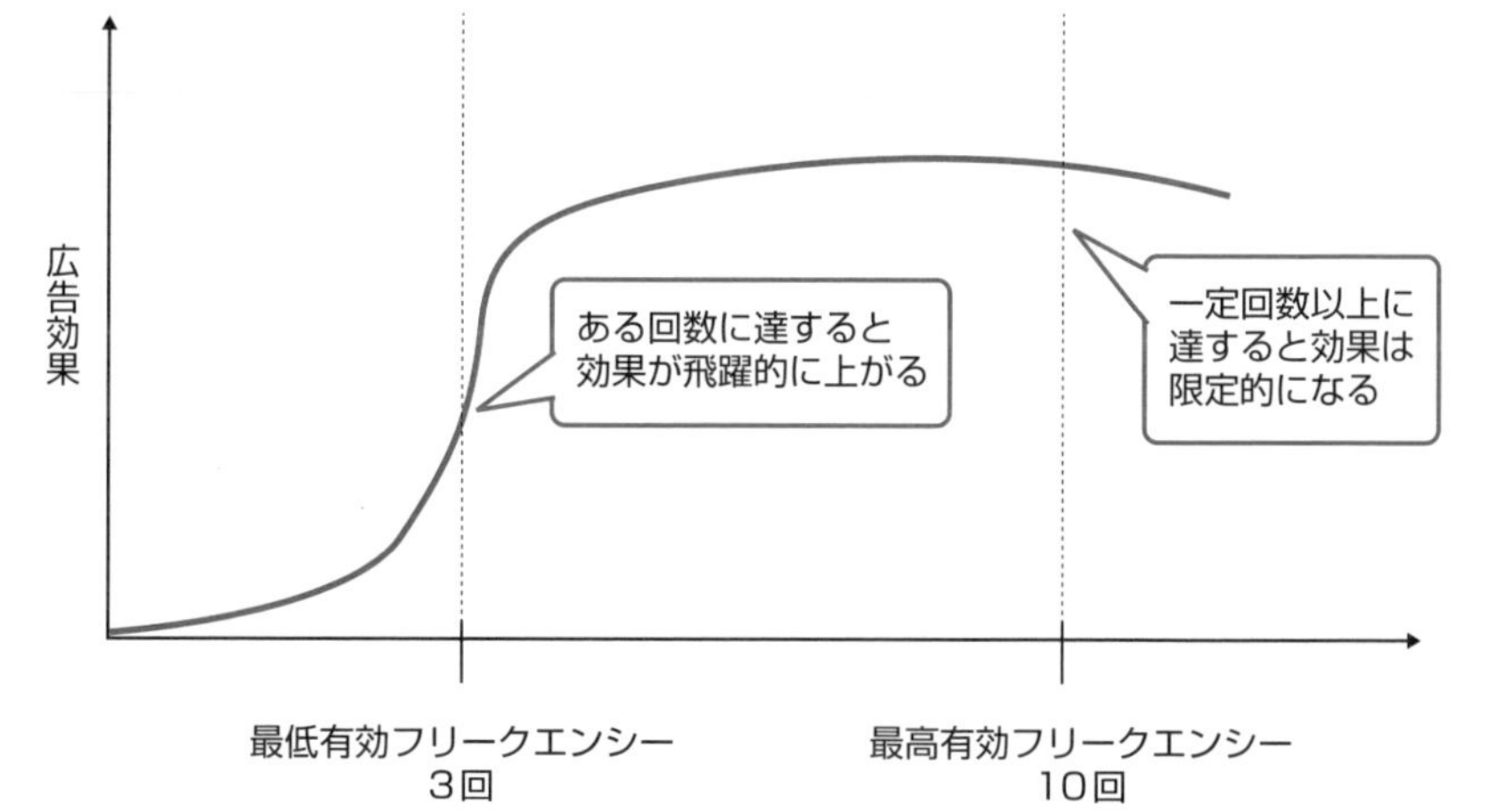

※フリークエンシー回数は例

用語解説

＊4P　Products：商品、Price：価格、Place：流通、Promotion：販売促進の4つのPのこと。

有効フリークエンシーとリーセンシーの違い（図6.5.2）

２つの理論はどちらがすぐれているか判断をすべきものではなく、広告商品や広告表現の特性に応じて使い分ける必要がある。

広告の商品のステージやカテゴリー、メッセージ内容の複雑さやカテゴリーへの関与度などによって使い分けることが肝心。

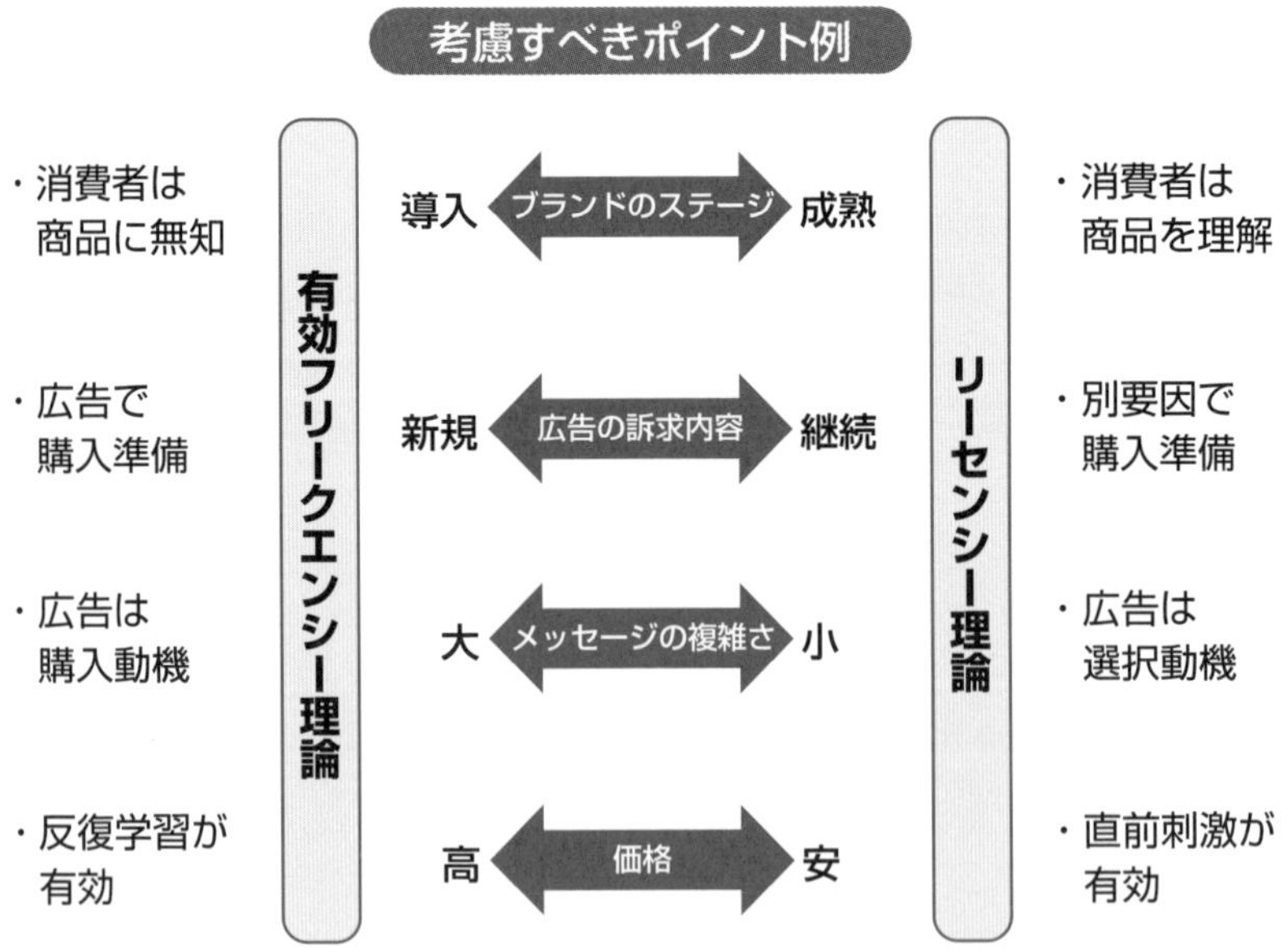

広告効果の測定のための目標設定

前述のＤＡＧＭＡＲ理論のように、広告をストレートに売上に結び付けるのは無理があります。あくまで広告の果たすべき役割と、商品力、営業力、流通力とは分けて考えるべきです。

広告目標として、広告認知率（どれだけの人が広告を覚えているか）、広告好感度（どれだけの人が広告を見て「好き」と感じたか）、商品純粋想起率（何の手がかりもなく思い出せる率）、助成想起率（広告実物を見て覚えている人の割合）、購入意向率（どれだけの人が広告を見て買いたいと思ったか）などを数値目標として定める必要があります。またこの数値も、継続的に同じ指標で取ることで、過去の分析ができ、蓄積されたノウハウになっていきます。やはり同じ商品、同じターゲットというのはないため、まずは自社の中での広告効率を上げていくことが重要です。

通販広告は、広告による販売効果が明確な指標

通販の広告は、広告が営業や流通の役割を果たしているため、売上や注文件数が広告の評価につながります。広告コピーや写真など、あらゆる要素を試行錯誤して、その蓄積で効率を上げていくことが求められます。

特にインターネットを活用したダイレクトレスポンスを求める広告では、はっきりと広告効果を指標化することができます。

２-２節で解説したＣＶＲ、ＣＰＡなどがその指標になります。広告を投下した費用に対する効果、ROI＊なども計算をしていきます。広告出稿料金に対する販売金額をROAS＊と呼び、販売金額を広告出稿料金で割って、計算します。

こういった指標は、広告会社やＡＳＰ会社が提供する効果測定ツールにより、効率的に管理することができます。Googleの「Google Analytics」やイルグルムの「AD EBiS」などが有名です。

用語解説
＊ROI　Return On Investment の略。
＊ROAS　Return On Advertising Spendの略。

　また最近は、直接的な広告効果だけでなく、間接的な効果も考慮すべき、という議論もあり、2-7節で紹介したような、**アトリビューション**という概念も出てきています。

総合的なマーケティング貢献度を図るMMM

　インターネットでビジネスが完結する企業であれば広告の指標はCPAやROASなどで明かることができますが、自社で直販しておらず、小売りなどを通して販売をしている場合、広告の効果と実際の売上を紐付けるのは一筋縄ではいきません。

　そこで、MMM*という手法があります。これは過去に実施したメディア施策と実際のKPIやKGI（売上などになることが多い）との関係を統計的に解析し、各メディアの貢献度を導き出し、各メディアの最適な予算配分を導き出す手法です。

　MMMは、九〇年代から存在していたものでしたが、ここにきてまた注目度が上がってきています。

　サイカが提供する「サイカマゼラン」では、すべてのオフライン広告（マス広告など）とデジタル広告の効果を数値化し、広告がどれだけ売上貢献したかを可視化するサービスをダッシュボードで広告主に提供をしています。この可視化するサイクルが短期間でできることやサービス料金が比較的抑えられているため、導入する企業が増えています。

　また、二〇二〇年一二月にニールセン・グローバル・メディアは、Facebook Japan、Google合同会社とともに、広告主のマーケティングKPI達成のためのツールであるMMMの認識向上を目的とし、ソートリーダーシップ資料やメタ分析を提供するシンクタンクとしての役割を果たす、「日本マーケティング・ミックス・コンソーシアム（MMC）」を発足したと発表しました。

　今後、サードパーティークッキーが使えなくなってくること、Walled Gardenの存在感が増し、プラットフォームをまたいだ効果判定ができないこと、そしてオフライン、オンラインの広告がますます融合して使われていくことなどを考えると、MMMのようなアプローチは重要性を増してくるかもしれません。

用語解説

＊MMM　Marketing Mix Modelingの略。

押さえておきたい広告理論

広告を作り上げていくときに、もちろん人間に対する深い洞察と、そこからのインスピレーション、アイデアが必要なのはいうまでもありません。そこを考えるに当たって、有用となる広告理論や考え方を知っておくと便利です。

最も有名な広告理論、AIDMA理論

AIDMA＊（アイドマと読む）とは、アメリカのローランド・ホールが唱えた消費者の購買に至るまでの行動プロセスを表した理論です。このそれぞれの項目に合わせた広告活動が必要とされました。例えば、テレビCMでAttention（注目）を獲得し、新聞広告でInterest（興味）を引き…といった具合です。このAIDMAはスタンダードな広告理論として知られています。

そして、AIDMAからAISASへ

そんな当たり前のように使われていたAIDMA理論ですが、インターネットが登場したころから少しずつ消費者の購買行動に変化が現れ、AIDMAだけではカバーしきれないものも出てきました。

一つは、インターネットの検索機能です。何か商品を買うときに、店頭に行く前にネットで検索し商品の事前情報を調べる人が増えてきました。また、ブログなどのSNS＊の登場で、買った後、その商品の感想を仲間で共有するような仕組みが出てきました。

用語解説

＊AIDMA　Attention（注目）、Interest（興味）、Desire（欲求）、Memory（記憶）、Action（行動）の頭文字をとった言葉。

＊SNS　Social Networking Service の略。

AIDMAとAISAS（図6.6.1）

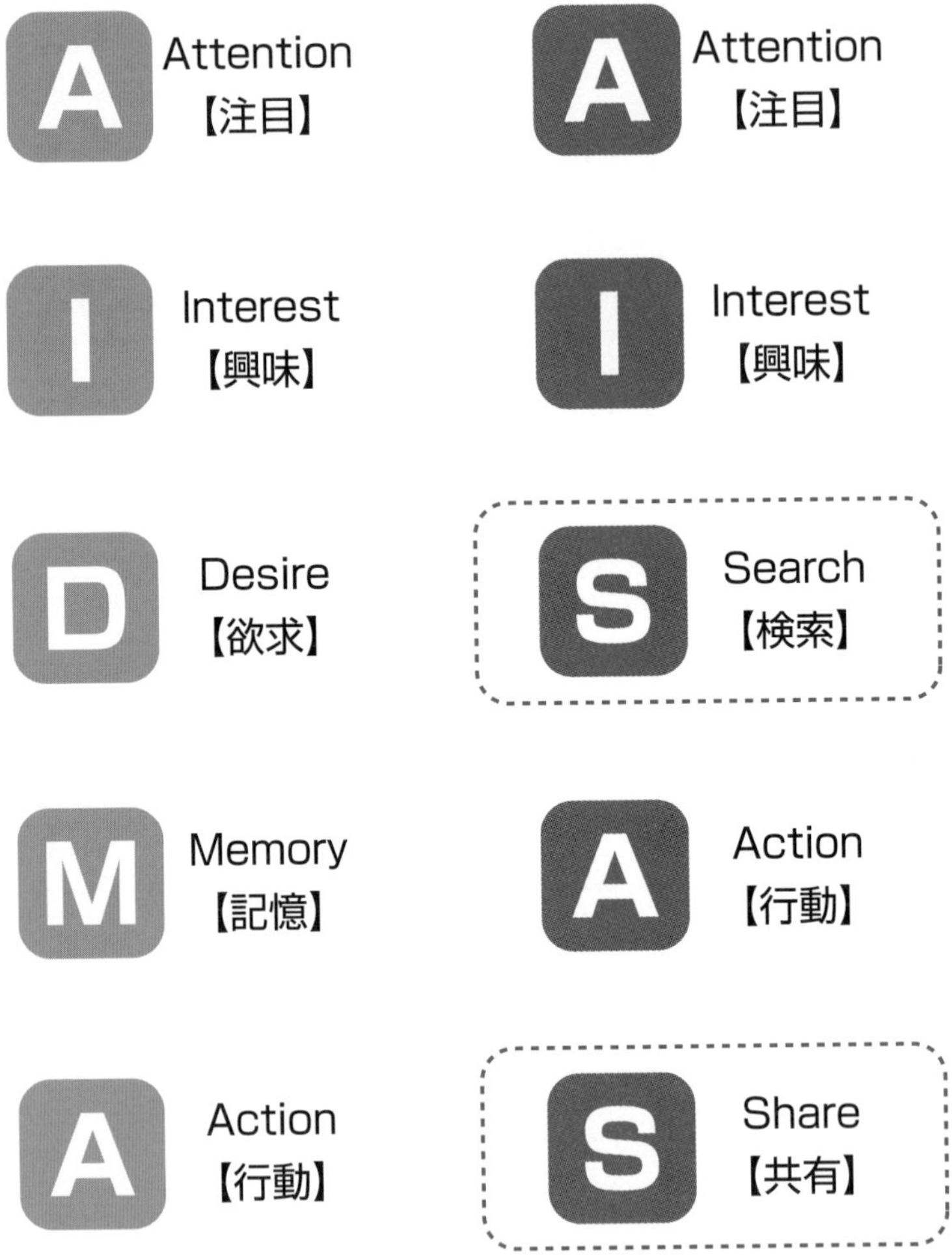

Action（行動）の前後の2つのSが重要！

これを、電通の秋山隆平氏が**ＡＩＳＡＳ**と呼びました。読み方はアイサスです。Attention、Interestまでは同じです。その次に、Search(検索)、そしてAction(行動)、最後にShare(共有)というのがＡＩＳＡＳです。二つのＳ、Search、Shareが入っているのが特徴的で、まさに購買の前にSearch(検索)し、購買後にShare(共有)するというインターネット時代ならではの行動プロセスといえます。

消費者との関係性を構築していく広告

消費者が日常的に触れる情報量は、一〇年前と比べて、一五〇倍以上という数字が発表されています(出典：平成二一年総務省「情報流通インデックス研究会報告書」)。

その爆発的な情報量の増加に対して、人間の情報処理能力は大して変わっていません。そんな中で処理されない情報がたくさん生まれては消えていっています。つまり、多くの広告は、広告として認知されずに忘れ去られていくケースがほとんどといえます。

そんな時代に、露出だけを強くしても、費用がかかるだけで効率的に広告として機能しないことが増えてきました。

そこで重要とされているのが、**エンゲージメント**(関係性構築)という考え方です。

広告が伝える、ということで終わらず、消費者との関係性構築までできることが必要だとしています。従来の広告はあくまで受け身でした。それを超え、消費者が自ら関与したくなるような関係を築くことをエンゲージメントとしています。

エンゲージメントにおける広告理論「ＳＩＰＳ」

このエンゲージメントの考え方を、消費者の行動モデルを概念化したものが「**ＳＩＰＳ**(シップス)」という考え方です。

ＳＩＰＳは二〇一一年一一月に、電通(当時)の佐藤尚之さんが中心メンバーだった「サトナオ・オープンラボ」から発表されました。

共感する(Sympathize)、確認する(Identify)、参加する

(Participate)、共有&拡散する(Share & Spread)の頭文字をとって、SIPSとしています(図6・6・2)。

AIDMAやAISASと大きく違うところはAttention(注目)がスタートではないところです。以前は広告にとっては、Attentionを獲得することが最大のテーマでした。しかし、情報過多時代、そしてソーシャルメディアが出てきた時代では、広告として主張しすぎると、かえって、逆効果になるケースもありえます。

ここで大事なのは、広告への共感を得ることが必要です。「誰かに話したくなる内容かどうか」がポイントになってきます。

共感したあとは、消費者が自分自身の目でその情報が価値のあるものなのか、信憑性が高いものなのか「確認」をします。そのために、店頭に行ってみたり、ほかのサイトを見てみたり、いろんな手立てで確認をします。

そして、その情報が自分にとってよいと確認したときに、そのコミュニティに参加したり(Facebookでいいね！を押すなど)、自分のTwitterでRT(リツイート)したりして、共有し、拡散していくという流れです。

AIDMAやAISASと違って、SIPSは時系列で順序立てて起こるというよりも、同時進行で起こったり、順番が逆転したりすることがありうる流れになっています。

SIPSはAIDMAやAISASに変わるものではありません。

そもそも、商品の状況や消費者の環境などによって、そのコミュニケーションの順番が変わるもので、必ずしも、AIDMA、AISAS、SIPSのどのパターンが正しい、というわけではありません。

子供やお年寄りには、基本的にはAIDMAでしょうし、若い人をターゲットにした商品でも、日用品などはAIDMAといえるでしょう。

コミュニケーションに携わる人は、ターゲット、商品特徴、周辺環境などを分析し、どういったコミュニケーションの行動設計が最適なのかを考えていく必要があります。

SIPS（図6.6.2）

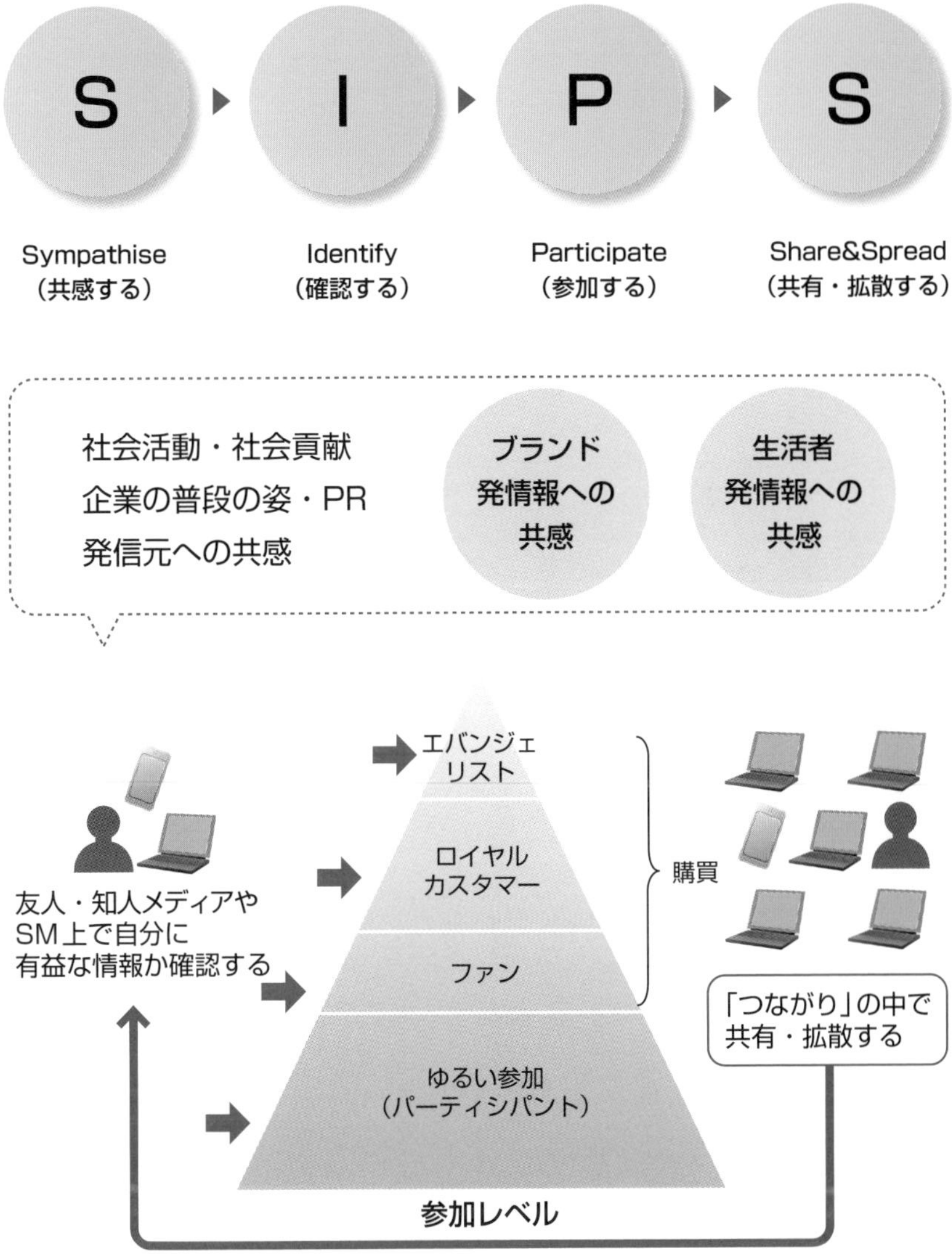

出典：電通モダン・コミュニケーション・ラボ　http://www.dentsu.co.jp/sips/index.html

7

最低知っておくべき法律知識

コンプライアンスが声高に叫ばれる時代になり、企画に必要な法律知識以外にも知っておかなければならないことも増えてきました。ここでは、その概要を紹介します。

景品表示法

正式には、**不当景品類及び不当表示防止法**といいますが、縮めて**景表法**（けいひょうほう）といったりもします。

国の行政機関の一つで、**独占禁止法**を管理している**公正取引委員会**が監督官庁です。

商品・サービスの利用者に対し、くじなどの偶然性、特定行為の優劣などによって景品類を提供することを「懸賞」といいます。景品表示法では「オープン懸賞」「一般懸賞」「共同懸賞」そして、懸賞によらずに提供される「総付景品（そうづけけいひん）」の四つについて規定を設けています。

オープン懸賞とは、マス媒体やWebサイト等で広く告知され、商品・サービスの購入や来店を条件にしていなくて、ハガキやメールなどで気軽に申し込める企画のことです。オープン懸賞で提供できる景品の最高額に上限額の定めはありません。

一方、**一般懸賞**、**共同懸賞**、**総付景品**は、「商品を購入する」「店頭に来る」などの条件をつけたもので、そのことを「取引に付随する」といい、オープン懸賞に対して**クローズド懸賞**と呼びます。景品額の取り決めにつきましては、図6・7・1を参照ください。

例えば、クローズド懸賞の一般懸賞では、一〇〇円でお菓子を買った場合の景品の上限額は二〇倍の二〇〇〇円になります。商店街など複数の事業者が参加して行う共同懸賞では、三〇万円までのものを用意できます。

総付景品とは、もれなくもらえるもので、**ベタ付け**＊

景品とも呼ばれます。先着順により提供される景品も総付景品に該当します。例えば、一五〇円のペットボトル飲料に付けてよいベタ付け景品は二〇〇円までということになりますが、実際には商品の価額を超える景品を付けることはまずありません。

景品表示法を犯すと、公正取引委員会から注意や警告、排除命令を受けます。二〇一六年より不当表示を対象に売上額の三%の課徴金を取るという罰則の強化が加えられ、その適用例も出ています。

景品表示法による景品規制（図6.7.1）

キャンペーンタイプ	オープン懸賞	クローズド懸賞			総付景品	
		一般懸賞		共同懸賞		
取引価額	-	5,000円未満	5,000円以上	取引価額に関わらず	1,000円未満	1,000円以上
景品の最高額	上限なし	取引価額の20倍	10万円	30万円	200円	取引価額の2/10
景品総額	-	売上予定総額の2%		売上予定総額の3%	-	-

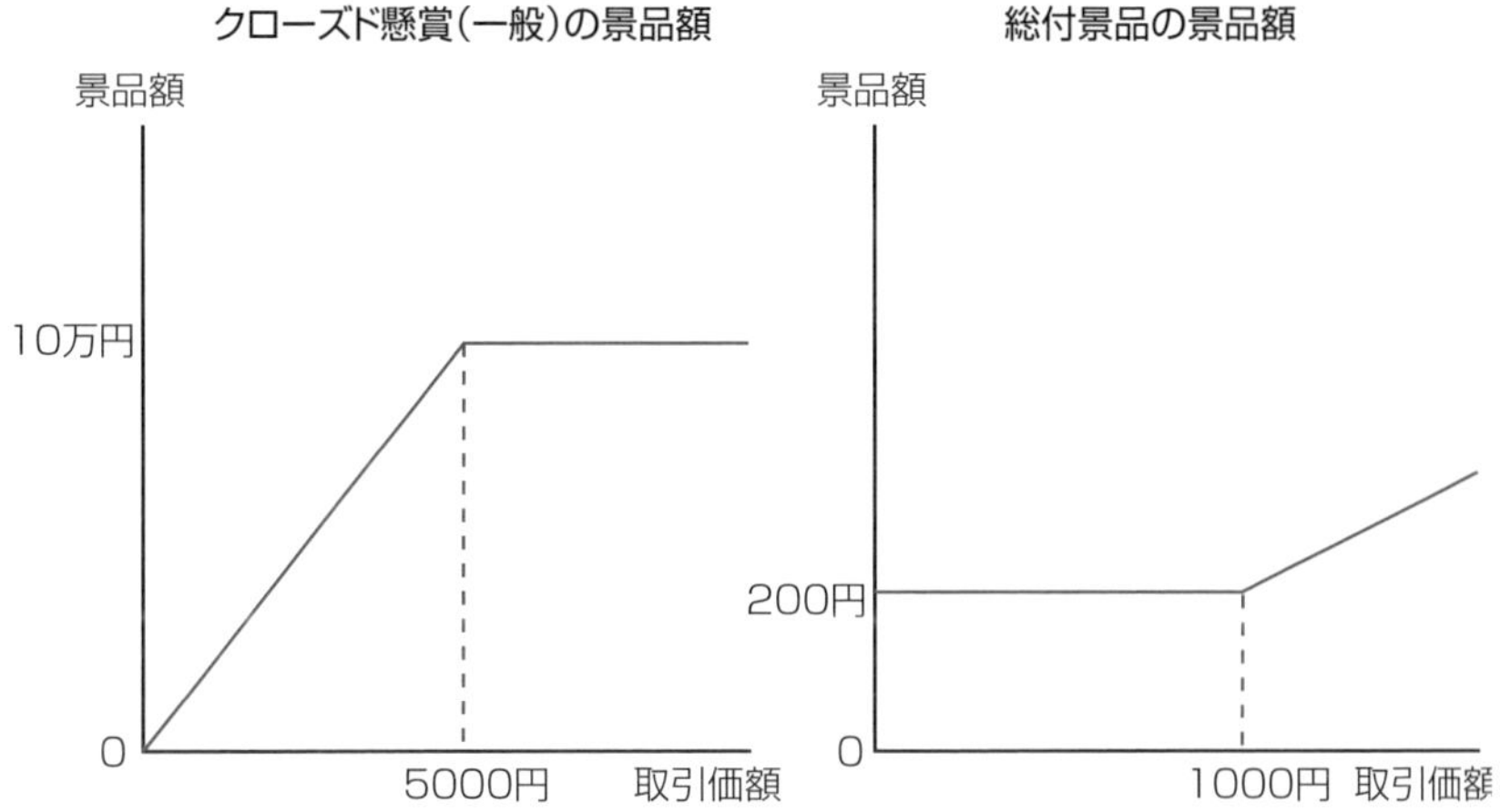

用語解説

＊**ベタ付け**　いわゆる「おまけ」。最近はフィギュアなどが人気で、模型メーカーの海洋堂なども有名に。おまけの価格は、景品表示法により取引価額の20%以内と決まっている。

個人情報保護法

二〇〇五年より**個人情報保護法**が施行され、広告表示において、また、キャンペーンなど個人情報の取り扱いの現場において厳しい制約が課せられました。

事業分野によっても違いがありますが、通常の民間事業者の場合、五〇〇〇件以上の**個人情報**（厳密には個人データ）を事業用に利用していると、個人情報取扱事業者に該当することになり、次のような義務が発生します。

①個人情報の利用目的を特定すること
②個人情報の適正な取得、および取得の際に利用目的を通知・公表すること
③取得した個人情報は正確性を確保し安全管理措置を講じること
④開示や訂正、利用停止を求められたら原則応じること　など

例えば、プレゼントキャンペーンでは、マス媒体で告知して、応募者を集めます。応募者は、ハガキやＷｅｂサイトの入力フォームに、自分の名前、住所、年齢、職業などを書き込んで応募します。これが個人情報に該当します。

よって、広告会社を始め、個人情報を扱いうる会社は社内の体制を整えるのに必死になっています。具体的には**ISMS認証**＊や**Pマーク**＊の取得によって、それを広告主への証にしようとしています。

著作権法

著作権とは知的財産権の一つであり、文化的な創作したときに著作者に発生する権利で、著作権法で保護されています。

著作者の権利は、著作物を創作した時点で自動的に発生（無方式主義）しますので、「マルシー」と呼ばれるマークがあってもなくても保護されます。

著作権は、財産的な利益を保護する狭義の**著作権**（**財産権**）と、人格的な利益を保護する**著作者人格権**の二つで構成されます。

財産的な意味の著作権は、その一部または全部を譲渡したり相続したりできます。例えば、広告会社が広告主のためにキャラクターを作った場合、制作費と引き換え

用語解説

＊**ISMS認証**　適切に情報セキュリティマネジメントシステムを運用している事業者に与えられる認証。

＊**Pマーク**　プライバシーマークの略。適切に個人情報を管理している事業者に与えられるマーク。

にこの著作権を譲渡します。

ややこしいのは著作者人格権です。著作者人格権は、著作者だけが持っている権利で、譲渡したり、相続したりすることはできない＊ことになっています。二〇一二年に和解した「ひこにゃん事件＊」はまさにこの権利が関係していました。

近年では、インターネットの普及により、いろいろなコンテンツを容易に手に入れることが可能になり、著作権上のトラブルも増えています。そんな悩みを解決する方法の一助として**クリエイティブ・コモンズ**という新しいルール作りも民間から提唱され、少しずつ普及しています。

薬機法

医薬品や医療機器に関しては、長い間、通称「薬事法」が運用されてきましたが、二〇一四年に改正され、正式名称が「医薬品、医療機器等の品質、有効性及び安全性の確保等に関する法律」、そして「改正薬事法」あるいは**薬機法**という通称が浸透してきています。これまでの内容に「医療機器」の章を追加し、医療面技術に重点を置いた改正になっています。

薬機法は、各都道府県の薬事法担当部署が管轄していますので、問い合わせ窓口もそこになります。

原則は、医薬品、医薬部外品、化粧品、医療機器を明確に定め、製品においてはそれがきちんと表記され、広告においては紛らわしい効果・効能を謳ってはいけないということです。表現の問題なので、明確に規定することは難しいため、注意が必要です。

J-SOX法

J-SOX法（日本版SOX法）は、相次ぐ会計不祥事やコンプライアンスの欠如などを防止するため、二〇〇七年に施行された法律です。米国のサーベンス・オクスリー法、いわゆるSOX法に倣っているのでJ-SOX法と呼ばれています。二〇〇八年四月以後に開始される事業年度から内部統制報告書の提出・監査が必要になりました。

広告業界は発注書や納品書の管理が甘く、広告主からは電話一本で数千万円単位の発注を受ける商慣習がありますので、広告主も含め、対象となる企業はその透明化に努めなければなりません。ただし、その対象は上

用語解説

＊…**できない**　ただし、契約上、著作者人格権を行使しない取り決めを行うことはできる。

場企業およびその連結子会社に限られています。

下請法

下請法は、二〇〇三年に改正され、これも公正取引委員会の管轄です。

下請法では、親事業者と下請事業者を資本金の規模で規定し、対象となる取引を明示しています。

広告会社と広告の取引もその対象になります。発注時に契約した内容を親業者が一方的に変えたり、無理を不当な取引は禁止されています。納品後、六〇日以内の支払いも定められています。書面でやりとりを残すことが基本になります。

下請法の親事業者と下請事業者の定義（図6.7.2）

▼広告物など情報成果物作成・役務提供委託を行う場合

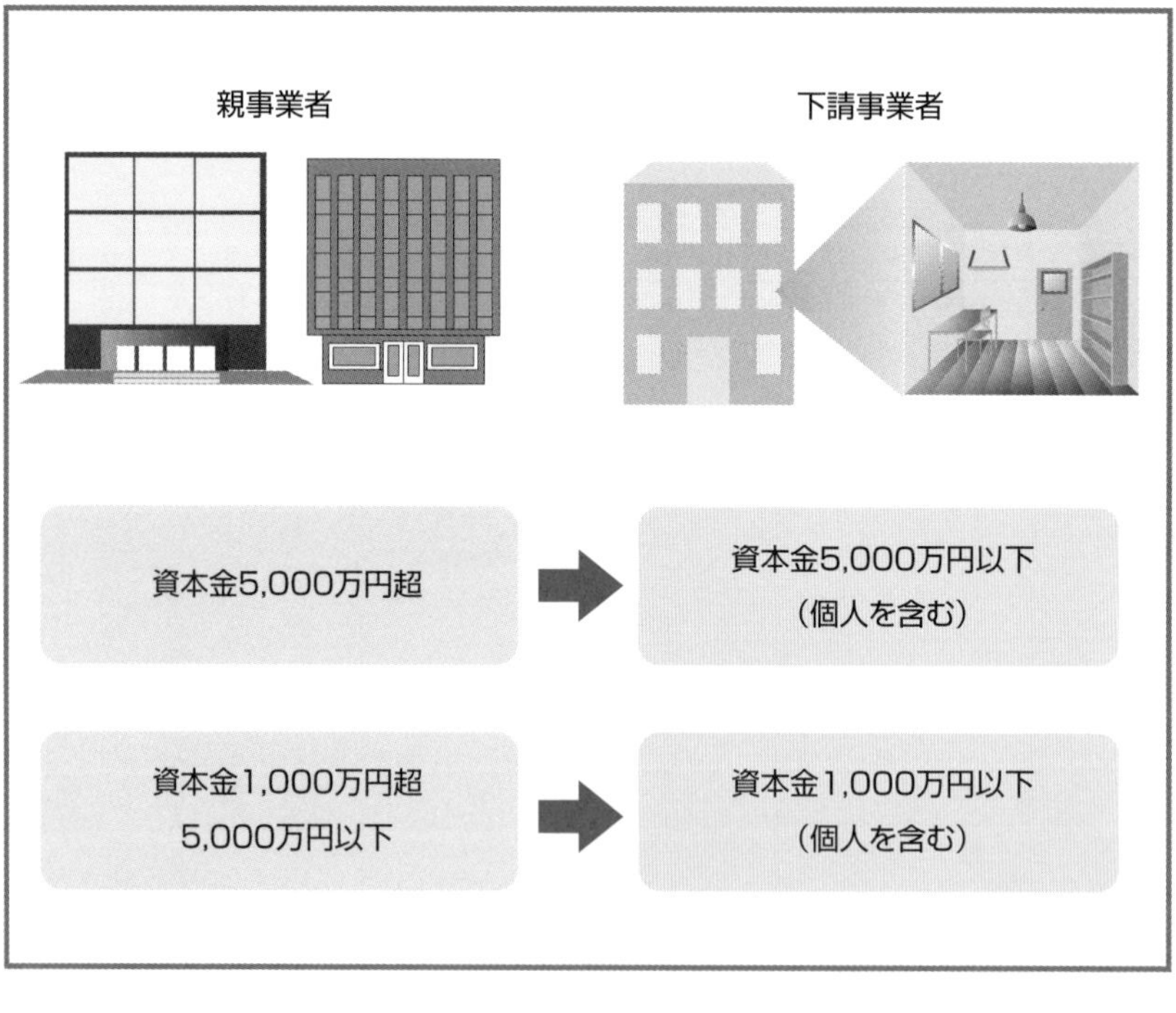

用語解説

＊**ひこにゃん事件**　ひこにゃんは、彦根城400年祭のキャラクターだったが、著作権を譲渡された彦根市のキャラクター管理がずさんで、著作者からクレームがついた。のちに今度は著作者が「ひこねのよいにゃんこ」を新たに考案し、市が差し止めなどを訴えた。

広告会社内の組織図

総合広告会社内の組織では、営業セクション、メディア・セクション、スタッフ・セクションと大きく三つに分けることができます。さらにそれぞれのセクションは細かく分かれ、高い専門性を持った組織になっています。ここでは、大まかに各セクションの担当業務について紹介します。

営業セクション

営業セクションは、発注先である広告主（クライアント）との折衝担当であり、広告ビジネスの起点になることが多いセクションです。担当する広告主ごとに人員は分けられ、一つの会社で同業種の広告主を持つ場合は、本部や局が分かれるようにするなど、情報の漏洩がないように配慮された組織になっています。また、メディア・セクションやスタッフ・セクションの人員に依頼をかけ、社内全体のコーディネート、プロデュースをしていくセクションともいえます。

メディア・セクション

担当するメディアによって分かれ、大きくはテレビ、ラジオ、新聞、雑誌、インターネット媒体、交通媒体・屋外媒体（ＯＯＨメディア）に分かれます。

テレビでもテレビスポットＣＭ担当と番組ＣＭ担当に分かれたり、放送局単位で分かれたりもします（放送局担当：略して**局担**といいます）。新聞でも各新聞社担当に分かれ、紙担と呼ばれています。また、それぞれの媒体全体を統括し、営業との調整や媒体社との調整を行う、業務推進担当（略して、**業推**とか、**プロモーター**などといいます)がいます。

ＣＭの素材進行や考査を担当する部門もこの媒体セクションに属し、会社によってはメディア全体をプランニングするメディア・プランニングも媒体セクションになります。

また変わったところでは、コンテンツ企画という部署を持った広告会社もあり、その部署も、このメディア・セクションに含まれることもあります。コンテンツ企画とは、広告主が付くことを前提に、映画やテレビ番組などを企画するセクションです。ここで企画したコンテンツを二次利用し、広告主の商品化(マーチャンダイジング)やビデオ化する場合もあり、そのロイヤルティ収入を得る版権ビジネスを行ったりもしています。

スタッフ・セクション

広告活動の戦略を立てる、コミュニケーションプランニング部門、実際の表現を作るクリエイティブ部門、売れる仕組みづくりやイベント、展示会などの企画・運営をしていくキャンペーンデザイン、広告とは別に、パブリシティという位置付けで媒体社にアプローチするＰＲ部門、などに分かれます。

コミュニケーションプランニング部門の中でも、専門的に調査を行うチームや、戦略立案チームなどに分かれ、クリエイティブ部門の中でも、タレントとの交渉を行うキャスティング部門などもあります。キャンペーンデザイン部門の業務は、イベントもあればプレミアム・キャンペーンや、販売促進ツール制作など、多岐にわたります。

また企業の不祥事などの問題に対応するリスク・マネジメントを取り扱う部門も存在します。

ほかに文化・スポーツ事業を手がける部署などもあります。広告主のマーケティングの一環として、文化・スポーツ事業をとらえ、コンサートの冠協賛スポンサードや、マラソンや博覧会などの文化・スポーツイベントの企画、協賛活動などを行っています。近年では、スタッフ・セクション内の垣根もなくしてシームレスにキャンペーンを考える体制にするために、組織も大部屋化*して細かく役割を分けない広告会社も出てきています。

デジタルのセクションはどこ？

では、いまや扱い額としては一番になったデジタル業

用語解説

*大部屋化　まさに広告会社の中で人材バンク化が進んでいるといえる。

務をする人材はどこにいるのでしょう?

　前述したようにインターネット媒体という意味ではメディア・セクションになります。ところが、例えば、通販専業の広告主を担当し、ウェブ案件ばかりやっている営業は営業セクションにいます。また、デジタルのプランニングばかりをしているプランナーはスタッフ・セクションにいます。デジタル業務は多くの業務に関わるため、専門関連会社、専門部署の場合もあれば、各セクションを横断して組織されています。

広告主の課題に合わせた適切なスタッフィング

　いままで見てきたように、営業セクションとメディア・セクション、スタッフ・セクションともに多岐にわたる業務を行っています。

　広告主の課題というのは、もちろん一社一社違うはずです。したがって、広告会社としては、広告主ごとの課題を見極め、どのセクションのどの人間と組むのがよいか、あるいは複数のセクションの共同チームでやることがよいか、ということを検討し、社を挙げてベストの布陣を構築する必要があります。

　補足になりますが、もちろん、広告会社にも人事や総務、広報、法務、経理という部門は存在しており、それぞれ、営業、メディア、スタッフ・セクションが動きやすくなるような環境整備を行ってくれています。一人だけ、一部署だけでは、大きな仕事はできません。いかに複数の人とのコラボレーションができるかが、広告業務を進める上で重要になってきます。

広告会社の組織図（モデル）（図6.8.1）

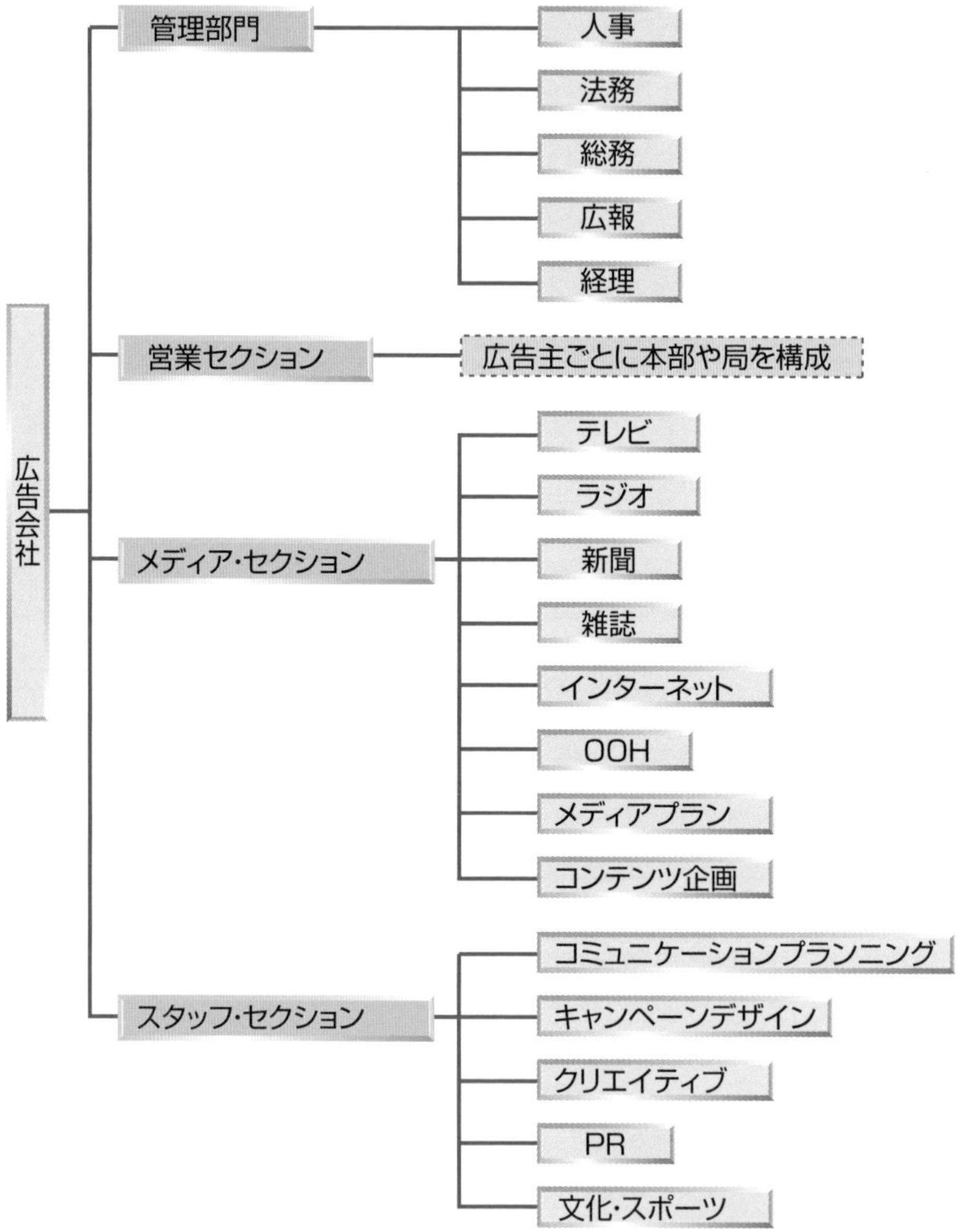

用語解説

＊**広告会社の組織図**　近年ではスタッフ・セクション間のボーダレス化が進み、スタッフ・セクション内にコミュニケーションプランニングやキャンペーンデザイン・クリエイティブを担う人材が所属している広告会社も多く出てきている。

9 求められる人材像、就職するためのノウハウ

文系の学生を中心に、広告会社の人気ランキングが上位になっています。広告会社に就職するには、書類選考や一次、二次、三次面接、といった難関をクリアしていかなければなりません。就職活動をするにあたっての心構えをお伝えいたします。

学生時代にとにかく多くの経験を

広告会社は人材が命です。人材の生み出すアイデアによってビジネスをしているわけですから、やはり新卒採用時から、どこにも負けない優秀な人材を確保したいというのは各社共通の思いでしょう。

となると同じような人材は必要ないわけですから、ほかとは違ういろんな体験をしている人を必要としています。といっても、とにかく変わった体験をすればいいというものではありません。

体験そのものは平凡でも、そこから得られたものだとか、感じた意見だとかが平凡でなければいいわけです。学生時代に体験したこと、プラス得られたものに対して独自の視点が入っていれば、面接官も、「おっ！」と思うことでしょう。

広告マンである前に一人の社会人として

広告は、外から見ると、もしかするとちょっと特殊な業界に見られているかもしれません。もちろん服装や就業時間など比較的自由な部分はありますが、それでも、あくまで社会常識を持った社会人、企業人でなくてはい

けません。

当たり前のことを当たり前にできることが大事です。

そのためには、まずはきちんとコミュニケーションできる人間である必要があります。いわれていることを正しく理解する力、それを誰かに伝える力、場を和ますことができる力、などなどです。

エントリーシート、面接のポイント

エントリーシートでは、各社それぞれのフォーマットでの書類を埋める必要がある場合が多いです。これは受験者が多いため、あえて、多めの分量のエントリーシートで受験者の本気度合いを確かめている面もあります。

エントリーシートは自分の広告を作るつもりで取り組んで見ましょう。本気で入りたい、という意思がエントリーシートに表れるよう頑張ってみましょう。

面接では、前述のコミュニケーション力が大事です。質問に的確に答えているか、回答時間は適当か、いきなりの質問でも対応できているか、などです。もちろん答えている内容も大事ですが、その答え方、立ち居振る舞いも重要です。

面接で緊張しないためには、「ありのままの自分を出すこと」です。緊張は、自分以上に見せようとしたときに起こります。ありのままの自分自身を採用してくれる会社とめぐり合って欲しいと思います。

また広告という存在を自分の中で、しっかりと消化しておくことが大事です。

つまり、「広告に興味を持つきっかけは何だったのか」「自分のどの部分が広告に活かせるのか」「広告業界でどんな仕事をしていきたいのか」など、広告と自分を結び付け、その結び付きが強いほど、面接官に説得力を与えます。

努力と根性、そして少しの才能

広告会社の特徴として、新人からでもバンバン仕事を任されます。また広告主や、外部の会社の前では、一人のアドマンと見られるので、甘えが許されません。新人で許してもらえる期間が非常に短いのです。

では、こんな世界で活躍していくには、何が必要なのでしょうか。ちょっと古いスポ根マンガのようないい方ですが、必要なのは「努力」と「根性」そして「少しの才能」

だと著者は思っています。

ほかの同期より、先輩より、上司より、人一倍努力することで、周囲からも認めてもらい、力が付いてくるはずです。

広告会社では、どのセクションにいっても必ず人とのコミュニケーションが必要です。またほかの外部会社をプロデュースしていくパワーが必要です。

このような中で壁に、ぶちあたるのは当たり前です。そこでひるむのではなく、むしろ体当たりするぐらいの根性がないと、厳しい広告会社でやっていくことは難しいかもしれません。

ただ、やはり、一般の消費者に影響を与える、コミュニケーションの仕事ですから、ちょっとしたセンス、才能は必要です。

世の中のトレンドに敏感であったり、ちょっと面白いことを考える能力であったり、と少しの才能があれば、広告業界で揉まれるうちに、その才能は、きっと磨かれていくことでしょう。

積極的に在職者の話を聞く！

ただいくら本を読んでも、実際に働く職場の雰囲気や、広告ビジネスの面白さは、正確にはわからないものです。

そういったときには、OB・OG訪問がおススメです。独自で在職者が探せないときは、広告会社の労働組合が主催しているセミナーなどもあるので、そちらもチェックしてみるといいかもしれません。

実際の仕事観などを聞くことが、非常に勉強になり志望動機にも説得力が出てくるのではないでしょうか？

10

広告が果たすべき役割

インターネットをはじめとした新しいメディアの躍進、生活者の広告離れ、GAFAに代表されるプラットフォームの巨大化、など広告業界を取り巻く環境は、常に変化をし続けています。そんな中、広告はどんな役割を果たすべきなのか、本書の締めくくりとして、このテーマについて考えてみます。

改めて広告の社会的意義とは

広告ビジネスを語るうえで、大きなプレイヤーは三者あります。広告を受け取る**生活者**、広告を掲載する**媒体社**、そして広告を発信する**広告主**です。もちろん、広告主と媒体社の間には広告会社やインターネット広告の場合、アドテクベンダーなどの存在がありますが、俯瞰的に考えると、生活者、媒体社、広告主の三者の関係で広告ビジネスは成り立っています。

それでは、その三者の関係を考察しながら、それぞれにとって広告の果たしている役割はどのようなものなのか見ていきましょう。

まず、生活者と媒体社の関係です。媒体社は広告を掲載する乗り物という意味で、ビークル(vehicle)ということもあります。媒体社は広告を掲載することで収益を得ています。

近代広告の起源は諸説ありますが、ヨーロッパにおいてフランスの新聞「La Press」が広告を掲載したというものがあります。当時のフランスはフランス革命の直後で、市民が中心となって社会を作っていこうとしている時期です。そのときに、情報をしっかりと市民が持っていること、それをもとに知識レベルなどを上げていくことと必要でした。

新聞はそこで大きな役割があるのですが、新聞は購読料だけのビジネスモデルだったために、多くの市民にとっては非常に高く、新聞を購入できる人はそれほど多くなかったようです。そこで、広告、というビジネスモデルを作り出し、新聞社の収益を購読料＋広告収入としたことで、結果的に新聞の購読料を安くすることができ、より多くの市民に情報を行きわたらせることができるようになったといいます。

人々の持つ知識や情報を生活者に届けるには制作費や配信、印刷コストがかかるわけですが、それを広告によって補うことができたことで、生活者に安く、または無料で届けることができるようになりました。

図書館は、誰もが疑わない公共性のあるサービスです。図書館があることで、多くの人が気軽に情報にアクセスできるようになったまさに社会のインフラです。

広告というシステムも同様に、広く人々に情報を安く届けることができるインフラ、そしてビジネスモデルの発明ということができます。

媒体社は広告費を得ることで、制作費に投資ができ、よいコンテンツができると、より多くのユーザーが獲得でき、多くのユーザーが集まると広告収入が上がっていく、という好循環のサイクルを作ることができます。

生活者にとっては、制作コストや配信コストがかかっ

生活者・媒体社・広告主（図6.10.1）

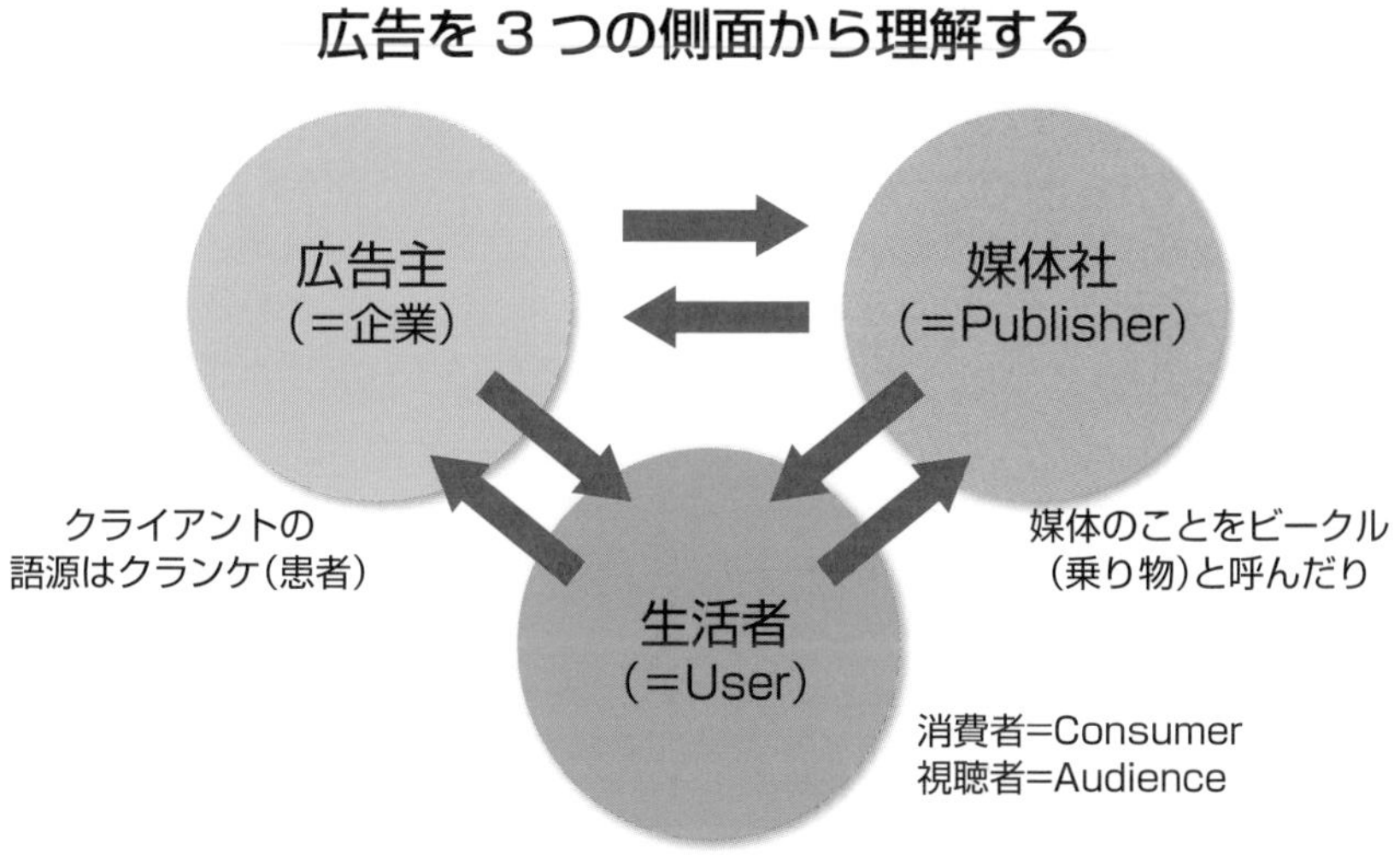

ているコンテンツを安価にまたは無料で享受することができます。いま、無料で見ているテレビ番組、人気のコンテンツも広告モデルがあるからこそ、多くの人に見られる環境があるといえます。インターネットのサービスも、普段無料で使っているものが多くあります。Googleの検索、Facebook、乗換案内、ニュース記事や天気予報など、これらのサービスがすべて有料だったとすると、ここまで普及し、便利な社会にはならなかったかもしれません。

広告主にとっての意義とは

それでは広告主にとって広告はどういう存在でしょうか。広告主=企業にとって、自社のサービスや製品を生活者に使ってもらって初めて収益になります。自社のサービスを知ってもらって、選んでもらうことが非常に重要です。いくらよい商品を作っても作っただけで誰も知らないと、使いようがありません。また生活者にしっかりとそのサービスやブランドを正しく知ってもらう必要があります。

The Customer's Perception Is Your Realityという言葉があります。生活者の認識が真実である、ということで、いくら企業が自社の製品のよいところをしっていたところで生活者に伝わっていないと意味がないということを表した言葉です。

広告主にとっての広告の役割を筆者は大きく二つで考えています。一つは**コネクティング**。もう一つは**需要喚起**です。

コネクティングとはまさに広告主と生活者をつなぐ役割です。企業の製品やサービスを必要としている人につなげていく役割です。こういう人に役に立つ、というユーザー像に対して効率的に広告を通じて届けていくものです。

二つ目の需要喚起は、顧客の創造ともいえます。新しい価値観や新しい製品を生活者に紹介することで、生活者にとって新しいライフスタイルを提供していくことです。生活者は自分ではその情報を知らないため、自ら検索することはないため、広告という情報によってそれを知ることができます。需要喚起の場合、必ずしも購入してほしいユーザー層だけに届けるだけでなく、もっと広い層にも広告を届けることで、誰もが知っているブランドの安心感や、憧れを作ることもできます。

このコネクティング、需要喚起という広告の力を組み合わせて使うことで企業のマーケティング活動が円滑にし、経済の活性化ができます。まさに広告が経済の潤滑油と呼ばれる所以です。

これからの広告のカタチ

こうして考えてみると、広告は生活者にとって情報の一つのカタチということができます。

しかし、残念ながら、そのように感じられない広告があることも事実です。クリック数を稼ぎたいばかりに、スマホの画面いっぱいに広告が広がり、「閉じる」ボタンが分からず、間違えてクリックして、興味のないページに連れていかれた、とか、広告で記載しているユーザーの声が捏造されたものだった、など、ユーザーの広告体験が著しく阻害されるようなケースもあります。そうすると、アドブロックのようなツールを入れてユーザーが広告そのものを遮断してしまう傾向が加速するかもしれません。もちろんそうなると媒体社は広告収益が得られないので、サービスを終了する、や有料課金などの選択肢を取らざるを得なくなってきます。

改めて、広告は生活者にとって情報にならないといけない、と襟を正すときが来ているような気がします。

広告は「コスト」か「投資」か？

総広告費は、GDPと強い相関性があります（図6・10・2）。また景気がよいと広告費が連動して上がり、景気が悪いと、コスト削減として広告費も下がる、といわれます。つまり広告費とGDPの相関性でいうと、GDPが原因で広告費が結果という因果関係で語られています。

これは完全に広告費をコストとして考えたものです。実態としては広告費をコストとして捉えているケースが多いことも事実だと感じます。しかし広告業界に身を置くものとしては、この因果を逆で考えるべきだと思います。

広告が効率的に機能したからこそビジネスがうまくいった、つまり広告を投資として考えていくというものです。すでにインターネットでビジネスが完結するECなどでは広告は顧客獲得費用として、コストではあるものの、もはや原価的な意味合いになっており、広告で拡大することを前提としています。

この広告がうまく機能することで、D2Cなどの新たな動きが出てきています（2-10節参照）。

いまやインターネット広告だけでなく、テレビをはじめとしたマスメディアでも大きな変革が起きています。その中で改めて、生活者、媒体社、広告主の三者が「三方よし」の関係を築いていくことが求められているといえます。

総広告費とGDPの推移（図6.10.2）

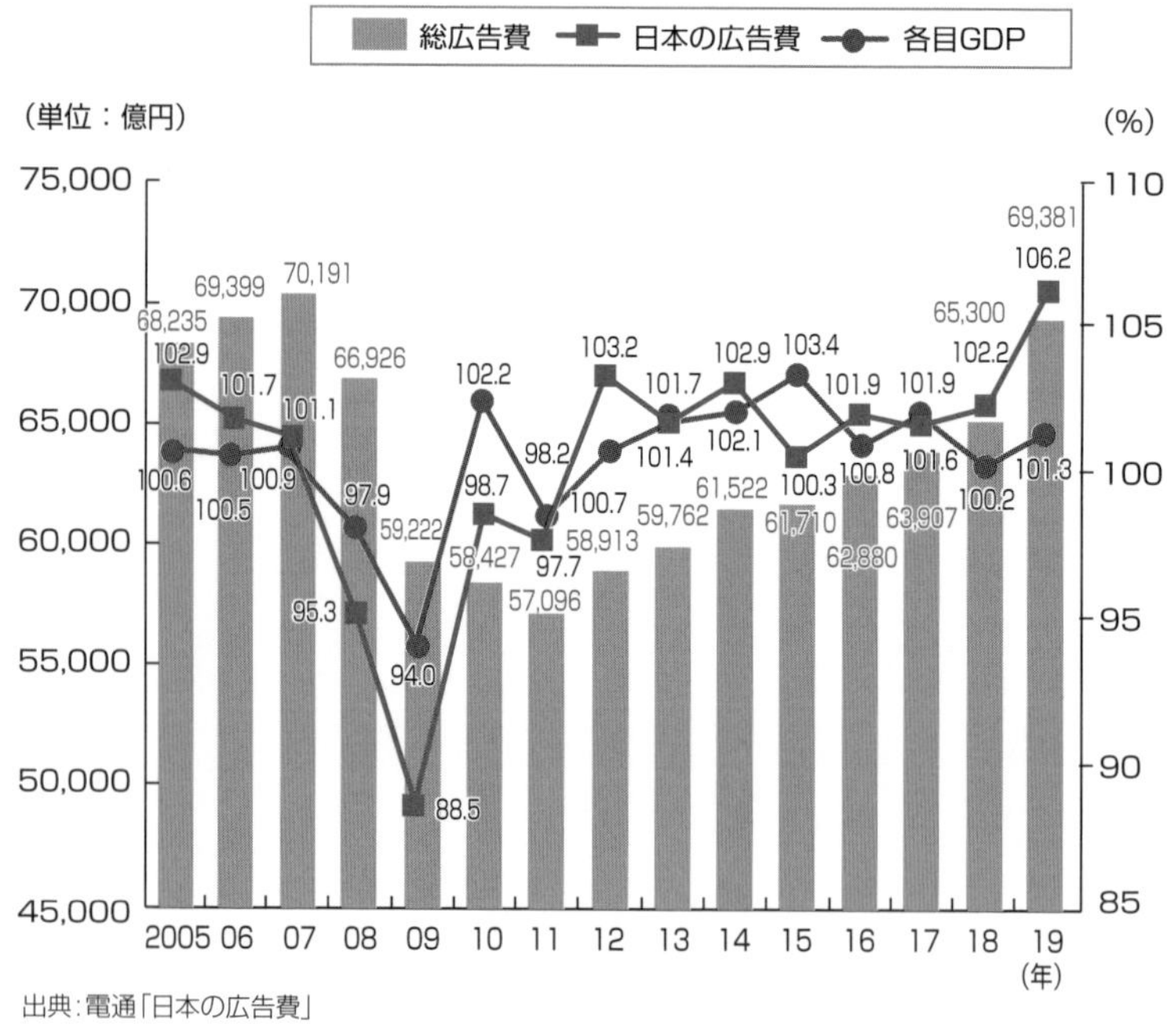

出典：電通「日本の広告費」

参考文献

『D2C 「世界観」と「テクロノジー」で勝つブランド戦略』
佐々木康裕　ニューズピックス　2020年
『ITナビゲーター2020年版』　野村総合研究所ICTメディアサービス産業コンサルティング部　東洋経済新報社　2019年
『アフターデジタル』　藤井保文、尾原和啓　日経BP社　2019年
『オタク経済圏創世記』　中山淳雄　日経BP社　2019年
『広告論概説』　大石準一　世界思想社　1994年
『コトラー&ケラーのマーケティング・マネジメント［第12版］』
フィリップ・コトラー、ケビン・ケラー/月谷真紀訳　ピアソンエデュケーション　2008年
『情報メディア白書2020』　電通メディアイノベーションラボ編　ダイヤモンド社2020年
『図説日本のメディア［新版］』　藤竹暁、竹下俊郎　編著　NHK出版　2018年
『日本の広告』　山本武利、津金澤聰廣　日本経済新聞社　1986年
『日本民間放送年鑑2019』　日本民間放送連盟　コーケン出版　2019年
『必携インターネット広告　プロが押さえておきたい新常識』
一般社団法人日本インタラクティブ広告協会　インプレス　2019年
『広告ビジネスに関わる人のメディアガイド2020』
博報堂DYメディアパートナーズ編　宣伝会議　2020年
『ヤンキー経済』　原田曜平　幻冬舎　2014年
『令和2年版情報通信白書』　総務省編　日経印刷　2020年

参考資料

2019年日本の広告費　電通　2020年
Ad Age　Crain Communicatons　2020年
TV RATING GUIDE BOOK　ビデオリサーチ　2020年
TVer NEWS RELEASE　株式会社TVer　2020年
月間メディア・データ一般雑誌版　ビルコム株式会社　2020年
第12回メディアに関する全国世論調査（2019年）　新聞通信調査会　2019年
平成30年特定サービス産業実態調査報告書　広告業編
経済産業省　2019年
メディア定点調査2020　博報堂DYメディアパートナーズ　2020年
(参考サイト)
フリークアウト佐藤氏が語る、広告業界のこれまでとこれから（https://jeek.jp/news/posts/488）

MEMO

図解入門 How-nual

索引

INDEX

あ行

索引

か行

さ行

た行

な行

は行

や行

ら行

ま行

わ行

アルファベット

数字・記号

■著者紹介

蔵本　賢（くらもと　まさる）

1967年、福岡県生まれ。ADKクリエイティブ・ワン。

1991年ADK(旧旭通信社)入社。

現在、住関係、食関係、エンタメ業界、海外関係の業務を中心に企画を担当。

林　孝憲（はやし　たかのり）

1975年、徳島県生まれ。楽天株式会社グローバルアドディビジョン。

1998年ADK(旧旭通信社)に入社し、営業として総合的に媒体、広告制作、SPなどの広告業務に従事。

その後、2010年に楽天に入社。現在、広告関連の商品開発等を担当。

JIAA(日本インタラクティブ広告協会)理事。啓発共有委員会委員長。

中野　明（なかの　あきら）

1962年、滋賀県生まれ。プランニング・ファクトリー　サイコ代表。

主な著作に『最新通信業界の動向とカラクリがよくわかる本』(秀和システム)、『超図解21世紀の哲学がわかる本』(学研プラス)、『IT全史——情報技術の250年を読む』(祥伝社)など多数。

図解入門業界研究《ずかいにゅうもんぎょうかいけんきゅう》
最新《さいしん》広告業界《こうこくぎょうかい》の動向《どうこう》とカラクリが
よくわかる本《ほん》［第《だい》５版《はん》］

発行日　2021年　3月10日　　第1版第1刷
発行日　2023年　9月11日　　第1版第2刷

著　者　蔵本《くらもと》　賢《まさる》／林《はやし》　孝憲《たかのり》／中野《なかの》　明《あきら》

発行者　斉藤　和邦
発行所　株式会社　秀和システム
〒135-0016
東京都江東区東陽2-4-2　新宮ビル2F
Tel 03-6264-3105（販売）Fax 03-6264-3094
印刷所　三松堂印刷株式会社　　Printed in Japan

ISBN978-4-7980-6356-0 C0033